CB060491

DE COMO GANHAR O MUNDO E SER GANHO POR ELE

Edson Vidigal

DE COMO GANHAR O MUNDO E SER GANHO POR ELE

Seleção e organização
Octávio Costa

UNIVERCIDADE
RIO DE JANEIRO

TOPBOOKS

Copyright © 2006 Topbooks / UniverCidade Editora

Direitos de edição da obra em língua portuguesa no Brasil adquiridos pela UniverCidade Editora e Topbooks Editora. Todos os direitos reservados. Nenhuma parte desta obra pode ser apropriada e estocada em sistema de banco de dados ou processo similar, em qualquer forma ou meio, seja eletrônico, de fotocópia, gravação etc., sem a permissão do detentor do copyright.

Editor
José Mario Pereira

Editora-assistente
Christine Ajuz

Capa
Julio Moreira

Revisão
Clara Diament

Diagramação
Arte das Letras

Impressão
Sermograf

Todos os direitos reservados por

Topbooks Editora e Distribuidora de Livros Ltda.
Rua Visconde de Inhaúma, 58 / gr. 203
20091-000 – Rio de Janeiro – RJ
Telefax: (21) 2233-8718 e 2283-1039
topbooks@topbooks.com.br
www.topbooks.com.br

UniverCidade Editora
Rua Humaitá, 275 / 10º andar
22261-000 – Rio de Janeiro – RJ
Tel.: (21) 2536-5126 – Fax: (21) 2536-5122
info@univercidade.edu
www.univercidade.br

"*O talento oratório, a coragem nas denúncias, a segurança de sua dialética, aliados à elegância de um estilo todo pessoal, na pureza do vernáculo e na originalidade de suas frases construídas com gosto e arte, fazem dos seus pronunciamentos peças dignas de serem lidas e por todos meditadas.*"

TANCREDO NEVES, SOBRE EDSON VIDIGAL

> "Meu camarada,
> este não é um livro.
> Quem toca nele,
> toca num homem."

Walt Whitman (1819-1892)

Sumário

Prefácio – *O menino que aprendeu na escola da vida*
  Tão Gomes Pinto 13

I – Lições de vida
  De como ganhar o mundo e ser ganho por ele 21
  Do beco do urubu 30
  Aviso aos navegantes 32
  As flores da nossa crença 33
  Outras palavras 38
  Em nome do povo 40
  Princípios para a luta 43
  Manda buscar lá no Piauí 48
  Tolerância, justiça e paz 56
  Seja sempre um bom juiz 62
  Genros da coisa pública 66

II – Cidadania
  Os intelectuais e o poder 71
  A soberania do voto 89
  O exemplo brasileiro 93
  Uma outra Justiça Eleitoral, por que não? 98
  O Estado Democrático de Direito 105
  O fascismo solto por aí 112
  Desenvolvimento já! 115
  No mesmo barco 126
  Um sonho sonhado 128
  A resistência 131
  Uma nova fronteira 134

III – Justiça
- Idéias para ontem 139
- Resistir é preciso 146
- Na ponta do lápis 150
- A súmula necessária 155
- Flores da transição 162
- Justiça moderna, democracia forte 169
- A pena criminal 191

IV – Vária
- Canto de paz 203
- Em defesa do erário 213
- Os juízes e a mídia 216
- O meio e a mensagem 221
- O império da lei 230
- Trabalho sem lei 234
- O trabalho escravo 237
- Operação Mãos Limpas 239
- Terrorismo e violência 242
- O bicho-homem 244
- De ave para ave 247
- *In memoriam* de Ferrante 257
- Luz, mais luz 260
- Bendita Boca Maldita 263
- Átrio Cívico 266
- Sistema Financeiro, responsabilidade social 270

O menino que aprendeu na escola da vida

*Tão Gomes Pinto**

Os maranhenses são grandes discursadores e mostram grande prazer em falar. Fazem-no às vezes durante duas a três horas seguidas, sem hesitações, revelando-se hábeis em deduzir dos argumentos que lhes apresentam as necessárias conseqüências.

Esses conceitos sobre a aptidão maranhense para o discurso foram emitidos por Claude D'Abeville, um padre capuchinho francês que chegou ao Brasil em 1612, na missão de La Ravardiére, para fundar a cidade de São Luís.

O autor deste texto ainda padece de certo desconhecimento sobre essas e outras habilidades da gente do Maranhão. Mas não temos dúvida de que o padre D'Abeville estava certíssimo.

Acabamos de descobrir essa característica ao recebermos o convite do organizador desta edição, o jornalista Octávio Costa, para prefaciarmos o volume que reúne os discursos do ministro Edson Vidigal, presidente do Superior Tribunal de Justiça.

Onde e como fundamentamos nosso convencimento de que os maranhenses são grandes discursadores?

Ora, muito simples! Lendo os discursos, verdadeiras peças literárias, de finíssimo estilo e riquíssima sensibilidade, que os felizardos leitores do ministro Vidigal encontrarão nas próximas páginas.

---
* Tão Gomes Pinto é jornalista.

Isso para não falarmos no saber jurídico que, evidentemente, transpira de vários textos, ou da análise dura, crua, mas pertinente, de algumas realidades desde país.

Na verdade, realidades frustrantes. Mostram que ainda temos muito a caminhar na estrada empoeirada que leva da "cultura da pobreza" à "cultura da transformação", como diria o professor Antonio Candido, doutor em Ciências Sociais e Literatura.

Em momentos, os textos de Edson Vidigal deixam fluir essas realidades como se fossem um rio remansoso. Ele recorda – e seria inevitável um toque de saudosismo – que o destino o embarcou num trem, no município de Caxias, no Maranhão, carregando apenas a mala forrada de papelão, para o lançar na aventura de conquistar o mundo, ou perdê-lo. Vidigal conquistou-o.

Aos 14 anos, partiu em busca de trabalho. Qualquer trabalho. A mala de papelão passou sua primeira noite em São Luís, no Dormitório Timbira, em frente à estação. Ao lado da muda de roupa, a mala carregava também incontáveis megatons de esperanças e de liberdades.

Por isso, já no primeiro discurso do livro, Vidigal vai avisando:

> "Ninguém me fale sobre infância difícil, sobre os meninos de rua, sobre a necessidade de mais escola pública porque na escola pública eu estudei, do primário à universidade. Eu sei mais do que muitos sobre o desemprego, sobre a deficiência do sistema de saúde, sobre a incipiência das nossas estradas, sobre o quanto o nosso povo lucraria se os nossos rios voltassem a ser navegáveis."

E segue, agora contundente, megatônico:

> "Não me reclamem contra a impunidade porque eu sei que a causa não é só a morosidade do Judiciário. Tem origem também na cumplicidade dos poderosos. Sobre a violência urbana, eu também sei. Problemas do campo, luta pela terra? Eu vi, eu vivi, eu também se".

Aproveita uma breve pausa para falar sobre o incalculável valor de um *habeas corpus*. No golpe militar de 1964, já ativo na militância política, um deles o livraria da prisão.

Esse espírito de lutador revela-se em vários momentos ao longo dos discursos. Em dezembro de 1966, em pleno vigor o regime militar, e já no ar o clima de tensão que levaria ao AI-5, menciona John Kennedy e lembra que, democracia é o que Lincoln chamou de governo do povo, pelo povo e para o povo.

Mas não esconde sua alma e a sensibilidade que carregava – ou carrega ainda – dentro daquela mala de papelão, que ficou no passado. Cita Fernando Pessoa.

O discurso "Outras palavras", pronunciado em agradecimento à homenagem dos seus alunos do curso de Pós-Graduação em Direito Eleitoral, na Bahia, em 1995, é poesia em prosa, ou, se preferirem prosa poética.

Uma ode-lamento à baianidade, e além de tudo, bilíngüe:

> "El nombre del hombre es pueblo. Ninguém é cidadão. Tudo demorando em ser tão ruim. O vapor de cachoeira não navega mais no mar. Bandeira branca enfiada em pau forte. Meu coração não se cansa de ter esperança. Um poema ainda existe. Noutras palavras, sou muito romântico. Palavras de Caetano Veloso e Gilberto Gil, tão grandes no que se entregam e fazem quanto os foram Castro Alves e Rui Barbosa. O Brasil nem sabe o quanto lhes deve; a Bahia talvez, também. É a eles, arautos da liberdade, como o foram e os são os anônimos da sofrência de ontem e de hoje, que dedico esta homenagem de vocês. Sou um homem comum. Obrigado."

A dimensão da poesia, sempre presente no seu inconsciente e nos textos dos seus discursos, não impede explosões contra a irracionalidade vigente:

> "Não creio no apoio incondicional e nem na oposição intransigente; não creio na intolerância das filosofias, como descreio no progresso desta cidade enquanto persistir esse sistema administrativo retrógrado e impraticável, de concessões e de não atendimento às legítimas reivindicações deste povo"...diria já na posse de seu primeiro cargo público, na Câmara de Vereadores de Caxias, no primeiro dia do ano, no longínquo 1963.

Esse primeiro discurso já era direcionado, e nessa direção Edson Vidigal prossegue até hoje. Dirão os mais sisudos dos seus pares que se trata de um "rebelde incurável", de um "iconoclasta".

Nada disso! Edson Vidigal simplesmente não aceita a adesão aos perigosos mecanismos da certeza absoluta, das fórmulas impositivas que nascem de um dogmatismo castrador do sonho, que sufoca o debate livre das idéias.

Ele se entrega quando faz e o saber jurídico, nas suas mãos e palavras, é tratado, mesmo nas questões mais complexas, de forma simples, direta, com o discernimento do bom senso, que é – pasmem mas essa é a realidade –, o do senso comum.

Como no discurso em que trata da "súmula vinculante" e defende não o inchaço dos tribunais, com mais juízes pagos pelo contribuinte de um país

> "que se queixa, uma sociedade que se queixa de ter uma das maiores cargas tributárias do mundo, e que tem um Orçamento comprometido com o superávit primário."

Ele assegura que a "súmula vinculante" é a única saída:

> "Funcionaria como uma lipoaspiração nessas gorduras processuais."

Vidigal rompe as cadeias que ainda prendem centenas de nomes notáveis deste país às tradições patriarcais e oligárquicas e conservam modos de pensar tradicionais. Está sempre em movimento, procurando saídas, buscando soluções.

Parece incrível, mas estão lá, num discurso pronunciado em 10 de dezembro de 1997, numa homenagem da Assembléia Legislativa, significativamente intitulado "Manda buscar lá no Piauí", respostas antecipadas para questões atualíssimas e que andam afligindo o governo e a sociedade. Está dito lá, com todas as letras, redigido, repetimos, em 1997:

> "Estou com os que querem o voto distrital misto, a cláusula para funcionamento parlamentar dos partidos, a redução dos limites máximos para a composição de todas as casas legislativas, inclusive o Senado, que só deveria ter dois senadores por Estado e com mandato de ape-

nas seis anos; sou pela ampliação das dificuldades para a criação de novos municípios, dentre outras medidas que reclamam urgência."

Senhores da crise, ou em crise: manda buscar lá no Piauí. Está tudo pronto, redigido. É só copiar!

Agora, quem deve estar reclamando urgência são os leitores de Edson Vidigal. Acabemos com este prefácio que já se alonga e entreguemos a palavra a quem tem muito a dizer a todos os brasileiros.

Alguém que fez todos os cursos necessários para chegar às culminâncias de uma carreira que serve como exemplo e dignifica o Judiciário.

Mas que não perdeu, ao longo dos anos, o espírito do menino que deixou Caxias, numa Maria Fumaça mambembe, passou por Codó, Coroatá, Timbiras, Catanhede, Rosário, e outras tantas estações até que o destino o despejou na calçada da estação, em São Luís.

Ali, naquela calçada, o menino se fez homem.

De tudo o que lhe ensinavam – e ele aprendia com voracidade – guardaria a essência da sua simplicidade e seu bom senso, o senso comum da maioria dos mortais: as lições da grande escola da vida.

Lições de vida

De como ganhar o mundo e ser ganho por ele*

Foi quando o destino embarcado num trem, deslizando em trilhos, me despejou na calçada da estação. De um lado, o mar salpicado de luzes – e não eram estrelas caídas, eram os navios. Do outro, a avenida, os paralelepípedos pavimentando o chão, outros trilhos – e não eram do trem, eram dos bondes, trilhos urbanos singrando a cidade.

O aprendizado da infância, difícil, mas alegre, em Caxias, não cabia na mala de pinho, pintada de preto, forrada de papelão, que eu carregava. Dentro da mala, só os livros e os cadernos da escola e a única muda de roupa, uma calça curta azul e uma camisa branca, aliás a farda do colégio.

Não era só isso o que eu carregava.

Carregava também incontáveis megatons de esperanças e de liberdades. Não sabia direito se o mundo me ganhava ou se eu é que ganhava o mundo. Só sabia que os meus olhos não podiam mais olhar como menino e que, por mais que aprendesse histórias, muito mais precisava saber sobre esta cidade. A cidade iria ter muito a ver com a minha vida.

Foi aí que os meus passos, enfim tão livres quanto a minha vontade, entregaram-me às ruas, às ladeiras, às praças, aos coretos, às sacadas dos sobrados e das igrejas, aos palanques das oposições, aos jornais das oposições, às diferenças culturais da poesia sem rimas, à boêmia das

---
* Homenagem na Câmara Municipal de São Luís do Maranhão, em 19 de maio de 2000.

serestas sem bebedeiras, às mesas cativas nos salões de dança da zona do meretrício, ao sorvete no bar do Hotel Central, ao sanduíche de pernil no Moto Bar, ao refresco de pega-pinto na Fonte Maravilhosa, ao pastel crocante no Café Pequim.

Na primeira manhã depois daquela viagem de trem, o dia inteiro correndo em trilhos, Codó, Coroatá, Timbiras, Catanhede, Rosário, tantas estações e paradas, quanto mundo novo ali dentro do trem, a cearensada fugindo da seca para as águas do Mearim, as fagulhas da maria-fumaça invadindo as janelas como se fossem mutucas tirando a paz do sono na viagem. Na primeira manhã após aquela viagem de trem, depois da noite insone na calçada alta do lado de fora da estação, antes que o primeiro bonde passasse, atravessei a rua e fui ao Dormitório Timbira, em frente, onde deixei por um dia a minha mala.

Sem aquele peso, as mãos livres como os passos, andei tanto e me deslumbrei tanto com esta cidade que nem tive fome. Na rua de Santana, esquina com a rua Antônio Rayol, ladeira que descamba para o antigo Mercado Central, em frente à fábrica do Guaraná Jesus, que ficava na outra esquina, havia o bar 1º de Janeiro, onde consegui meu primeiro emprego. O dono era um espanhol aculturado chamado Jaime. A mulher dele me parecia tão hostil e indiferente que até esqueci seu nome.

Não tinha eu ainda nem catorze anos e já trabalhava como garçom naquele bar da rua de Santana. Meu salário? Nem me lembro. Não me interessava tanto. O mais importante é que tinha agora onde dormir e dormia lá no bar e tinha onde comer e comia lá no bar e tinha onde banhar e me banhava no bar.

Foi uma experiência rica e sofrida. Antes que o sol acordasse fazendo dia, eu já estava pronto. Varria o salão, preparava o café na máquina, checava a louça, os pães, a manteiga, a geladeira, que tinha que estar abastecida. A memória ainda guarda esquecido no paladar o gosto estranho da primeira Cola-Jesus.

Depois descia a ladeira da rua Antônio Rayol com a mulher do espanhol para o Mercado Central. Ela ia comprando e eu carregando a cesta com as compras. Às vezes eram duas cestas e eu, negando para os outros que ainda era um menino e sentindo em mim mesmo que ainda o era, subia aquela ladeira mal suportando o peso das cestas. Depois, aberto o bar, minha jornada tinha manhã, tarde e noite naquele território de poucos metros quadrados. Andava léguas sem sair do lugar, acossado pela paisagem das mesmas paredes, mesmas portas, mesmas ruas, mesmas caras.

Humores diversos da freguesia despejavam-se, uns pesados, outros não, sufocando a paz inquieta do menino garçom. De todas as experiências profissionais, a que mais me tocou e mais me doeu foi essa, de garçom. Todo mundo despeja no garçom a sua acidez quanto ao mundo. Quem se achar devedor de penitências eficazes para a purgação de grandes pecados que arrume um emprego de garçom. Decerto que terá carimbado, com antecedência, seu passaporte para o céu.

Conheci também, menino ainda, a submissão do emprego doméstico em casas de família e até em lugares onde não havia família. Em troca de um lugar para armar à noite a minha rede, o menino que eu era trabalhou em muitas coisas. Até que meus olhos e pernas, reclamando mais liberdades, soltaram a minha voz pela ruas, juntando-me aos verdureiros, aos padeiros e aos outros pregoeiros matinais, gritando as manchetes, tentando atrair as pessoas para lhes vender o pão da alma, os jornais que eu carregava.

Ter sido jornaleiro em São Luís, naquele tempo, foi ótimo. Logo me acostumei com aquelas madrugadas nas redações, a rapaziada, bem-disposta, esperando o jornal sair da oficina. Antes de sair às ruas, eu lia tudo. Muitas vezes me atrasava e, quando chegava aos pontos dos bondes, outros já haviam passado à minha frente.

Os jornais das oposições – *Jornal do Povo*, *O Combate* e *Jornal Pequeno* – vendiam mais. O que eu ganhava, como comissão pelas vendas, ao fim da faina, garantia no máximo um copo de caldo de cana e um pão na Garapeira do Guará, no Abrigo Novo, na praça João Lisboa. Mas tinha uma cama garantida na Casa do Pequeno Jornaleiro, criada por Darcy Vargas e mantida pelos frades, colada à Igreja do Carmo, no coração do mundo, que era naquele tempo a praça João Lisboa. Eu gostava daquilo.

À noite eu ficava xeretando as rodas de políticos e de intelectuais que se formavam em torno do relógio da praça, e ali conheci gente importante e fiquei amigo dos grandes como Bernardo Almeida, José Chagas, Bandeira Tribuzi, Neiva Moreira, Evandro Sarney, Alexandre

Costa, amigo de infância do meu pai em Caxias e que até então nada sabia a meu respeito. Depois, levado por Evandro, conheci José Sarney. Todos se mantêm eternos no panteão da memória, inoxidáveis pela minha amizade, gratidão e respeito.

Foi Ribamar Bogeá, do *Jornal Pequeno*, quem primeiro acreditou que eu podia ser jornalista. Num concurso para quem trouxesse primeiro a melhor reportagem, deu a cada candidato a mesma pauta. Era um caso comum de contrabando de café. Meus concorrentes foram longe, ao Porto da Estiva, atrás da notícia. Eu fui à casa do Delegado da Alfândega, que me ajudou contando tudo.

No dia seguinte, eu ainda jornaleiro pelas ruas, gritando forte a manchete do *Jornal Pequeno*: "Contrabando de Café no Porto da Estiva." O texto, na verdade, não era meu. Baseado nas minhas anotações, Bogeá o escreveu. O curioso é que começaria assim – "Edson Vidigal, o mais jovem repórter do *Jornal Pequeno*..." E eu morria de medo de ser descoberto aqui. Não queria ser mandado de volta para Caxias. Para ser dono da minha vida, senhor da minha dignidade, preferia aquilo tudo, vivendo como um fugitivo, a ter que voltar.

Por isso escondi dos outros, por muito tempo, que eu era um Vidigal. Falei desse meu medo a Bogeá, e ele então se acumpliciou. A reportagem começava assim: "Edson Carvalho, o mais jovem repórter do *Jornal Pequeno*..." Eu estava tão feliz naquele anonimato disfarçado, vendo as pessoas lendo o meu nome, que nem discuti salário com Bogeá quando ele me ofereceu o novo emprego.

Por algum tempo ainda fiquei na dupla militância de jornaleiro e de jornalista para não perder o direito à cama na Casa do Pequeno Jornaleiro, no Largo do Carmo. Do *Jornal Pequeno* passei para o *Jornal do Povo*, de Neiva Moreira, e de lá para o *Diário da Manhã*, sob Bernardo Almeida. Depois para o *Jornal do Dia*, de Alberto Aboud, sob o comando de Walbert Pinheiro. E o demais dessa história já contei num ensaio sobre duas décadas da nossa imprensa, que *O Estado do Maranhão* publicou numa edição especial dos seus 30 anos, sob o título "Havia Brilho nas Redações".[1]

Foi João Mohana, que saíra daqui médico e voltara padre, quem ficou insistindo comigo para eu não ser autodidata. Eu gostava de ouvir suas previsões sobre o meu futuro. Posso dizer que até agora não errou nada. Pena que um câncer o tenha vencido. Eu lera todos os seus livros. Sem ter completado, ainda, o curso primário, inscrevi-me para o exame de admissão ao ginásio, no Ateneu Teixeira Mendes.

Logo na primeira série, calouro portanto, a imprudência política de concorrer à presidência do Grêmio Cultural Machado de Assis, que a tradição reservava sempre aos alunos do último ano, da quarta série. Ia animado na campanha quando o professor Solano Rodrigues, diretor e dono do colégio, me deu o golpe. Estimulou uma dissidência nas minhas fileiras, e a vitória que despontava fácil se resumiu a fragorosa derrota. Quem estava do outro lado? Gastão Vieira,[2] meu amigo até hoje.

Ativo na oposição e articulado com as lideranças dos outros colégios, não perdia os congressos e reuniões da UMES[3] na rua do Passeio, e são desse tempo as lideranças de Milson Coutinho no Liceu Noturno, de Luís Rocha, na Academia de Comércio, Marconi Caldas e Manoel Ribeiro, no Liceu Diurno, João Batista Ericeira e Pedro Dantes Rocha Neto, no Maristas, dentre outros, de que não me lembro agora. Na segunda série, no ano seguinte, foi a grande virada. Derrotamos o candidato do diretor, um rapaz metido a bonito, conhecido como Serra, que fazia sucesso com as meninas.

A cúpula da UMES recomendou que o movimento estudantil tivesse em cada município um candidato a vereador, nas eleições de 1962. Foram eleitos, dentre outros, Luiz Rocha na capital; Nonato Cruz,[4] em Barra do Corda, e eu, em Caxias. Quando irrompeu o golpe militar de 1964, o primeiro mandato cassado no Maranhão foi o meu. Fui dos primeiros a ser preso. Por muitos anos não me deram sossego.

Depois de ter sido preso pela segunda vez, fui para São Paulo com uma bolsa de estudos obtida por intermédio do dr. Luís Magno Portela Passos,[5] um engenheiro de muito prestígio na cidade e com boas amizades fora do estado. Concluído o curso, que incluía Direito Social com o professor Cesarino Junior, na USP, resolvi passar um *western*[6] para Marconi Caldas informando o dia e a hora da minha chegada aqui em São Luís.

O avião fazia escala em Brasília, e lá estavam José Sarney, Clodomir Milet, Henrique La Rocque, Alexandre Costa, todos embarcando para São Luís. Sarney tomou um susto quando me viu. "Estás voltando para ser preso outra vez?" Duvidei dele, liguei para Celso Bastos, que dirigia a sucursal do *Jornal do Dia*. Ele confirmou. Eu era o número seis da lista que o Exército mandara para os jornais. Dona Kyola, mãe de Sarney, que vinha também, ficou aflita. Lembrei da minha mãe que me dizia: "Enfrente a mentira, fique com a verdade; quem não deve não teme."

Contra a opinião de todos, decidi seguir a viagem de volta a São Luís. Quando o avião aterrissou, vi pela janela que uma ambulância entrava na pista. Deu para ler – Prefeitura Municipal de Paço do Lumiar. Ao pé da escada, dois loucos – Marconi Caldas, filho do desembargador Tácito Caldas, e Rui Almada Lima, filho do desembargador Artur Almada Lima. Amizades de colégio, e o Rui era meu amigo de infância, em Caxias. Três das suas irmãs – Consuelo, Berenice e Irenice – tinham sido nossas professoras no Grupo Escolar Gonçalves Dias. Seu pai, o desembargador, era juiz em Caxias quando fui candidato a vereador. Deu dinheiro para minha campanha. A primeira vez que precisei reconhecer a firma no cartório, foi ele, o desembargador Almada Lima, quem abonou minha assinatura. Tito Soares, dono do cartório, mostrou-me outro dia.

A família Caldas tinha um sítio em Paço do Lumiar, onde em companhia do desembargador e dona Violeta passávamos, Marconi e eu, alegres fins de semana. Aconteceu que meu cabograma fora interceptado e os militares mandaram uns agentes me prender no aeroporto na hora em que eu chegasse. Marconi e Rui ficaram sabendo, foram a Paço do Lumiar, que fica na ilha de São Luís, não muito longe do aeroporto, pediram a ambulância e me resgataram.

Fiquei duas semanas escondido na casa do desembargador Tácito Caldas enquanto ele próprio redigia petições e outros papéis que foram encaminhados a um advogado, o dr. Olavo Oliveira, senador pelo Ceará, contratado pelo meu tio, Bianor, casado com minha tia Lacy, irmã de meu pai. Os subversivos do Maranhão eram processados e julgados pela Auditoria Militar, em Fortaleza.

Ninguém me fale sobre o incalculável valor de um *habeas corpus* porque foi mediante *habeas corpus* que eu fui tirado da prisão e livrado em definitivo do processo de acusação de crime contra a segurança nacional.

Ninguém me fale sobre infância difícil, sobre os meninos de rua, sobre a necessidade de mais escola pública, porque na escola pública eu estudei, do primário à universidade. Eu sei mais que muitos sobre o desemprego, sobre a deficiência do sistema de saúde, sobre a incipiência das nossas estradas, sobre o quanto nosso povo lucraria se os nossos rios voltassem a ser navegáveis.

Não me reclamem contra a impunidade porque eu sei que a causa não é só a morosidade do Judiciário. Tem origem também na cumplicidade dos poderosos. Sobre a violência urbana, eu também sei. Problemas no campo, luta pela terra? Eu vi, eu vivi, eu também sei.

Somos hoje no Maranhão quase cinco milhões de brasileiras e brasileiros. Mais da metade, algo em torno de três milhões, tem título de eleitor. São 467.621 na capital. E 2.519.612 no interior. Já somamos mais de 200 prefeituras e câmaras municipais. Em nossas instituições formais — Executivo, Legislativo, Judiciário, Ministério Público — as pessoas quase não se entendem (ou se entendem até demais). Quero dizer, quanto a uma junção de esforços numa cruzada eficaz contra a impunidade, a favor da justiça social e da paz.

Eis aqui uma informação terrível, a nos impor uma reflexão diuturna. "Os brasileiros são o povo que atualmente menos acredita na democracia como a melhor forma de governo entre todos os habitantes da América Latina." O número, 35% não querem saber de democracia. Por que será?

Não é difícil responder. Associando a palavra "democracia" com a palavra "políticos", as pessoas não querem mais saber, na verdade, não é da democracia, que nós, aliás, ainda nem consolidamos realmente, resumidos que andamos sempre aos formalmente. Elas estão cansadas é dessa mentirada sobre os dinheiros públicos, a crescente substituição do trabalho sério e corajoso pela encenação falaciosa do marketing político. Há que se restabelecer a credibilidade nas ações de Estado. Só que isso depende da legitimidade dos que governam e dos que legislam.

Já está passando da hora de se pensar num novo futuro para o Maranhão. A força que me passa a certeza dessa afirmação não é estranha. Emerge das multidões ainda abaixo da linha da pobreza, que nos colocam no último lugar em qualidade de vida no vagaroso comboio da Federação.

A força que vai mover a nós todos no enfrentamento dos novos desafios está solta por aí, como diria o poeta, "ela vai chegar na asa de um avião ou no bico de um pássaro daqui".[7] Tem tudo a ver com esta cidade de São Luís, que nos seduz e nos inunda de esperanças e que nos ganha como oxigênio de suas lutas.

Daquela viagem de trem, a mala de pinho, pintada de preto, guardada por um dia na Hospedaria Timbira, em frente à estação; daquele primeiro emprego, no bar 1º Janeiro, na rua de Santana, esquina com Antonio Rayol; dos pregões de jornaleiro, um desses pregões imortalizados por João do Vale – "*Jornal do Povo* descobriu outro roubo"; do medo de ser descoberto por causa do sobrenome e ser mandado de volta para Caxias; dos anos de trabalho nas redações varando noites e amanhecendo com as manhãs; da humilhação da fome, da fuga ao relento, da injustiça do cárcere e da cassação; da vibração e dos arroubos dos palanques às vitórias nas urnas; da alegria de ganhar o mundo e ser ganho por ele; andar, rodar, penar, vencer, voltar.

Sinto-me muito pequeno para acolher tanta emoção. Por tamanha honra que me dão. Prometo retribuir em renovados compromissos. Pela causa da democracia. Pela causa da justiça social e da paz. Pela causa que, eu sei, será sempre de todos nós. Por um novo futuro, tudo pela melhoria das condições de vida no nosso Maranhão.

Lembrando John Kennedy em frente ao muro de Berlim, quando disse "Eu também sou um cidadão berlinense", peço licença para inflar mais ainda o meu orgulho e dizer: "Eu também sou um Cidadão da Cidade de São Luís. A partir de agora eu também sou um Cidadão São-Luisense."

Notas

[1] Médico, escritor e padre, João Mohana (1925-1995), de Bacabal, MA, cursou medicina na Bahia por determinação do pai. Em 1952, lançou o romance *O Outro Caminho*, pelo qual recebeu o Prêmio Coelho Neto da Academia Brasileira de Letras. Aos

30 anos, entrou para o Seminário de Viamão, RS, e, em 1960, tornou-se padre. Autor de vários livros, foi eleito, em abril de 1970, para a Academia Maranhense de Letras.

[2] O advogado Gastão Dias Vieira (1946-), natural de São Luís, é deputado federal pelo PMDB do Maranhão desde 1995, por três legislaturas seguidas. Antes fora eleito deputado estadual por duas vezes, em 1986 e 1990. No Executivo estadual, ocupou os cargos de Secretário do Planejamento e Secretário da Educação.

[3] UMES – União Maranhense dos Estudantes Secundaristas, entidade que marcou presença nos anos 60 com posição firme em defesa do ensino gratuito, das liberdades democráticas e dos interesses nacionais.

[4] Raimundo Nonato Cruz (1936) é jornalista e advogado. Em 1958, foi eleito presidente da UBES – União Brasileira de Estudantes Secundaristas. E participou da primeira greve no país de estudantes contra aumento de mensalidades. Vereador em Barra do Corda, sua cidade natal, foi cassado pelo golpe militar em 1964. Viveu em Brasília, onde atuou no movimento sindical nos anos 80 e 90. Dirige a Rádio Rio Corda FM.

[5] Presidente do Instituto Cultural Brasil Estados Unidos – ICBEU.

[6] Assim eram chamados os telegramas em razão dos serviços de comunicação prestados, em todo o mundo, pela multinacional Western Telegraph Company.

[7] Luiz Melodia, cantor e compositor da música popular. Nascido no Morro do Estácio, Rio de Janeiro / RJ, em 07.01.1951.

Do beco do urubu*

Venho do Beco do Urubu, em Caxias, onde nasci e de onde parti, alistando-me na luta do Maranhão, que é antiga. O entusiasmo da minha mocidade e as energias da minha juventude, a experiência aprendida mais nas dificuldades do que nas bonanças e a força da minha vontade em ser útil ao povo estão a serviço – e não é de hoje – à causa do Maranhão.

Somos um estado com quatro milhões de brasileiros, labutando contra o subdesenvolvimento econômico e sofrendo, cotidianamente, as conseqüências terríveis dos desequilíbrios regionais. Temos enormes riquezas naturais e muita mão-de-obra ociosa, necessitada de trabalho. Mas somos hoje o estado mais atrasado da Federação.

O Maranhão e seus irmãos de pobreza do Nordeste querem ser ouvidos pela nação. Precisam ser ajudados e também querem ajudar este país. Não queremos continuar sendo a região-problema do Brasil. Queremos ser respeitados, como sócios da Federação que somos, participando, em condições de igualdade, dos debates e do encaminhamento das soluções nacionais.

Venho com humildade e venho para aprender.

O Brasil vive um momento de transição que está a exigir muito do civismo de todos nós. Mas o Brasil não é só o Leste e o Sul desenvolvi-

---

* Primeiro discurso na Câmara dos Deputados, Brasília, em 12 de março de 1979.

dos, com os seus problemas que devem ser justamente resolvidos, mas que não são, nem de longe, os problemas prioritários da Amazônia e do Nordeste. Precisamos cuidar também urgentemente dos problemas do outro Brasil – o Brasil miserável que não está nas capas das revistas, nem nas manchetes dos jornais, nem nos programas da televisão. Mas que está lá, no Maranhão, no Nordeste, na Amazônia, exposto, terrível, deprimente, subumano, no cotidiano dos milhões e milhões de patrícios que mantêm com sacrifício a integridade do território nacional.

Precisamos incluir a Amazônia e o Nordeste na pauta das prioridades nacionais. Mas não devemos ficar só na retórica dos discursos. Devemos agir concretamente, mergulhar no significado dos problemas, obter soluções viáveis, que reflitam as realidades daquelas regiões e consentâneas com as exigências locais. Basta de centralização. Um país como este, com as dimensões territoriais que possui, não pode ser um Estado unitário. Iniciemos logo o trabalho pelo restabelecimento da Federação. Os Estados precisam voltar às suas autonomias e os Municípios precisam ser fortalecidos por uma política tributária que lhes garanta a sobrevivência.

Ao Maranhão que me mandou, através das urnas, para representá-lo nesta Casa reafirmo o meu compromisso de que não faltarei, em nenhum instante, às responsabilidades da missão.

Peço a todos que nos compreendam e que nos ajudem, porque, afinal, somos todos brasileiros!

Aviso aos navegantes*

Sou daqueles que, quando são ofendidos, injustamente ofendidos, não busca as sombras das noites nem os biombos ao sol, à espera de que o esqueçam.

Sou daqueles que, quando são ofendidos, injustamente ofendidos, recusa-se a mergulhar, porque há os que mergulham para não serem vistos, e há muito perigo nesses mergulhos profundos e demorados. Pode-se morrer afogado.

Sou daqueles que, quando ofendidos, injustamente ofendidos, não espera que as multidões de amigos acorram solícitas em solidariedades explícitas. Os que se aquietam nessas esperas correm o risco de se decepcionar. É que, nesses casos, nem todos comparecem. É da natureza humana. Quando a injustiça é gritante, como no meu caso, comparecem os mais distantes e, em profusão, os anônimos.

Sou daqueles que, quando ofendidos, injustamente ofendidos, avalia se vale a pena a luta, e, se vale, nem pensam mais, vão imediatamente à luta. Minha vida sempre foi de muito trabalho e de muita luta. E esta é mais uma que vale a pena empreender e não recuar. Porque diz respeito a ideais de lutas, a valores morais, a princípios que vale a pena sustentar.

---

* Brasília, 25 de fevereiro de 2003. Como Vice-Presidente do STJ, foi alvo de ataques na imprensa questionando a sua integridade. O jornalista foi condenado. Achou melhor não processar o jornal.

As flores da nossa crença*

Nesta noite, em que sentimos que estamos vencendo, não podemos esquecer os muitos que não tiveram esta vez e os tantos que estão a sonhar com ela! E sem que me perguntem quem são eles, eu lhes digo que são os náufragos da nossa catástrofe social e que ainda nadam contra as ondas do desestímulo e da falta de oportunidades, procurando alcançar uma escola como a uma ilha de salvação. Eles são aqueles novecentos que em cada grupo de mil não conseguiram concluir o curso primário. São também os oitenta e três do grupo de cem que, terminando o primário, evadiram-se da escola média. Eles e nós somos as figuras deste quadro berrante, mas que, infelizmente, ainda contemplamos em nossos dias: de cada cem concludentes do primário chegados ao curso médio, apenas vinte e cinco são poupados no ginasial, oito no colegial, e daqueles cem apenas quatro conseguem chegar às portas da universidade, para onde nós — os sobreviventes — devemos ardentemente pretender caminhar.

Aos muitos que não tiveram esta vez e aos tantos que estão a sonhar com ela, a nossa solidariedade e a nossa promessa de que não os esqueceremos. A lágrima e o suor que tiverem de brotar quando as letras exigirem que eles falem ou escrevam para sobreviverem à vida serão protestos,

---

* Discurso de formatura do curso ginasial do Colégio São Luís, no salão da Associação Comercial de São Luís, Maranhão, em 15 de dezembro de 1966.

mas serão também exemplo para que cada um de nós não desista da caminhada para o saber e para que tenha mais forças na resistência, quando as chuvas das dificuldades caírem mais intensas sobre nós.

O Padre Lebret, no seu livro *Manifesto por uma Civilização Solidária*, nos ensina que "de nada serve inflamar a juventude com fórmulas ilusórias, pois o que de melhor podemos dar não é conduzir os jovens a qualquer mito que os dispense da pesquisa e do esforço". E nos aconselha: "É à verdade do pensamento e da ação que devemos convocar os jovens." Entendo assim também. E creio especialmente difíceis as tarefas que aguardam cada nova geração.

Por isso, de experiência própria, posso proclamar que o atual sistema escolar deste país ainda se mostra deficiente, sem atrativos à juventude para a modalidade de ensino que as conveniências do progresso estão a exigir. É necessário que se dêem condições aos brasileiros para que, com os dividendos do seu esforço, todos contribuam, e não se possa mais, em nosso país, contemplar quadros com as estatísticas gritantes, que eu citei, e que nos mostram aquela alta percentagem de analfabetos – o que é incompatível com os nossos legítimos anseios de desenvolvimento e justiça social. Precisamos formar, mais e mais, técnicos de nível médio para a indústria, para o comércio, para a agricultura, para o magistério. Mas precisamos também de mais e mais escolas para nelas se formarem esses técnicos.

Compartilho da opinião de que os cursos funcionem de modo a permitir a distribuição dos alunos de acordo com as suas aptidões, orientando-se para os estudos predominantemente intelectuais apenas os que manifestarem essa tendência, enquanto os demais seriam encaminhados às ciências aplicadas em cursos de cunho acentuadamente mais prático. Às escolas secundárias deve ser dado um caráter mais funcional que melhor as vincule às atividades econômicas das regiões onde se situem.

A escola é o núcleo principal do conjunto celular do país. Precisamos educar, produzir e industrializar, pois de nada adiantariam dínamos, se não houvesse a educação técnica para fazê-los funcionar.

Somos uma geração surgida depois da guerra, a quem a necessidade de vida imprimiu um espírito de rebeldia, que nos coloca na situação de sitiantes a nossa própria consciência de jovens, que receberam uma difícil tarefa que haverão de cumprir no trabalho árduo da edificação de uma pátria bem melhor aos que nos sucederem. Dos escombros da guerra nossos antecessores aprenderam e nos deixaram a lição de que a democracia, como conquista dinâmica, elimina os vírus do totalitarismo.

Estamos com a democracia porque estamos com a liberdade, maior conquista do homem que saiu da pedra lascada para lavrar um hino à civilização. Proclamamos, nesta hora – mais uma vez –, as nossas convicções democráticas, o nosso mais puro e ardente amor à liberdade, o nosso horror maior ao totalitarismo, em quaisquer de suas formas. Estamos com a democracia porque repudiamos a ditadura, que ignora a comunidade, que se arroga de uma independência total, que não possui regras permanentes e nem fundamentais, pois a sua própria lei é a do momento.

Na democracia, há a legalidade. Na ditadura, não há lei e nem base legal alguma. Na democracia, a vontade do governante é o resultado de um anseio coletivo. Na ditadura, a vontade do ditador é a vontade do ditador, que não se deixa pear por processos legais. Na democracia, há a autoridade e a harmonia dos três poderes. Na ditadura – adverte-nos MacIver, sociólogo norte-americano – o que se constata é a exaltação do Executivo acima do Legislativo e a conseqüente equiparação do decreto à lei, a insistência da ortodoxia política, a supressão de todas as opiniões desfavoráveis ao regime.

O mundo pagou um preço muito caro para dar a si mesmo a lição de que a luta contra o totalitarismo tem que ser mantida, pela preservação da democracia e pelo domínio da liberdade. Democracia – é preciso que se esclareça – é o que Lincoln chamou de "governo do povo, pelo povo e para o povo"; democracia, o que o filósofo Aristóteles denominou "governo por um grande número"; democracia não é aquela "interpretação vesga dos exegetas", e sim a tradução daquelas duas palavras, raízes do grego – *demos* e *kratía* –, que significam "a autoridade do povo, o poder do povo".

Concordo com um pensador político de nossa época – Carlos Lacerda[1] – o para quem "a democracia não é um regime pronto que se possa encomendar aos juristas e entregar aos políticos para simplesmente vesti-la, como se fosse roupa feita. Democracia é um processo constante de aperfeiçoamento ao qual a nação ascende na medida em que se educa e adquire condições para se governar. Educar, é fazer progredir a democracia". Escola para todos, é o único meio válido para se chegar a uma democracia, para a promoção do desenvolvimento, para a prosperidade de todos e não apenas para o enriquecimento de alguns. Negar escola à maioria é o único meio válido e mais eficaz de se retardar a democracia, assegurando-se o domínio de uma oligarquia que deve ser destruída, em vez de tolerada.

Esta noite não é apenas uma noite de formatura, um instante de despedida, o encerramento de uma missão. O conhecimento das novas responsabilidades, que por causa do diploma nos aguardam, nos deu a convicção de que estamos vivendo é mais um início, que esta vitória não dá por encerrada a nossa luta. O que até agora demos ao Maranhão e ao Brasil não constitui ainda o mínimo do que eles estão a exigir de cada um de nós.

Numa hora como esta, não há, portanto, encerramento e nem despedidas. Nós não pertencemos àquela geração que o poeta Fernando Pessoa classificou como "raça do fim, limite espiritual da hora morta, que vive a negação, o descontentamento e o desconsolo". Nós não podemos consentir que o Brasil assista ao triunfo das nulidades e – para lembrar Rui – que "o homem continue a ter vergonha de ser honesto".

Ao mundo todos viemos para lutar! E nós lutaremos – hoje entrincheirados nos livros e amanhã na linha de frente das responsabilidades que a pátria nos entregar. Inspirados por Deus, lutaremos todos, cada um com sua força de trabalho, pelo progresso; cada um, cristãmente, pela justiça e pela paz, para que possamos todos aguardar o futuro confiadamente, e que nele não murchem as flores da nossa crença!

O que Roosevelt disse ao seu povo, o que Kennedy repetiu para os estudantes da Costa Rica, creio que também posso dizer agora a todos:

– Esta geração, a nossa geração, tem um encontro marcado com o destino. Confio em que todos vós comparecereis a esse encontro.

E até lá.

Notas

[1] Jornalista e político do Rio de Janeiro, Carlos Frederico Werneck de Lacerda (1914-1977) foi governador do Estado da Guanabara e dono da *Tribuna da Imprensa*. Comunista na juventude, rompeu com o movimento em 1939. Orador

brilhante e polêmico, foi ferrenho opositor de Getúlio Vargas. Vítima do atentado da rua Toneleros, atribuiu o incidente ao presidente que, desgastado pelo envolvimento de auxiliares, matou-se em 24 de agosto de 1954. Membro da União Democrática Nacional (UDN), apoiou o golpe militar de 1964, mas se opôs à prorrogação do regime de exceção, até que foi cassado em 1968.

Outras palavras*¹

Evoco o Profeta — "Se você for à festa do Pelô, e se você não for, pense no Haiti, reze pelo Haiti. O Haiti é aqui; o Haiti não é aqui."

Se seguirmos esse preceito, nunca nos faltará a fé de que precisamos para que haja menos lágrima clara sobre a pele escura.

Tudo tem demorado em ser tão ruim. Ninguém é cidadão.

Muita gente se arvora a ser Deus. Mas já não somos como na chegada, calados e magros. Agora é importante notar que o ar sombrio de um rosto está cheio de um ar vazio. Ano que vem, mês que foi, é a mesma dança, meu boi.

E aí mesmo quem não tem coragem para suportar tem que arranjar, também, coragem para suportar. Ridículos tiranos.

Quem vem de outro sonho feliz de cidade assiste a tudo. Um poeta desfolha a bandeira, Lindonéia desaparecida, eles amam os filhos no dia de amanhã, é que eles têm medo do dia de amanhã; abacateiro, sabes a que estou me referindo; *miserere nobis*, ora *ora pro nobis*, leia na minha camisa, tarde demais para tais providências.

---

*Agradecimento à homenagem de seus alunos do Curso de Pós-Graduação em Direito Eleitoral na Faculdade de Direito da Universidade Federal da Bahia, em 29 de julho de 1995.

Não quero mais estas tardes normais, mornas, de março, abril. Megacidade, conta teus meninos! Gente é para brilhar, não para morrer de fome. Aconteceu de eu ser gente, e gente é outra alegria.

Enquanto os homens exercem seus podres poderes, vamos passear nos Estados Unidos do Brasil. A Bahia que vive para dizer como é que se faz para viver, onde a gente não tem para comer mas de fome não morre porque tem mãe Iemanjá, do outro lado o Senhor do Bonfim, que ajuda o baiano a viver.

Desperdiçamos os *blues* do Djavan.

Na escuridão, luz exata. Esquecer, não. Toda grandeza da vida no sim e no não. Os afoxés acenaram com o não. O virador deste mundo, astuto, mau e ladrão. Ainda viro este mundo em festa, trabalho e pão. Dentro da feira, o povo. Atrás da feira, o moinho; atrás do moinho, o governo que quis a feira acabar. E não se soube mais sobre a noiva vestida de renda vinda de Itaperoá.

Senhoras e senhores, ele põe os olhos grandes sobre mim.

Os urubus passeiam a tarde inteira entre os girassóis. Viva a Bahia! Triste Bahia, oh quão dessemelhante estás. Tantos negócios e tantos negociantes. Apenas têm medo de morrer sem dinheiro. Um batalhão de *cawbóis* barra a entrada dos super-heróis. Triste Bahia, quero, careço, preciso de ver você se alegrar.

El nombre del hombre es pueblo. Ninguém é cidadão. Tudo demorando em ser tão ruim. O vapor de cachoeira não navega mais no mar. Bandeira branca enfiada em pau forte. Meu coração não se cansa de ter esperança. Um poema ainda existe. Noutras palavras, sou muito romântico.

Palavras de Caetano Veloso e de Gilberto Gil, tão grandes no que se entregam e fazem quanto os foram Castro Alves e Rui Barbosa. O Brasil nem sabe o quanto lhes deve; a Bahia talvez, também. É a eles, arautos da liberdade, como o foram e são os anônimos da sofrência de ontem e de hoje, que dedico esta homenagem de vocês.

Sou um homem comum.

Obrigado.

Notas

[1] *Outras Palavras* – letra e música de Caetano Veloso, LP lançado em 1981.

Em nome do povo*

Por vaidade não teria eu aceitado a candidatura. Oportunidades nas quais eu possa atrair a admiração e as homenagens dos outros têm-me surgido ao longo da vida, e não as aproveito porque a minha formação não se adapta a futilidades. Por interesses pessoais ou políticos não teria eu ido às praças e às ruas dos longínquos subúrbios, levando a minha mensagem, pregando as minhas idéias. Aceitaria as condições de eleição fácil e aliar-me-ia aos que, encastelados em suas posições, não se sentem obrigados a um mínimo de solidariedade ou dever para com o povo desta terra.

Para atender a necessidades de grupos partidários ou econômicos, ao invés de falar, calado já estaria há muito tempo, compartilhando, no meu silêncio, com aqueles que, quando falam em liberdade, não estão defendendo senão a liberdade de continuarem cada vez mais ricos nesta cidade de pobres. Para somente defender a massa humilde e esquecida dos subúrbios e dos campos e o povo espoliado da cidade é que vou usar o mandado que permite, a partir de hoje, atuar nesta Casa.

Não creio no apoio incondicional e nem na oposição intransigente; não creio na intolerância das filosofias, nem nas retaliações pessoais, como descreio no progresso desta cidade, enquanto persistir esse

---

* Posse na Câmara dos Vereadores de Caxias, Maranhão, 1º de janeiro de 1963.

sistema administrativo retrógrado e impraticável, de concessões e de não-atendimento às legítimas reivindicações deste povo, que paga impostos, mas que não vê melhoria na sua cidade; que sofre com os desacertos governamentais, que é explorado na sua produção, necessitado no seu consumo, miserável nas suas condições reais de vida, ludibriado pelos políticos interesseiros, às vésperas das eleições. Para com essa gente, mais do que para conosco mesmos e para com as nossas famílias, é que a nossa obrigação é muito maior. A defesa dos direitos populares e o atendimento às necessidades coletivas são o que temos de colocar acima, e muito acima, dos nossos interesses.

E não me diga ninguém que pouco ou quase nada se pode fazer. Caxias pede uma reforma econômica e social, que será perigoso adiar, e que não é difícil de ser imaginada. Mas como fazer essa reforma? Como reformulá-la e concretizá-la? Sem mudar o poder político? Os grupos e oligarquias não serão atingidos nos seu privilégios? Não dispõem eles do poder político como instrumento para a defesa dos seus interesses?

Daí por que a nossa luta deve ser contra todas as formas de exploração que queiram o governo ou os grupos dominantes impor à massa humilde e sofredora. Cumpre-nos estar vigilantes e em posição de independência. Independência econômica e política.

A fome, a miséria, o analfabetismo, as enfermidades e os déficits estão aí mesmo, amontoados. Bertrand Russell já dizia: "É o medo que põe os homens em atraso." Quando existem déficits é porque o consumo ultrapassa a produção; e quando a produção é inferior ao consumo, há, naturalmente, poucos produzindo e muitos consumindo. Não devemos ter medo de afirmar que com Caxias ocorre quase o contrário: muitos são os que produzem e poucos os que consomem, mas é que os poucos consomem mais do que produzem os muitos.

Conclui-se que se gasta mais dinheiro do que se arrecada. E no entanto não se vêem obras públicas, a infância sadia e alfabetizada, a população satisfeita. Serão poucos os que pagam impostos e muitos os afazeres da municipalidade no que concerne ao desenvolvimento desta terra? O que vai resolver, portanto, aqui, não será a promulgação diária de leis e sim o cumprimento cotidiano das leis sábias, porque as leis diárias prejudicam as leis sábias e as leis superficiais prejudicam as leis fundamentais. Mas se aqui não há leis sábias, nem leis fundamentais, compete-nos, nesta hora, a necessária legislação.

A linha rotineira do comportamento tradicional desta Casa tem que ser mudada, pois ao meu ver sempre se caracterizou por uma apatia, alheamento e indiferença ante os problemas que angustiam a vida do povo. Por isso é que vai a minha bancada iniciar um movimento que, nascendo neste plenário, está fadado a deitar raízes profundas por toda a imensidão do território maranhense. Refiro-me à necessidade de uma reforma substancial na lei orgânica que rege os nossos Municípios. A autonomia municipal tem que ser verdadeira. As Câmaras e os Executivos não podem continuar como meros instrumentos para a preservação do caciquismo político. Urge que atuem com autenticidade.

O Departamento Estadual de Assistência ao Municípios deve deixar de ser um simples órgão burocrático para enquadrar-se na realidade socioeconômica das nossas comunas. A sua atuação no que diz respeito aos Municípios nunca foi sentida, e, se já o foi, os seus frutos aqui jamais chegaram. Façamos um ligeiro retrospecto no panorama administrativo de Caxias e veremos o progresso de uma cidade entravado pela inexistência de leis fundamentais e métodos eficientes. Veremos um orçamento municipal deficitário, mostrando que aqui se gasta mais dinheiro do que se arrecada, provando que uma minoria consome mais do que a produção da maioria pobre e escravizada, sofredora, mas paciente. Paciente porque ainda não se desesperou, numa atitude revolucionária que será inevitável se assim tudo continuar.

Onde se debate um interesse comum não há lugar para retaliações pessoais. O nosso único interesse aqui deve ser o de estarmos inteiramente interessados na discussão e no atendimento dos interesses do povo. Se ele nos elegeu foi porque confiou na formação do nosso caráter e na fidalguia dos nossos sentimentos. Negar esforço na concretização dos seus anseios seria traí-lo. Exercer o mandado por conveniências seria trair-nos.

É chegada a hora em que nos devemos congregar e em comum realizarmos alguma coisa por essa gente que nos elegeu, a fim de que, ao fim dos nossos mandatos, não possamos dela ouvir a frase:

– Esses não serviram. Arranjemos outros...

Princípios para a luta*

"Os maranhenses são grandes discursadores e mostram grande prazer em falar. Fazem-no às vezes durante duas a três horas seguidas, sem hesitações, revelando-se hábeis em deduzir dos argumentos que lhes apresentam as necessárias conseqüências.

São bons raciocinadores e só se deixam levar pela razão e jamais sem conhecimento de causa. Escutam tudo o que dizem, e suas censuras são sempre baseadas na razão. Escutam atentamente sem jamais interromper os discursos. Nunca perturbam o discursador, nem procuram falar quando alguém está com a palavra."

Esses conceitos sobre maranhenses foram emitidos por Claude D'Abeville, um padre capuchinho francês que chegou aqui em 1612, na missão de La Ravardière, para fundar esta cidade de São Luís.

Somos todos maranhenses ainda hoje. Mas garanto-vos que serei breve.

Aqui estamos para agradecer a indicação do nosso nome às eleições parlamentares deste ano.

Temos perfeita consciência das responsabilidades que a decisão dos senhores convencionais nos entrega nesta hora.

Sabemos o quanto o Maranhão está necessitado do trabalho, da dedicação, do desprendimento, da competência, da coragem e da lealdade

---

* Na convenção da Arena do Maranhão, em 1º de julho de 1978.

de todos os seus filhos. Os maranhenses condenam a omissão, não querem a indiferença, rejeitam o comodismo, repudiam a covardia e detestam a traição. Exigem a participação ativa, consciente, desassombrada, honesta, cívica e competente dos seus políticos.

Para essa missão o nosso partido convoca agora os seus homens. Basta de pedir o sacrifício do povo em nome dos interesses do Estado. Se o povo é o legítimo dono do Estado e se não pode existir Estado sem Governo, nem Governo sem povo, não podemos admitir que aos maranhenses só se ofereça, além de vagas promessas, o peso constante de tantos sacrifícios.

Somos um Estado que tem tudo para ser rico, mas não o é. Continua pobre e a cada inverno ou verão mais se atrasa no tempo. Sacrifícios, quando necessários, têm que ser de todos, não só dos governados, mas dos governantes também.

Entre o Maranhão e o resto do País existe um descompasso enorme. Não devemos ter constrangimento em confessar que em muitos setores, como o da economia, o Maranhão está emperrado, como se ainda estivéssemos no século passado. Enquanto o Brasil, potência emergente, marcha para ser uma das primeiras nações do mundo, o Maranhão tem acumulado, nos últimos anos, dívidas e compromissos que não estarão liquidados ainda neste século. E continuamos pobres.

É certo que alguns tentaram o bem do Estado e a felicidade dos maranhenses, mas só poucos conseguiram. É certo também que muitos falharam – uns por incompetência, outros por falta de espírito público. Não podemos consentir que a incapacidade de tão poucos recaia sobre tantos, pesando-nos como uma condenação, ofendendo os nossos brios de povo trabalhador e o orgulho que sempre tivemos da nossa inteligência e da nossa capacidade de luta.

A nossa coragem cívica foi intimidada, mas não está vencida. A nossa capacidade de luta foi subestimada, mas não está esvaída. Somos 4 milhões de brasileiros espalhados neste imenso território, vivendo em condições de pobreza, mas com dignidade cívica; dispostos a retomar a luta por um Maranhão melhor neste nosso tempo e ainda bem melhor para os nossos filhos.

Devemos ficar atentos aos nossos homens públicos. Exigir que não se desviem dos compromissos assumidos. Distingui-los e julgá-los. A política é como uma religião – exige sacerdócio. Devemos assegurar oportunidades a quantos estiverem desejosos de servir. Precisamos convocar os jovens e iniciá-los, oferecendo-lhes exemplos e mostrando que o povo que somos não recua quando o importante é avançar. As tarefas que nos aguardam são difíceis, mas não são impossíveis. Não podemos faltar a este dever que o destino nos impõe de reconstruir o Maranhão agora, já!

As nações mais atrasadas e as mais adiantadas do mundo investem, hoje, fabulosas somas de recursos na preparação dos seus valores humanos. Conscientes de que precisam formar elites dirigentes para todos os setores de atividades, não desprezam os seus homens, mas sim os ajudam e os convocam para as oportunidades. E nós? Permitimos que os nossos filhos deixem o Maranhão, por falta de condições para a disputa das oportunidades a que todos têm direito numa sociedade democrática. Não podemos mais consentir na perda dos nossos valores humanos porque, sem oportunidades, eles vão servir com a inteligência e o talento em outros Estados, quando o seu lugar é aqui, ajudando a levar o Maranhão à condição que lhe é destinada: celeiro do país e berço de forças vivas da nacionalidade!

O Maranhão não pode ser como Jerusalém, que calava e exilava os seus profetas, quando não os eliminava.

"A Pátria nasce nas aldeias", disse-me o poeta português Alçada Batista. Isto me transporta mentalmente aos mais distantes lugarejos do Maranhão. É no interior que está enraizado o sentimento mais irreversível da nacionalidade. É nos povoados, vilas e cidades que estão encravados os traços mais marcantes da nossa cultura. Nos vales longínquos do Itapecuru, do Pindaré, do Mearim, do Tocantins, no sertão, no agreste, no litoral, na baixada, do Munin e aqui na ilha de São Luís estão grandes legiões de heróis anônimos.

Temos heróis que cultuamos na história – Bequimão, Caxias; temos os grandes vultos – Gonçalves Dias, João Lisboa, Sousândrade; os homens públicos – Luiz Domingues, Benedito Leite, Marcelino Machado, José Sarney (já no nosso tempo), mas não devemos nos esquecer e, principalmente, nos orgulhar dos nossos heróis anônimos – os Ribamares, os Josés, os Joões, as Marias, os Raimundos, os Bernardos, os Beneditos –, e os seus nomes são milhares, que possuem todas as profissões, que vivem todos os sacrifícios e que são conhecidos simplesmente como povo: o que vota, o que elege, o que sabe ter esperanças; quando os tempos ficam difíceis e já não inspiram mais nem esperanças; o que constrói vitórias e sofre decepções, mas não desanima porque é bravo. É o povo maranhense! É aquele que não teve tempo de fazer grandes feitos porque estava ocupado, dia a dia, no pequeno grande feito: conseguir o ganha-pão para si, para a mulher, para os filhos, ainda animando-lhes com melhores perspectivas futuras.

Agora vale a pena lembrar de um verso de Odylo: "...a vida foi passando e nos fez junto os corações no mesmo coração". É essa mesma fraternidade, essa união indestrutível, que invocamos nesta hora, entre maranhenses que somos, nascidos sob o mesmo céu, palmilhadores do mesmo chão, navegadores dos mesmos rios e das mesmas marés, identificados pelas mesmas aflições e confiança nas mesmas esperanças.

Porque temos consciência das responsabilidades que esta convenção nos entrega, sabemos quão ingente será a nossa tarefa. Iremos de cidade em cidade, de bairro em bairro, de rua em rua, de casa em casa, pedindo apoio e orientação. E com o aval de nossa luta dizer que estamos prontos para servir na grande causa da reconstrução do Maranhão.

Nenhum governo pode tudo sozinho.

Queremos ajudar o novo governo porque estamos convencidos da honestidade de seus propósitos, da lealdade de seus sentimentos, e de que, com o apoio dos maranhenses, veremos germinar ainda nesse nosso tempo as sementes que mudarão a fisionomia do nosso Estado.

Não queremos ser a maioria maciça, a força bruta, automática, à mercê do aplauso fácil, do silêncio comprometedor, que não sabe por que aplaude quando aplaude e muito menos por que silencia quando silencia. Queremos ser a maioria que seremos – participante, consciente, determinada, sensível aos problemas, incansável na grande causa dos maranhenses deste país.

Ao governador ofereceremos este depoimento sobre a dignidade e o caráter do povo maranhense feito pelo primeiro governador dos maranhenses – o índio Japi-Açu – aos franceses quando aqui chegaram: "Quanto mais um homem é grande de nascença, quanto maior autoridade tem sobre os outros, mais brando, obsequioso e clemente deve ser. Pois os homens, especialmente os do Maranhão, mais facilmente se levam pela brandura do que pela violência. Quanto a mim", afirmava, "sempre pratiquei essa máxima com aqueles que tive sob meu comando e sempre me dei bem."

Tendes, portanto, aqui, maranhenses, a nossa oferta. A nossa fé que não tem tamanho no futuro de nossa terra. Iniciemos logo a luta. Caminhemos juntos. Fiquemos com os que inovam, com os que são capazes, com os que querem e podem servir e não com os que querem se servir. Porque, como já dizia o poeta Tribuzi, "já vejo noite para amanhecer, já vejo amanhecer que vai ser dia, já vejo dia para quanto ser!".

Manda buscar lá no Piauí*

As homenagens obedecem, quase sempre, a um sentido de retribuição. Não é raro confundir-se o gesto da retribuição com a atitude do reconhecimento.

Por isso, as homenagens que parecem, quase sempre, destinadas a molduras de momentos inesquecíveis tendem, com o tempo, a se diluir até que, um dia, ninguém mais se lembre delas.[1]

Isso me faz pensar em Anísio de Abreu e em Clodomir Cardoso, que nem estavam velhos, já estavam mortos, quando lhes prestaram certas homenagens.

Anísio de Abreu (1863/1909) é uma das figuras públicas mais importantes da história do Piauí. Deputado estadual, deputado federal, senador, governador, jornalista, poeta, jurista, pensador avançadíssimo para aquele tempo, defensor do divórcio, foi o relator no Código Civil do capítulo referente à família. Em 1960, homenagearam-no dando o seu nome à antiga sede da Assembléia Legislativa. Em 1985, a Assembléia Legislativa, em novo prédio, passou a ter novo patrono, Petrônio Portela, um grande democrata.

Clodomir Cardoso (1879/1953), poeta, jornalista, jurista, grande magistrado, professor, prefeito de São Luís do Maranhão, governador,

---

* Na Assembléia Legislativa do Estado do Piauí, em 10 de dezembro de 1997.

deputado, senador. A ele muito se deve a inserção do mandado de segurança no nosso direito constitucional. Em Caxias, na década de 50, homenagearam-no dando o seu nome a uma rua que nem rua ainda era; apenas um caminho pelo Cangalheiro[2] para um cemitério distante numa das saídas da cidade. Pois este ano tiraram-lhe o nome da rua para ceder lembrança a um dos seus moradores, o engenheiro Jadiel Carvalho, o qual, se consultado antes de morrer, tenho certeza, reprovaria a homenagem.

Ser admitido como cidadão honorário do Estado do Piauí muito me conforta. Eu sei que nessa categoria são incontáveis os cidadãos. Muitos outros poderão ainda ser cidadãos honorários deste Estado sem que seja preciso cassar o meu título. Homenagem como esta não enseja receios futuros. Nessa categoria sempre cabe mais um...

Um cidadão de um lugar tem mais que direito a ser reconhecido como um igual entre os demais. Tem direito a se interessar pelas pessoas e pelas coisas; tem a obrigação de falar sobre as questões e de participar das inquietações buscando soluções.

Aqui os meus deveres para com o Brasil se ampliam porque passo agora a ter compromissos especiais também com o povo do Estado do Piauí.

Nossa realidade social contrasta, de forma gritante, com as nossas potencialidades naturais.

Mas não nos falta a coragem para declarar ao Brasil as nossas dificuldades. Em cada mil crianças aqui nascidas, escapam 951. Entre a população estimada em 2,7 milhões, cerca de 800 mil, em idade escolar, nunca viram a porta de uma escola, talvez só de longe, porque continuam na ignorância, sem saber ler e escrever.

Isso é assustador, sim, mas não chega a ser tão escandaloso se visto num quadro de dificuldades mais abrangentes.

Por exemplo: o que o Banco Central gastou recentemente, num só dia, em reservas cambiais, comprando dólar, numa operação de defesa do real contra ataques dos especuladores internacionais que derrubaram ações nas bolsas de São Paulo e do Rio de Janeiro, equivale a mais do que se contabiliza como Produto Interno Bruto no Piauí durante um ano. (O nosso PIB anual é de R$5,2 bilhões, e o BC consumiu reservas de cerca de U$8 bilhões em um dia.)

Os recursos que vêm de fora são poucos; as dificuldades nacionais, dizem a toda hora, são enormes.

Mas não se reforma o Estado brasileiro, sucateia-se a administração federal. Não se investe na profissionalização dos funcionários, contra a burocracia, para a prestação do serviço público de qualidade.

Não se moderniza o Judiciário, deprecia-se a eficácia de suas instâncias; recusa-se pelas procrastinações o cumprimento dos julgados; inserem-se leis injustas no ordenamento jurídico; pratica-se a pena de morte, na forma de execução lenta, mantendo-se os sentenciados sob condições extremamente desumanas; enfim, mantêm-se procedimentos cartoriais, antiquados, como se de propósito, para quase tudo não funcionar.

Discute-se muito, mas não se avança, na prática, para as reformas políticas.

Estou com os que querem o voto distrital misto, a cláusula de barreira para funcionamento parlamentar dos partidos, a redução dos limites máximos para a composição de todas as casas legislativas, inclusive o Senado, que só deveria ter dois senadores por Estado e com mandato de apenas seis anos; sou pela ampliação das dificuldades para a criação de novos Municípios, dentre outras medidas que reclamam urgência.

Mas enquanto isso, enquanto o tempo da legislatura federal se exaure nas propostas de reformas da área econômica, que não se realizam, não se abre uma estrada, até porque o dinheiro nem dá para tapar todos os buracos das que já existem.

Não se melhoram as condições das escolas, pagam-se salários indecentes aos professores. Não se faz da educação um corajoso investimento social – e não se faz porque o sistema de ensino vai ser reformado; um dia vai ser reformado...

Os organismos institucionais de defesa da sociedade, militares ou civis, federais ou estaduais, são hoje menos de fatos e quase de ficção se confrontados com as unidades operacionais do tráfico de drogas, da lavagem de dinheiro, dos seqüestros, dos crimes organizados no país.

Não há dinheiro para o custeio da segurança dos cidadãos. Para onde estamos indo? Onde isso tudo vai parar?

A Federação agoniza.

Acredito que com a união dos brasileiros em atitudes firmes, inclusive contra as mentiras dessa falácia nacional, essa que está em cartaz, – atitudes que não resultem em mais sacrifícios do que os últimos a que nos condenam –, haveremos de afastar, nestes tempos difíceis, os receios que nos circundam em relação ao futuro do Brasil.

Os Estados que se cuidem, é a palavra de ordem em Brasília.

Nós aqui, no Piauí, poderíamos estar em condições diferentes – mais para pior – se o nosso povo não fosse de gente tão brava, resistente, fiel à própria história; gente que não decai na certeza de que só pelo trabalho honesto é possível sobreviver à fome, ao desabrigo, às doenças.

O Piauí resiste porque seu povo se recusa a perder a sua identidade. Não se desprende de suas raízes, seus vales, seus rios, riachões, riachos, açudes, cacimbas. Não tem medo do semi-árido, nem do árido; sabe viver nesse intenso verão e, quando acontece de aparecer um inverno, não se surpreende com a força das enxurradas. É um imbatível mesmo diante do chão que se racha, de tão seco.

Este é o Piauí das pequenas e médias cidades, todas decentes, limpas, bem harmonizadas nos espaços urbanos e rurais; o Piauí dos carnaubais e dos cajueiros, dos mangueirais e dos canaviais, do melhor caranguejo e dos camarões que os europeus mandam buscar; o Piauí onde não se vê gente triste. Aqui não se cultiva a tristeza. Os piauienses só conhecem a tristeza como sentimento humano derradeiro para quando, não podendo mais nada, só lhes resta se expressar de forma triste.

O Piauí sofre em razão das precariedades climáticas; sua economia não avança na linha da ambição necessária; seus indicadores econômicos e sociais são humilhantes diante do resto do Brasil. Mas nada deprime a sua gente; nada faz decair a auto-estima do seu povo. Todos os aviões que partem de Teresina ou que chegam a Teresina estão sempre lotados; às vezes me indago – para onde esse povo tanto viaja? O piauiense aprendeu a ser cidadão do mundo.

O Piauí é essa riqueza de contrastes – delta no encontro marcado do rio com o oceano; a seca verde do sertão, os canaviais de Castelo, o gado solto pastando nos campos do semi-árido; o entreposto de Floriano, por onde tudo passa e ainda há de passar; a exuberância de Teresina; a imponência de Parnaíba; a riqueza agreste do Gurguéia com seus poços e sua vegetação de mufumbos e pau-d'arco, de bilro e de pau de coã, de sucupira e de araçá, barbatimão e de amargoso, de candeia e de canudeiro, canela de velho e de cagaito, de conduru e de chicá, de fava-d'anta e de inharé, de jatobá e de mangabeira, de miroró e de maçaranduba, de sucupira e de sambaíba, de tamboril, de puça e de tartarema. Vegetações e pessoas que se entrecruzam suportando as secas com firmeza.

Os estudos arqueológicos, que prosseguem, já concluíram que, há mais de 60 mil anos, já havia gente por aqui. Todos tidos como índios, todos trucidados. Descobriram-se pinturas rupestres de 32 mil anos. Em Barra do Antonião, um dos sítios arqueológicos, acharam ossos de um mastodonte, de um tatu gigante e até de uma preguiça medindo oito metros de comprimento.

No ano 705 d.C. andou por aqui um certo califa Bralj-lbn, à frente de duzentas famílias açoreanas, que ele teria deixado em Parnaíba. A história não registra se o califa tinha lhes vendido antes as terras da região ou se a excursão encerrava um prometido encontro com os céus.

Já neste século soube-se, em Teresina, sobre um árabe muito simpático, chamado Baduque, que emprestava dinheiro a juros. Registre-se que isso não era crime e que até o Estado, nos primórdios do século, chegou a tomar dinheiro emprestado de agiotas, só que a juros de 12% ao ano.

Aqui, em Teresina, já havia, em 1877, uma biblioteca aberta ao público, com 1.194 volumes; era da Sociedade Propagandística da Instrução Pública. A Biblioteca da Faculdade de Direito começou, em 1938, com 14.400 volumes.

Este Piauí foi dos poucos Estados onde se prestou jurisdição com Códigos próprios. Teve inclusive Códigos de Processo Civil e de Processo Penal, entre 1919 e 1939. O Código Eleitoral de 1932 foi obra parlamentar de João Crisóstomo da Rocha, deputado do Piauí.

Aqui serviu Clóvis Bevilacqua[3] como secretário do governo e conselheiro do primeiro governador, nos primórdios da República. Aqui ele conheceu Amélia Carolina de Freitas, romancista, cronista, contista, por ela se apaixonou, com ela se casou.

Este é o Piauí de pecuária forte, tradicional exportador de gado, e, por isso, a difusão nacional daquela modinha – "o meu boi morreu/ o que será de mim/ manda buscar outro, ó maninha/ lá no Piauí...". Piauí dos barões — Barão da Parnaíba, Barão de Campo Maior, Barão de Castelo Branco, Barão de Gurguéia, Barão de Loreto, Barão de Monte Santo, Barão de Paraim, Barão de Santa Filomena, Barão de Três Barras, Barão de Turiaçu, Barão de Uruçuí, Barão de Monte Santo, Barão de Vila Franca.

Piauí da carnaubeira branca, que serve de remédio para curar sífilis.

Piauí com as suas lendas povoando lembranças da infância encantada como o Barba-Ruiva, da lagoa de Parnaguá, no vale do rio Paraim; o Cabeça-de-Cuia, dos rios Poty e Parnaíba; o Carneirinho de Ouro, de Oeiras; a Besta Fera, de Amarante.

Não se conhece no Brasil piauiense esmoler.

O piauiense não mendiga porque cultiva o sentimento da vergonha, é orgulhoso de suas virtudes, recusa-se a pedir esmolas.

Filósofo, poeta, cantador, ator, repentista, vaqueiro, desportista, professor, artesão, romancista, jornalista, ricaço, político, cientista, inventor, contador de lorota, até doido ou economista é possível encontrar. Mas esmoler ou vigarista, peculatário ou bandido, se alguém disser que é do Piauí está mentindo. No Piauí não tem disso não...

Piauí que abriga em seus semi-áridos o Canto do Buriti, lugar onde nasceu Maria Helena, minha mãe. Piauí de Floriano, onde ela viveu e morreu e onde está sepultada com o Elmar, meu irmão. Piauí de Teresina, de onde saiu o Carvalho que ostento orgulhosamente entre o prenome e o último sobrenome.

Sim, sou Carvalho do Piauí, da parte de minha mãe.[4]

Penso que por tudo isso, tenho vivido assim, dividido entre os carnaubais e os babaçuais, entre o rio Parnaíba e o rio Itapecuru, entre as estações do trem em Teresina e em São Luís, como se meu coração, que nem o do poeta, fosse um balde despejado[5] nesses dois rios, ou como se eu tivesse dois corações formando uma geografia só, neste meio-norte do Brasil.

Norberto Bobbio[6] observa que "falar de si é um vício da idade avançada". Sei que não preciso me preocupar muito em demonstrar que ainda não tenho idade para cultivar esse vício.

Meses depois que o Brasil ganhou a primeira Copa do Mundo, na década de 50, o Botafogo[7] veio jogar em Teresina, trazendo Didi e Garrincha, atrações principais.

Jardineiras[8] empoeiradas requebravam-se entre buracos e catabis da estrada que ainda se construía. Em Caxias, uns cinco garotos, na escola, resolveram que viriam a Teresina para ver os campeões do mundo. Aquilo para nós carregava a mesma expectativa histórica que eu experimentaria mais tarde quando os três primeiros astronautas, depois de passearem na Lua, voltaram à Terra.

Viríamos a Teresina pedindo carona, de jardineira ou de caminhão. Por uma semana vivemos as emoções prévias da aventura; escondidos das famílias. No dia marcado, todos desistiram. Menos eu. Fui na carroceria de um caminhão que me alcançou, andando a pé, alguns quilômetros depois da corrente do Posto Fiscal.

O caminhão só chegou à noite, estacionou na Praça Saraiva, passagem da Rua Paissandu, onde ficavam os grande cabarés. O futebol já havia terminado, pedi para dormir na carroceria – e ainda tenho nítidos o calor e o bafo do babaçu no encerado Locomotiva em que eu buscava me proteger das muriçocas. Tarde da noite um policial me descobriu e me levou para dormir no corredor de uma delegacia na mesma Praça Saraiva. Desconfiado e assustado, quem foi que disse que eu dormi? Aquela noite foi a mais longa. Nunca a esqueci.

Meu fascínio por Teresina, meu interesse pelo Piauí não iriam esmorecer só porque, no dia seguinte, a Polícia me embarcou de volta, na primeira jardineira do "Galinha".[9]

Agora o povo do Piauí, pelos seus representantes eleitos, me confere essa grande honra – agora eu sou também um cidadão do Estado do Piauí.

Isto será sempre para mim um motivo de grande orgulho. Farei tudo ao meu alcance para nunca faltar aos meus deveres dessa cidadania.

Estarei sempre atento à advertência inscrita no brasão do nosso Estado – *"Impavidum ferient ruinae"*; ou seja, "Os corajosos não temem a desgraça."

Notas

[1] Eurídice, minha mulher, não sei se de ironia, mas com certeza de bom humor, tem me aconselhado a pensar muito antes de aceitar certas homenagens. Ela

me lembra que eu não estou velho e que aos velhos, sim, por todas as razões de reconhecimento, é que devemos nos voltar com todo tipo de homenagens.

[2] Bairro antigo de Caxias, MA, formado a partir de uma estrada que, passando pelo riacho Itapecuruzinho, afluente do rio Itapecuru, dava acesso ao entreposto comercial conhecido como Três Corações, onde existe ainda hoje um movimentado comércio atacadista. "Cangalheiro" vem de cangalha; era o lugar onde os tropeiros vindos do interior do mato, com mercadorias de sua produção agrícola, paravam, retirando as cangalhas dos animais, que, assim, descansavam.

[3] Grande jurista, principal redator do Código Civil Brasileiro, de 1º de janeiro de 1916.

[4] Minha tia Iracema, que também é piauiense, me contou que foi procurar trabalho de enfermeira no Hospital Getúlio Vargas. Ficou algumas horas num corredor esperando ser chamada para a entrevista e os testes. Estava quase desistindo, pensando em ir embora, quando uma voz forte chamou — "Iracema Carvalho!" Ninguém se acusou. Ela deu um tempo, a mesma voz chamou o mesmo nome outra vez. Ela se apresentou. Ganhou o emprego, voltou feliz. Minha mãe viu nisso um sinal de boa sorte. Quando nasci ela inseriu o Carvalho no meu nome, passando a ser esse também o seu sobrenome.

[5] O poeta a que me refiro é Fernando Pessoa (1888-1935). No seu poema "Tabacaria", a certa altura, diz: "Meu coração é um balde despejado".

[6] Um dos mais importantes pensadores políticos deste século. Nasceu em 1909 em Piemonte, Itália. Professor, escritor, jurista, senador vitalício, tem vários livros publicados no Brasil, dentre eles *De Senectute*, (Editora Campus, Rio de Janeiro), de onde extraí essa frase.

[7] Time de futebol do Rio de Janeiro. Didi e Garrincha foram emprestados pelo Botafogo à Seleção Brasileira, que venceu a Copa do Mundo nos gramados da Suécia.

[8] Tipo de transporte coletivo, misto de caminhão e ônibus, muito comum à época no Nordeste.

[9] Apelido do dono da "jardineira". Na parte de cima da boléia tinha escrito — "Lá Vem o Galinha". No pára-choque dianteiro, "Sofrendo É Que Se Aprende".

Tolerância, justiça e paz*

"A paz é o fim que o direito tem em vista, a luta é o meio de que se serve para o conseguir. Por muito tempo pois que o direito ainda esteja ameaçado pelos ataques da injustiça — e assim acontecerá enquanto o mundo for mundo — nunca ele poderá subtrair-se à violência da luta. A vida do direito é uma luta: luta dos povos, do Estado, das classes, dos indivíduos."[1]

Ora, quem não se lembra de Von Ihenrig em seu instigante *A luta pelo Direito*? Onde a democracia é miragem essa luta nunca acabará enquanto resistirem os arraiais da injustiça.

Perante as populações pobres, sem cidadania, portanto, sem qualidade de vida, o direito não se contenta em ser apenas um conjunto de normas voltado para a convivência harmoniosa nas relações humanas.

Mais que isso. Transmuda-se em escudo e lança, não só contra a opressão do Estado, mas também contra os que, à sua sombra, imantados pela impunidade e, assim, fortalecidos pelo arbítrio, sentem-se mais estimulados a prosseguir em suas falcatruas.

Não devemos ignorar nunca a advertência do Profeta Isaías,[2] para quem a paz não é a ausência de guerra, mas uma obra da Justiça. Lutando pelos nossos direitos consagramos a democracia, realizamos a Justiça, possibilitamos a harmonia, ensejamos a paz.

O direito não pode ser privilégio nem de especialistas nem dos que, podendo contratar para suas demandas, na justiça estatal, os melhores causídicos, conseguem que as leis sejam interpretadas sempre a seu favor. Precisamos estar atentos para que o espírito das leis não se distancie nem se perca de sua destinação maior, que é a justiça.

---

* Discurso em São Luís, no XI Congresso Estadual dos Advogados do Maranhão, em 12 de dezembro de 2001.

O direito não tolera, por exemplo, o peculato, e são tantos os peculatários hoje em dia, que o Ministério Público, em quaisquer de suas esferas, jamais conseguirá dar conta, formalizando denúncias contra todos eles.[3]

O que desqualifica hoje qualquer elogio que se queira fazer à nossa democracia é o triunfo visível da impunidade, o descaramento com que conhecidos ladrões do dinheiro público afrontam, no cotidiano, as pessoas que levam vida difícil mas sempre honesta, que pagam impostos e que, na contrapartida, não recebem do poder público o mínimo dos serviços públicos que o Estado, por conta dos impostos que cobra, tem a obrigação de assegurar.

Quem furta dinheiro público mata criancinhas, frustra os jovens, sufoca em suas esperanças homens e mulheres, oprime a velhice.[4]

Quem furta o dinheiro público destrói, por antecipação, os projetos de escolas, de hospitais, de estradas, de financiamentos da casa própria, da produção e da colheita, de água encanada, de esgotos, de saneamento urbano, de acesso à luz elétrica, ao telefone, ao transporte coletivo.

Quem furta o dinheiro público e, fortalecido pela impunidade, continua furtando não apenas propaga seu mau exemplo. Dissemina a injustiça e daí a convocação da cidadania para a mesma luta pela afirmação do direito.

O direito é um estado de democracia, no sentido de que as normas legais destinam-se à proteção da pessoa humana. Essa proteção não se resume, evidentemente, à integridade física, à saúde física ou mental. Compreende um conjunto de preceitos que se ajustam em garantias da dignidade, condição primeira para que a pessoa humana se realize como criatura de Deus.[5]

Para que a humanidade chegasse até aqui, a esse patamar de várias declarações universais de direitos, muita gente sofreu por conta da intolerância. Um dos casos mais marcantes, o de Jean Calas, ocorrido na França, em 1761, atraiu as atenções de Voltaire, cuja atuação no caso, como advogado, resultou na absolvição, ainda que *post-mortem*, do acusado. Desse enredo, ele tirou matéria real para o seu *Tratado sobre a Tolerância*.[6]

Em resumo, naquele caso, foi a vitória do direito e da justiça verdadeira, ainda que tardia, contra a intolerância incrustada no sentimento das massas e que, em muitos casos, tem apoio no nosso direito processual penal sob a capa de clamor público.

Predominava, naquele tempo, numa aliança dos clérigos com o poder político, a religião católica. Jean Calas, de 63 anos, morava com a família em Toulouse, França. Preparava para sucedê-lo, em sua loja, Marc-Antoine, seu filho de 21 anos. Mas, não querendo ser comerciante, o jovem foi estudar direito. Não conseguiu licença para advogar porque não era católico. Tinha que renegar a sua religião de origem familiar e converter-se ao catolicismo. Recusou-se.

Um dia foi encontrado morto, e logo o clamor público, manipulado pelo clero local, apontou que seu pai, Jean Calas, o havia assassinado.

Inquérito, processo, tudo nos conformes do devido processo legal, e o acusado sempre protestando inocência. No tribunal, um juiz proclamou que não havia evidências para que fosse declarado culpado. Um outro, mais radical que os demais, proclamou que Jean Calas era, sim, o assassino do próprio filho. Os dois juízes, um radicalmente contra e outro radicalmente a favor, foram afastados por suspeição.

O clamor público continuou exigindo "justiça", e o juiz que era radicalmente a favor da condenação foi chamado de volta ao colegiado, reforçando o que as hordas e os clérigos queriam. Os outros juízes ficaram em dúvida quanto à verdadeira culpabilidade ou não do acusado.

O chefe dos clérigos, o bispo local, foi então aos juízes e os convenceu a sentenciarem Jean Calas como culpado. Quando fosse executado, na roda, na praça pública, não resistiria às torturas iniciais e, assim, para livrar-se, acabaria confessando. Ou seja, o Judiciário da época lavrou uma sentença condenatória com base numa prova que ainda não havia, numa confissão que poderia ser feita, numa suposição, uma prova, dir-se-ia, pré-constituível.

O homem morreu sofrendo todas as torturas e jurando inocência o tempo inteiro. Quanto maior o grau da tortura, mais ele protestava inocência. Os juízes, então, desconcertados, não se animaram mais a outras condenações sem confissão limpa ou provas incontroversas.

Entre nós, nos dias de hoje, quantos ainda por conta da intolerância manipulada sob o pseudônimo de clamor popular não têm morte moral sumária ou não pagam penas por antecipação, submetidos a decretos judiciais de prisões provisórias ou preventivas?

Quantos só muito mais tarde são declarados inocentes, depois de terem sofrido os constrangimentos da intolerância, que em muitos casos se faz passar como tradicionais preconceitos?

Aquelas trevas da intolerância retornam fortes nos tempos de agora, a quererem nos cegar para a razão. Só a razão nos faz precisar do direito, e só com democracia nosso direito pode valer nos assegurando Justiça. E Justiça não se resume à declaração formal de direito pelo juiz ou tribunal entre os demandantes, a favor de um e contra o outro.

Essa é a Justiça mínima!

A democracia impõe ao Estado de Direito outra forma de Justiça, mais abrangente, preventiva de todas as injustiças, a Justiça social.[7]

Que tal saber ler e ter em mãos, todo dia, um exemplar da Constituição Federal, fonte de todos os direitos e garantias, individuais e coletivos, e olhar em volta a mulher triste, os filhos desocupados, sem escola, sem aprendizado, sem lazer, a mesa vazia?

Que tal ler todo dia essa Constituição e ser assaltado na rua e depois tudo ficar por isso mesmo? Há lugares em que as estatísticas da criminalidade caem porque fechando as delegacias de polícia não há mais registro algum a fazer.

Que tal levar o exemplar da Constituição no bolso e conferir em sua cidade que o titular de mandato eletivo enriqueceu à custa do dinheiro público e nada lhe acontece?

É possível hoje, diante de alguma informação revoltante, viver conformado, aceitando em silêncio que o ladravaz que nunca trabalhou a sério transite serelepe pelos itinerários do poder e ainda ouse ameaçar os que o denunciam ou o sentenciam por suas falcatruas?

Numa democracia ninguém chega a cargo eletivo sem ter sido antes candidato. Essa palavra *candidato* é de origem latina. Na Roma antiga, as pessoas que pleiteavam cargo público, mediante eleição, saíam às ruas vestindo uma túnica branca e brilhante, chamada de *toga cândida*. Era a forma de mostrarem que eram limpas para o exercício do cargo. Quantos poderíamos ver hoje, saídos desses partidos políticos, quase todos marcas de fantasia, vestindo a *toga cândida* e, assim, se diferenciando dos outros concorrentes?

A enganação política, que privilegia o marketing em detrimento do trabalho sério; a mentira das eleições vencidas a qualquer custo, sem respeito ao princípio da igualdade na disputa; a passividade com que os setores mais esclarecidos, incluindo aí intelectuais, vêem e fingem não ver tantas agressões não só ao erário como também à boa-fé e à inteligência das pessoas, isso tudo é fermento de realidades injustas.[8]

A tolerância não pode ser um pacto de cumplicidade entre os meliantes e suas vítimas. Devemos ser tolerantes, sim, com a diversidade de idéias, de opiniões, de religiões, de filosofias, de ideologias, de crenças. É dever de toda pessoa civilizada respeitar o outro, por mais que não admita comungar de suas opiniões. Devemos ser intolerantes, sim, com o bandalho, com o crime, com o opróbrio, com a injustiça, em quaisquer de suas formas.

Enfrentando a impunidade, damos valor ao direito e prestigiamos a Justiça.

Combatendo as injustiças, damos chances à paz.

Compreendendo as idéias diversas, respeitando-as, reforçamos a democracia, que só se realiza na convivência com os contrários.

Só com Justiça e Paz podemos ter um Estado próspero e um povo feliz.

Notas

[1] Assim Rudolf Von Ihering (1818/1892) começa o seu famoso *A luta pelo Direito*, (Editora Forense, 20ª edição). E no parágrafo seguinte: "Todos os direitos da humanidade foram conquistados na luta; todas as regras importantes do direito devem ter sido, na sua origem, arrancadas àqueles que a elas se opunham, e todo o direito, direito de um povo ou direito de um particular, faz presumir que se esteja decidido a mantê-lo com firmeza."

[2] Isaías. "O fruto da justiça será a paz, e a obra da justiça consistirá na tranqüilidade e na segurança para sempre." (32/17.)

[3] Às páginas 17/18, anota Ihering: "Ora, o direito não é mais do que a soma das diversas instituições isoladas que o compõem; cada uma delas contém uma condição de existência particular, física ou moral."

[4] No Brasil, a corrupção arrebata dos cofres públicos cerca de 5% (cinco por cento) do PIB/Produto Interno Bruto, ou seja, um pouco mais de US$ 40 bilhões

(quarenta bilhões de dólares). Isso pode parecer pouco se comparado à dívida pública, estimada em 55% (cinqüenta e cinco por cento) do PIB. Ou seja, mais de US$ 440 bilhões (quatrocentos e quarenta bilhões de dólares). US$ 2,5 bilhões (dois bilhões e meio de dólares) são economizados e destinados apenas para pagamento dos juros da dívida.)

[5] Depois de oito anos de discussões, envolvendo 46 países e mais de 100 (cem) mil pessoas, a Unesnco aprovou, em 14.04.00, em Paris, a *Carta da Terra*, a ser adotada pela ONU no mesmo patamar da Declaração Universal dos Direitos Humanos. No Capítulo III – Justiça Social e Econômica, propõe-se: "Erradicar a pobreza como um imperativo ético, social, econômico e ambiental (...); garantir que as atividades econômicas e instituições em todos os níveis promovam o desenvolvimento humano de forma equitativa e sustentável; (...) afirmar a igualdade e a eqüidade de gênero como pré-requisitos para o desenvolvimento sustentável e assegurar o acesso universal à educação, ao cuidado da saúde e às oportunidades econômicas; (...) defender, sem discriminação, os direitos de todas as pessoas a um ambiente natural e social capaz de assegurar a dignidade humana, a saúde corporal e o bem-estar espiritual, dando atenção especial aos direitos dos povos indígenas e das minorias."

[6] *Tratado sobre a Tolerância*, Voltaire, Editora Martins Fontes, S. Paulo, 2000.

[7] Segundo o IBGE (Censo 2000), o Brasil tem uma das maiores taxas de analfabetismo da América Latina – 17,6 milhões acima dos 10 anos de idade. Considerando as idades de 10 a 14 anos, o Censo revela que há um numero maior de mulheres (87,5%) alfabetizadas do que de homens (86,8%). Mas na faixa de 50 a 59 anos, a proporção de mulheres alfabetizadas é menor (76%) em relação à população masculina (78,9%). Significa que os homens têm mais acesso à escola do que as mulheres.

Do mesmo Censo, outro dado estarrecedor. Cerca de 45% dos indigentes no Brasil têm menos de 15 anos de idade. As crianças formam grandes contingentes de excluídos na nossa democracia. São 22 milhões e 500 mil os nossos jovens mendigos. E daqui a pouco vão ter direito a voto.

Para os economistas oficiais, somente os de renda inferior a R$80,00 estão na linha de indigência. Ou seja, com R$3,00 de esmola por dia já terão ultrapassado o teto de R$80,00 por mês e estarão fora do quadro de indigentes. Não é interessante? Pois esses infelizes, que só conseguem, no máximo, R$80,00 por mês, já passam de 50 milhões. Não obstante, o Estado gasta R$130 bilhões de reais por ano só em programas sociais. Esses contrastes são prova de que gasta mal.

[8] Um estudo do Professor Octaciano Nogueira, da UnB, sobre quanto custa para o contribuinte manter o Congresso Nacional funcionando, conclui que foram gastos R$2,4 bilhões em 2000. "Entretanto", observa, "não existe parlamento democrático sem eleições. Por isso, ao total se deve acrescentar mais R$1,1 bilhão da Justiça Eleitoral. (...) Em resumo, a democracia no Brasil nos custa bem menos que 1% (um por cento) em todos os níveis de governo." (*Correio Braziliense*, 22.06.2000, páginas 20/21.)

Seja sempre um bom juiz*

Nunca pensei em ser juiz. Mas sempre quis ser advogado. Essa vontade ficou mais firme quando, nos primeiros dias do golpe militar de 1964, fui expulso da escola pública, o Liceu Maranhense, onde cursava o ginásio; fui tirado do emprego no jornal de onde tirava o salário para o meu sustento; fui levado preso da porta do colégio para o quartel do Exército em São Luís do Maranhão. E estando preso, fui cassado. O primeiro mandato cassado.

Naquele tempo, a minha rebeldia, adolescente, parecia maior que as fronteiras da luta. Militante na política estudantil, era vice-presidente da União Maranhense dos Estudantes. Jornalista de oposição, trabalhava em jornal de oposição que, no primeiro momento, se opôs ao golpe. Engajado na política partidária de oposição, era ainda vereador em Caxias, o maior colégio eleitoral, à época, depois da capital.

Isso tudo me foi tirado, em pouco tempo. Deixaram-me sem nada, sem a inocência e sem a liberdade. Aquele som que parecia derradeiro, terminativo, a grade de ferro correndo rascante ao encontro de um cadeado enorme que parecia fechar-se para todo o sempre, agridem os meus tímpanos, quando me lembro, ainda hoje.

---

* Discurso de despedida da 3ª Seção do Superior Tribunal de Justiça, em 13 de março de 2002.

Queria entender tudo aquilo, e quanto mais eu lia a Constituição Federal, num exemplar de bolso que tinha sempre no bolso ou à mão, não entendia nada, absolutamente nada. A democracia que os militares daquelas horas diziam defender e que no poder usurpado diziam pretender restaurar não tinha nada a ver com a democracia de que falava aquela Constituição. Assim, no sofrimento foi que aprendi a distinção entre direito e arbítrio.

Configurado o excesso de prazo, porquanto preso há mais de cinquenta dias sem culpa formada, conforme o que dispunha a Lei de Segurança Nacional, aliás muito branda até então, fui solto por uma ordem de *habeas corpus* expedida pelo Superior Tribunal Militar. O doutor Clóvis Ramos, de quem sou hoje confrade na Academia Maranhense de Letras, foi quem levou ao STM, em Brasília, o pedido de *habeas corpus* em meu favor, redigido por um discreto simpatizante, o advogado Joaci Quinzeiro, cujo escritório eu gostava de frequentar.

Ninguém sustentou da tribuna o pedido. Ninguém intercedeu por mim junto a ninguém. A ordem para eu ser solto saiu límpida, clara, ato de vontade consciente do relator e demais membros do colegiado. Soube do benefício lendo, ainda na prisão, o jornal *Última Hora*, que tinha coluna somente sobre os *habeas corpus* em favor dos presos políticos.

Sei mais que alguns sobre a importância do *habeas corpus* para quem está preso ou sob a ameaça injusta de ser preso. Talvez seja eu o único juiz de Tribunal Superior que tenha tido prisão preventiva decretada. Sim, depois que fui solto por conta do *habeas corpus*, tive prisão preventiva decretada.

Portanto, foi na prisão que se tornou irrefreável a minha vontade de estudar Direito. E assim que me vi livre, estando em São Paulo, no mesmo ano de 1964, fui admitido no curso noturno de Direito Social, de extensão da USP, no Largo de São Francisco, sob a direção do professor Cesarino Junior. Daí eu dizer que a minha relação com o Direito começou muito antes da faculdade, quando ainda estudante no ginásio.

Faço esse retrospecto, lembrando que nunca pensara antes em ser juiz, para registrar, em síntese, como isso de eu estar aqui juiz, entre os senhores, aconteceu.

Tendo pedido para deixar as funções que exercia como assessor especial do presidente da República, em 1987, porque tinha planos de fazer um estágio no escritório de Bill Rogers, em Washington, DC, para depois retornar à advocacia e mais tarde, talvez, também à política no Maranhão, tão injuriado ainda estava pelo jogo sujo que derrubara em pleno vôo minha pré-candidatura a governador do Estado pelo PMDB, em 1986; estava assim, já afastado de fato nem indo mais ao Palácio do Planalto, aliás refugiado em minha casa, em Caxias, esperando a exoneração, quando o advogado José Luiz Clerot, meu amigo e amigo do presidente Sarney, me procurou com a missão de me amansar. Numa das conversas que se seguiram veio a sondagem, se eu não desistia dos planos anunciados para servir no Judiciário.

Já havia servido no Legislativo como vereador e deputado federal; nos Executivos estadual e federal junto a Sarney governador e junto a Sarney presidente; faltava-me fechar o ciclo de experiências servindo no Judiciário, onde até então só conhecia o lado de lá dos cancelos, apenas como advogado. A idéia de Clerot buliu com a minha vaidade.

Enfrentei muita oposição, inclusive na minha corporação, a OAB. Sofri humilhações de políticos que eram contra José Sarney e também em sucursais da grande imprensa do sul, em Brasília. Acusaram-me do que nunca fui e até inventaram sobre o que eu bem que gostaria de ter sido, cantor de banda de *rock*.

As reações políticas contra um governo de um presidente com popularidade em queda livre lançavam estilhaços também em mim, uma pessoa comum, antigo auxiliar e amigo pessoal de José Sarney há décadas. Houve até um senador, em aberto confronto com o presidente, a quem fui apresentado, naquele ritual de candidato indicado, que me tratou com elegante arrogância e depois, para não me receber em seu gabinete, mandou dizer que não estava. Mas o mundo dá voltas, e um dia ele me telefonou para me fazer um pedido.

Sentia o desafio muito maior que eu. Mas não o temia. Tomei gosto por enfrentá-lo. Indicado ao Senado, sabatinado, foi a partir da minha indicação que se instituiu essa providencial sabatina para candidatos a juízes no Senado. Aprovado, enfim, fui nomeado pelo presidente Sarney, que, à noite, recebeu-me para jantar no Palácio da Alvorada, apenas ele,

D. Marly e eu. Ia começar agora um outro novo caminho. Falamos do passado comum, de nossos ideais de lutas, ele recordou um pouco a minha história. Foi quando disse: "Tenho só um pedido, seja sempre um bom juiz. E você tem tudo para ser um bom juiz. Tem espírito público, honestidade, bom senso e uma bela história de vida. Seja sempre um bom juiz."

Peço desculpas por tantas revelações. É que elas me invadiram assim tão de repente, que, se eu não as afastasse, confessando-as a V. Exas., eu nem poderia lhes dizer o quanto estou agradecido por esta homenagem e sensibilizado por tantas e tão carinhosas atenções.

Saio agora desta 3ª Seção, depois de ter sido seu Presidente e de integrá-la desde sua composição originária, sendo hoje o seu membro mais antigo. Como disse o Ministro José Arnaldo, saio para fazer parte da diretoria do Tribunal, na condição de vice-presidente eleito. Garanto-lhes que estarei atento. Gosto de trabalhar e no trabalho gosto de desafiar os desafios, tenho prazer em vencê-los. Nunca fui de me omitir, de escafeder-me na penumbra, de sair pelas beiradas, não tenho medo de me molhar, nem de me queimar. O melhor que tenho em mim, de experiência e de força de vontade, vai estar sempre a serviço da causa da Justiça, sem nunca perder de vista que o nosso destinatário final é o cidadão brasileiro, é o contribuinte que, no final, é quem paga todas as contas disso tudo.

Genros da coisa pública*

Cada dia nesse campo de batalha de tantos processos nos cansa tanto e nos pesa como se nós também fossemos os réus, os acusados, os condenados.

Sim, temos sido acusados de não resolvermos tudo ao tempo de cada espera. E a condenação que nos pesa não é só essa aos trabalhos forçados nessa pedreira das centenas de processos a todo dia.

Somos condenados também à incompreensão, à injúria de quantos só nos imaginam como monitores de circunstâncias, gerentes de conveniências, cavalgando leis que só existem, quando existem, para proteger os poderosos, os ricos, os espertos de todo gênero.

Aos olhos de muitos somos vistos com inveja, como se todos aqui fossemos genros da coisa pública, daqueles que não se importam com nada. E não é nada disso.

O problema é que nos ocupam tanto e nos entregamos tanto às nossas ocupações que, ao fim de cada embate, quando saímos daqui, já estamos tão bêbados de cansaço e também de muitas leituras de tantas mediocridades, que, lembrando o poeta, quase nada nos consola.

Quem aceitou ser juiz no Superior Tribunal de Justiça, decerto que já sabia disso. Por isso, falo estas coisas mais como uma homenagem

---

* Despedida da 5ª Turma de Julgamento após ter sido eleito vice-presidente do STJ, em 2 de abril de 2002.

aos meus colegas do que como desabafo. Se eu tivesse que desabafar diria apenas, como já disse uma vez, um fugitivo sem identidade: "Quereria poder partir / livre, sem passado, / renascer sem presente / partir e voar. / Quereria poder sumir / entre as ondas, / ou entre as nuvens, / ou entre as montanhas, / ou entre os lírios, / ou no verde da cerca viva. / Quereria sumir / para poder viver."

Mas o momento agora não é de quem buscou, achou e esqueceu. Muitas lembranças de mais de dez anos neste convívio terei sempre muito bem guardadas em meu baú de emoções.

Quantas alegrias por termos juntos corrigido tantas injustiças. Quantos rostos anônimos que um dia puderam sorrir e dar graças a Deus pelas decisões justas que tomamos.

Aqui nos alegramos sempre quando sentimos que, por nosso trabalho, a Justiça pode triunfar.

Obrigado, José Dantas; obrigado, Costa Lima; obrigado, Assis Toledo; obrigado, Cid Scartezzini; obrigado, José Arnaldo; obrigado, Félix Fischer; obrigado, Gilson Dipp; obrigado, Jorge Scartezzini. Vocês todos me deram muita honra e muita alegria nesses mais de dez anos em que integrei, como membro fundador, esta 5ª Turma de julgamentos. E com vocês todos aprendi muito.

Obrigado a todos os membros do Ministério Público Federal que aqui atuaram. A todos rendo homenagens sinceras, a Arx Tourinho, Jair Meira, Eitel Santiago de Brito Pereira, dentre os mais recentes e mais freqüentes.

Obrigado aos advogados que, na determinação constitucional, prestam serviço inestimável à administração da Justiça. Obrigado, Evandro Lins e Silva, na pessoa de quem presto a homenagem de respeito e admiração a todos os advogados que aqui sustentaram suas crenças e ideais no serviço da causa da Justiça.

Obrigado a todos os servidores, indistintamente a todos. Sem vocês, sem a dedicação com que trabalham, muito do resultado obtido não seria possível.

Quanto a mim, eu vou indo. Vou continuar trabalhando todo dia, incansavelmente, pela causa da Justiça e da Paz.

"Eu sei que os mísseis / não são obras dos sapos, / nem dos ratos, / nem das baratas, / nem das moscas, / nem das feras das selvas, / eu sei que os mísseis, / não são obras das muriçocas, / nem das serpentes dos rios, / nem dos insetos dos charcos, nem dos besouros barbeiros. / Eu sei que os mísseis são obras dos homens, / os mesmos capazes de criar, / os mesmos capazes de odiar. / Mas sei também que os mísseis / não são obras de algum presidiário, / nem de pivete ou prostituta, / nem de algum favelado ou bicheiro, / nem de algum desempregado ou veado. / Os mísseis não são obras, por exemplo, dos poetas, / nem dos garçons, dos motoristas de táxi, / nem dos estivadores, dos pescadores... / Os mísseis são obra da agonia, / da ambição totalitária agonizante."

Vou indo para novas funções em que me aguardam novos desafios. Na Vice-Presidência vão me encontrar sempre trabalhando. No compromisso e na lealdade, podem continuar contando comigo.

Cidadania

Os intelectuais e o poder*

Verde que te veste
e investe e te enfeita,
que te protege e te esconde,
que te poupa e te tranca,
e te priva do sol dos meus dias,
esperando um eclipse,
um instante de trevas
para nos unir e despir
nossas diferenças e cortar
nossos obstáculos e encurtar
nossas distâncias e endoidar
nossas esperanças e destravar
o verde que te veste e não sei
o que mais, nem sei o que mais...
Só sei que cada hora,
como agora, mais cresces
como a minha barba
que não posso evitar

---

* Discurso de posse na Academia Maranhense de Letras, em São Luís, Maranhão, 8 de agosto de 1997.

e que raspo com navalha todo dia
e que, apesar disso, não consigo evitar.
Verde dos teus olhos
que nem saberei se foram azuis,
se nasceram pretos, castanhos,
se usam lentes de contato, nem sei.
Verde que não te quero verde,
porque te quero na cor real,
a cor dos teus cabelos e pêlos,
a cor do teu olhar e apelos
a cor do teu viver, do teu amor
para me retocar e me consertar.

Assim evoco Eurídice, minha mulher, minha amiga, minha companheira. Com ela tudo é mais bonito assim. Porque Deus quer.[1]

Nunca eu poderia me imaginar chegando à Academia em circunstância tão especial como a desta noite: chegando para ser empossado na Cadeira nº 14, que teve como último ocupante Bernardo Coelho de Almeida, meu padrinho na fé, grande amigo na vida.

Naquela estatura enorme só cabia bondade. Tinha um coração incansável para se distribuir com os outros em boas querenças e sabia ser sozinho para não repartir a dor pessoal, quando tinha que sofrer.

Estou aqui para ocupar a sua cadeira, não para assumir o seu lugar.

Sei que não o alcanço na paciência do historiador de *Bequimão*; na visão cotidiana do cronista de *Galeria*, na precisão do memorialista de *Éramos Felizes e Não Sabíamos*; na verve do romancista de *A Última Promessa*; na inocência poética de *Luz. Mais Luz!*, o livro da estréia; na beleza quase simplória de *A Gênese do Azul*, eu sei que não o alcanço.

Andamos juntos, metidos em lutas por ideais.

Compartilhamos dificuldades e celebramos vitórias. Nele a caridade no silêncio; nunca a esmola trombeteada; nele a consciência de que é melhor trabalhar confiando no triunfo do bem do que ter medo da vitória do mal.

Como a maioria dos nossos intelectuais naquele tempo, Bernardo também foi ativista político. Como jornalista, tanto se identificou com o sentimento popular e passou a ser tão conhecido no Maranhão, que a sua voz possante, sem impostação, firme e sincera, passou a ser ouvida, durante doze anos, por três mandatos consecutivos, não mais apenas pelas ondas sonoras do rádio, de que foi um dos pioneiros no Estado. Passou a falar também na tribuna parlamentar, na Assembléia Legislativa.

Deputado pelo Partido Libertador, quando o movimento militar extinguiu os partidos históricos logo ele se juntou à vanguarda do pensamento oposicionista de então – Renato Archer, Freitas Diniz, entre outros – e fundou com eles a seção maranhense do MDB (Movimento Democrático Brasileiro), hoje conhecido como PMDB.

Combativo, não sabia ter inimigos; talvez adversários.

Na contramão da política, quando amigos dos tempos de ginásio, como José Sarney, faziam oposição, Bernardo atuava conciliando a favor do governo. Sua família, de longa tradição e influência política na região de São Bernardo, tinha vínculos históricos com o situacionismo da época.

Era um político diferente. Sincero no que dizia e no que fazia, não sabia ser oportunista.

Quando a oposição se fez governo, início dessa trajetória brilhante de Sarney, ele se manteve onde estava, ligado ao mesmo grupo político, agora militando na oposição.

Não sabia ser independente dos seus pais, nem dos irmãos, nem de Maria Augusta, com quem foi casado a vida inteira.

Alguns anos depois, numa manhã de setembro, o Maranhão amanheceu órfão de Bandeira Tribuzi, o poeta, o jornalista, o economista, o planejador, o sonhador. Tribuzi, aquele que doando sua vida dava a sua alma ao *O Estado do Maranhão*, o jornal que Sarney implantava.

Desfalcado de Tribuzi, de quem Sarney primeiro se lembrou para não deixar cair o ânimo da equipe? De Bernardo, a quem entregou a direção do jornal. Retirado, de há muito, da militância política, sem filiação partidária, voltou ao redemoinho das articulações e dos palanques somente para coordenar a minha campanha para deputado federal. Sem ele teria sido mais difícil ter sido eleito.

Bernardo tinha muito respeito pelas opiniões dos outros. Ainda que esses outros fossem, como no meu caso, pessoas muito próximas. Nunca buscou o crédito da amizade nem a autoridade do respeito para tentar influenciar um amigo a voltar atrás em suas opiniões. Nunca me cobrou dividendos da vitória; estimulava-me, sim, ao empenho, a que não esmorecesse nos objetivos, a que nunca me esquecesse das promessas.

("Porque tenho promessas a cumprir / tenho quilômetros a andar antes de dormir. / Quilômetros a andar antes de dormir..." – Robert Frost).[2]

Envolvido no movimento pela volta das eleições diretas no Brasil, tendo causado então um prejuízo político à base parlamentar de sustentação ao regime militar, pressionado para retirar a Emenda aprovada na Comissão Mista do Congresso, não demorou para que áulicos do regime saíssem à caça dos meus amigos para que me demovessem da idéia.

Bernardo foi um dos primeiros a ser alcançado. Sabem o que respondeu?

— Não sou sócio do mandato dele.

Uma vez escreveu e publicou em livro isto aqui:

"Hoje em dia não alimento a pretensão de liderar a indicação de nenhum nome para a Academia Maranhense de Letras, exceto o de uma pessoa muito ligada a mim; jornalista de renome nacional, importante magistrado, prosador de belo estilo e poeta com livro a ser lançado nos próximos meses para receber, não tenho dúvida, a consagração da crítica brasileira."[3]

Por isso, a circunstância especial desta noite.

E mais – não só o Patrono da Cadeira nº 14, o grande Nina Rodrigues; também os que a ocuparam antes de Bernardo Almeida foram intelectuais comprometidos com a idéia de que o melhor tem que ser para todos.

Ninguém está no mundo, observava Ernest Renan, somente para ser feliz ou honesto; precisa de nobreza na alma; precisa também fazer alguma coisa em favor da humanidade. Nina Rodrigues, Antônio Lobo, Achilles Lisboa, Odilon Soares, Bernardo Almeida, nobres de alma, fizeram coisas pela humanidade.

Antônio Lobo (1870-1916) só viveu 46 anos. Líder cultural de sua geração, agitador de idéias, na definição de Jomar Moraes; ídolo da juventude, cujos movimentos apoiava. Foi, em seu tempo, a figura literária mais brilhante do Maranhão. Daí ser a Academia a Casa de Antônio Lobo, embora ele nunca a tivesse presidido. Foi professor da Escola Normal e do Convento das Mercês, diretor do Liceu Maranhense, diretor da Instrução Pública e da Biblioteca Pública, onde empreendeu gestão dinâmica e moderna.

Jornalista combativo, fez política, crítica literária, escreveu ficção, fundou revista. Sociólogo, biólogo, poliglota, exemplo marcante de autodidata, exerceu poderosa influência na geração do último fim de século, apoiando os talentos jovens que despontavam eufóricos de idéias.

Traduziu e publicou obras de François Coppée, Henrik Sienkiewcz, e A. Bisson. Escreveu trabalhos sobre as bibliotecas infantis e ambulantes nos Estados Unidos, em 1903; concepção positiva do crime (no sentido de positivismo, claro); a medicina na literatura contemporânea; as idéias morais no romance contemporâneo; escreveu até sobre positivismo e micróbios. Depois de sua morte foi que editaram o seu livro, intitulado *A Política Maranhense*.[4]

Achilles Lisboa (1872/1951) viveu 78 anos. Farmacêutico pela Faculdade da Bahia, médico pela Universidade do Rio de Janeiro. Cientista, ganhou fama como botânico e leprólogo. Foi prefeito de sua cidade natal, Cururupu; diretor do Jardim Botânico do Rio de Janeiro; governador do Estado do Maranhão.

Ocupou-se de temas como o insucesso do serviço do algodão; o problema biológico da seleção; o ensino primário, problemas do Jardim Botânico, necessidade de um convênio internacional sul-americano para a defesa comum contra a lepra; profilaxia da tuberculose; a lepra do ponto de vista da hereditariedade mórbida; o regime pervertido e o Maranhão arruinado, razões de queixas e esperanças do Maranhão; o plano de um governo e a razão de uma oposição.

Para Achilles Lisboa, a solução de todos os problemas sociais tinha que passar, antes, pela educação. Sustentava que as civilizações se plasmam com a herança social, mas só se organizam através da educação. Pregava que o ensino não deveria ser apenas teórico; sua proposta incluía a prática. Com teorias tão-somente "não se formariam senão espíritos especulativos, que são fatores necessários, mas de insignificante valor dinâmico no mecanismo das nacionalidades, e não espíritos práticos, que são os motores principais da nacionalidade".

Sustentava que "nos espíritos práticos todo estado de consciência se exterioriza por um movimento, por uma deliberação pronta, por um ato; nos espíritos especulativos, suscita apenas estados análogos de consciência, não lhe associando elementos outros determinantes da ação. Vê-se por aí", afirmava Lisboa, "que a educação puramente especulativa ou intelectual, isto é, a instrução pura, não vale a educação propriamente experimental, que excita a formação do caráter e, só ela, estabelece reflexos com a força bastante para se resolverem em decisões que conduzem necessariamente a atos exteriores de que se entretece a vida social. (...)

O seu texto fluía assim, em parágrafos longos, bem discursivos.

"Um povo de homens que não tenham verdadeira habilitação prática para a concorrência vital; um povo de homens que não sejam fortes de corpo como de espírito; que por um legítimo sentimento do seu merecimento próprio não possam querer e não queiram poder; um povo assim de homens mais idólatras das teorias que serviçais do trabalho positivo e que, por isso, ao invés de se atirarem à conquista da fortuna pelos empreendimentos particulares, buscam apenas o favor do patrocínio oficial; um povo assim, de homens sem o brio bastante e o orgulho necessário para se não amesquinharem diante das dificuldades que lhes surjam na vida nacional; um povo assim constituído não tem por isso mesmo a capacidade e a força para influir decisivamente nos seus destinos, dando ao seu país uma perfeita coesão espiritual, que só ela determina o valor de uma nação na concorrência internacional contemporânea."

Quanta atualidade em Achilles Lisboa! Escolas que não se destinem ao engessamento mental; ensino que prepare as pessoas para a vida prática![5]

Antes de Bernardo Almeida (1927-1996), ocupou esta Cadeira o bravo e culto Odilon Soares (1902-1958). Doutor em medicina; tisiologista; humanista, professor, publicista, político, grande tribuno, primeiro filho de Pinheiro a ser eleito deputado federal. De sua iniciativa a lei que institui a tisiologia como disciplina em todos os cursos de medicina no país.

Odilon Soares foi catedrático do Liceu e da Faculdade de Filosofia; Diretor da Instrução Pública do Estado; fundador da Liga Maranhense contra a Tuberculose e diretor do Hospital Geral do Estado. Sua tese de concurso para a cátedra de filosofia cuidou de Goethe e dos adjetivos na língua alemã. Odilon viveu 56 anos.[6]

São deles estas anotações sobre Nina Rodrigues (1862/1906), o patrono, que viveu apenas 42 anos:

"Nina Rodrigues constituía uma exceção no nosso meio; era um sábio que vivia a estudar, a trabalhar, a perquirir e a escrever, dando-nos, assim, conta dos seus estudos, das suas atividades e das suas pesquisas. Em pouco tempo, menos de vinte anos, publicou uns trinta trabalhos. E que trabalhos!

"Quando estudava, esgotava o assunto, dissecava-o, esquadrinhando por todos os ângulos. Senhor de todos os segredos, podia tirar, então, as conclusões, de modo original e seguro, porque nada escapava ao seu senso perspicaz e quase divinatório, fosse qual fosse o campo de investigação. Assim, sob o poder do seu gênio, a obra saía plasmada, perfeita, não para dia, para século, para a eternidade.

"E fica-se admirado quando se pensa que essa obra teve ele de criá-la toda, ou quase toda, desde o método, sozinho, sem guia ou tradição, ajudado pelo bom senso e espírito crítico e filosófico e por esse cabedal de cultura humanística, extraordinária e invejável de que era possuidor. Nestas condições, compreende-se bem que a sua obra ainda perdure, decorridos mais de cinqüenta anos, mostrando-se atual, rica de ensinamentos e sugestões.

"(...) O nome de Nina Rodrigues não se apaga da nossa memória. Antes, cada vez mais torna-se mais vivo com a multiplicação dos seus discípulos, já em segunda geração e com o conhecimento do negro nos moldes que ele instituiu.

"Foi na Bahia, onde viveu quase a metade da sua curta existência, que Nina Rodrigues descobrira esse mundo ignorado e misterioso, constituído pelos negros escravos.

"O negro escravo até então era considerado só como uma máquina para fazer dinheiro, mas transformava-se nas mãos do jovem sábio maranhense objeto de ciência.

"Aí na Bahia também encontrara o seu ambiente, porque as tendências de Nina Rodrigues sempre foram para estudos sociológicos sob qualquer de seus aspectos, dominando-o desde cedo os estudos de etnografia comparada, da etnologia brasileira, os quais deviam levá-lo, mais cedo ou mais tarde, ao aspecto médico-social ou antropológico-judiciário, num tempo em que fazer medicina legal brasileira era contar anedotas, como diz o Professor Lins e Silva.

"Em 1894, ainda professor substituto de medicina legal na Faculdade de Medicina da Bahia, publicou Nina Rodrigues o grande livro que lhe completou a glória – *As Raças Humanas e a Responsabilidade Penal do Brasil*, que, no dizer de Afrânio Peixoto, é uma fé de ofício de professor e de pensador fecundo e original. Com a publicação desse livro, firmou-se como o fundador da antropologia criminal brasileira. As idéias aí defendidas não podiam deixar de encontrar a devida ressonância, e o atual Código Penal já não esqueceu o índio brasileiro, antes sem garantias. Sem o conhecimento das ciências biológicas, a Justiça, principalmente a Justiça Penal, não se pode exercer corretamente. A intervenção de Nina Rodrigues, onde ela se fez, foi sempre das mais benéficas. Era um benfeitor."[7]

Nina Rodrigues, Antônio Lobo, Achilles Lisboa, Odilon Soares, Bernardo Almeida – todos, cada um no seu tempo e no seu ofício, benfeitores!

Nenhum deles sucumbiu ao delírio provinciano de fincar limites ao horizonte, como se o infinito acabasse aqui. Exorcizaram emoções baratas e arrebentaram grilhões. Enxergaram que também há vida em todo lugar, mesmo naqueles para onde não se planejaram, ainda, as pontes e as estradas. Mostraram que é melhor seguir em frente pensando em melhorar o mundo do que não fazer nada, só reclamar e querer dormir na praia.

Volta e meia se discute no mundo sobre as responsabilidades dos intelectuais diante de conjunturas sociais e econômicas. Nunca falta quem diga que os intelectuais porque são, quase sempre, ficcionistas são maus formuladores de políticas e, por conseguinte, maus políticos. Por isso, teriam que se restringir ao seu ofício de entreter pessoas.

Há, porém, os que, como Norberto Bobbio,[8] entendem que a tarefa do intelectual é a de agitar idéias e suscitar problemas; só os intelectuais podem se permitir a paciência existencial da dúvida metódica de tentar, pela força do pensamento, desatar os nós inerentes à convivência coletiva.

Ninguém discorda que os intelectuais são figuras públicas investidos de autoridade pública para fazerem uso público da razão.

Em todos os momentos da história da humanidade quando a pobreza se alargou ocupando espaços, o poder diluiu o juízo dos governantes, o déspota demorou onde não deveria nunca ter chegado, o poder se corrompeu, onde a sociedade se viu acuada sem expectativas de vencer misérias e vencer aqueles que se mantêm à custa delas; alimentados pela ignorância das massas ou pela falta de uma oposição construtiva; em todos os momentos em que a humanidade fez revoluções ou avançou operando grandes transformações, todos os registros dão conta de que sem os poetas, sem os pintores, sem os músicos, sem os romancistas, sem os grandes pensadores, sem oradores, sem intelectuais, nenhuma vitória seria alcançável.

Churchill[9] era um intelectual; nessa condição foi eleito pelo seu povo e se tornou herói de guerra contra a tirania. Lincoln[10] era um intelectual, grande advogado, que só exerceu duas funções públicas – deputado e presidente da República. Sua visão de estadista não permitiu a decomposição do seu país.

Jefferson[11] foi um intelectual. Escreveu a Declaração da Independência de seu país depois de uma guerra; influiu na declaração de direitos da Constituição americana; fundou a Universidade da Virgínia; foi governador e presidente.

Entre nós, Bonifácio[12] – a grande força por detrás do trono; Feijó,[13] Bernardo Pereira de Vasconcelos,[14] Mauá[15] Benjamin Constant,[16] Rui Barbosa,[17] Osvaldo Cruz,[18] Epitácio Pessoa,[19] Getúlio Vargas,[20] Roberto Simonsen,[21] Menotti del Picchia,[22] Clodomir Cardoso,[23] José Sarney,[24] todos intelectuais e homens públicos que souberam balizar o seu tempo.

A nenhum faltou a coragem nas denúncias, as formulações de idéias audaciosas para a sociedade de sua época; todos souberam refletir os desafios; enfim, na linguagem de hoje, fizeram a reengenharia da sociedade. O traço do perfil dos intelectuais transformadores é o trabalho pelo bem, a favor da causa da Justiça e da Paz.

Quem trabalha pelo bem, a favor da causa da Justiça e da Paz, não precisa viver com medo das conseqüências.

Trabalhar pela Justiça é dar combate, na trincheira que for possível, às desigualdades.

É nosso o país onde há uma das maiores concentrações de renda do mundo: 48,2% da renda nacional está nas mãos de apenas 1,1% dos brasileiros.

Nessas desigualdades injustas crescem as injustiças; amplia-se a exclusão social – a ignorância, o analfabetismo, as doenças, o desemprego, a fome. Essas desigualdades é que fazem o clima para a violência. A injustiça da exclusão social conspira contra a democracia. E nós não podemos viver sem a democracia.

Como advertia Huxley,[25] "os fatos não deixam de existir, simplesmente, porque resolvemos ignorá-los"...

A impunidade nos níveis insuportáveis a que chegou no nosso tempo é uma agressão à grande maioria, o povo, que é formada pelas pessoas simples, pessoas de bem. Logo vem um falso moralista de plantão e proclama: "Cadeia!". Outra enganação.

Mais de 85% dos quase 200 mil brasileiros que cumprem pena ou foram esquecidos nas prisões enquanto respondiam a algum processo; mais de 85%, repito, dos que foram presos são analfabetos ou semi-analfabetos; seus crimes, em princípio, têm origem em suas próprias condições econômicas e sociais. São pessoas que nunca tiveram condições mínimas de educação, saúde, habitação, capacitação profissional. Menos de 0,1% tem nível universitário.

A Justiça Penal em nosso país, infelizmente, tem mais eficácia contra os mais pobres, contra os mais fracos, contra os marginalizados.

Menos de 1% no Brasil estão presos por cheque sem fundo; os grandes estelionatários dificilmente são algemados ou presos.

E quanto custa um preso para a sociedade?

Dois salários mínimos, em média, por mês; ou seja, muito mais do que se paga a uma professora de primeiro ou de segundo grau na grande maioria das escolas públicas do Brasil.

Por falar em educação, um estudo da UNICEF, órgão das Nações Unidas para a infância, denuncia que dos 5.024 municípios brasileiros, só 250 levam a sério a idéia de que lugar de criança não é nas ruas, mas é nas escolas.

No nosso Nordeste, concentra-se 41% da população brasileira na faixa entre 0 e 17 anos de idade.

Entre a população do país economicamente ativa, 67% não concluiu o primeiro grau. As mulheres sustentam hoje ou dividem as despesas de 1/3 dos lares; 85% do déficit nacional em habitação corresponde a famílias que não ganham sequer o salário mínimo ou ganham no máximo 5 salários mínimos.

Cinqüenta e seis por cento das terras estão nas mãos de 2% dos mais de 150 milhões de brasileiros.

Somos a oitava maior economia do mundo. E estamos entre os 17 países de mais corrupção no mundo. Mas estamos melhorando; já caímos dois pontos – fomos, no ano passado, o 15º. A corrupção movimenta hoje no setor público cerca de 5% do Produto Interno Bruto, algo em torno de US$40 bilhões.[26]

Não adianta em nada ficar apontando culpados, indiciando responsáveis. Não chegamos a isso da noite para o dia. Esses estragos não foram feitos apenas pela incompetência política de algumas gerações; prosseguirão triunfantes, intimidando a democracia, se nós intelectuais não usarmos nossos intelectos para a reflexão, de modo a que se resolva objetivamente, com sentido prático, como pregava Achilles Lisboa, todos esses problemas, na dimensão que couber, na jurisdição possível de cada um.

As idéias sem força, registra Norberto Bobbio, são fantasmas. Mas mesmos os fantasmas têm a sua força. E recorda o rei bárbaro que em seu leito de morte não se cansava de repetir: "Existem cinqüenta justos que me impedem de dormir."[27] Então, é preciso que os justos falem; denunciem; que mesmo em minoria incomodem os poderosos, impedindo-lhes o sono, forçando-os à reflexão com responsabilidade.

Os desafios decorrentes dessas questões despontam tão fortes, que contagiam e ampliam a nossa força de vontade.

Pensemos nas crianças que moram sob o teto das ruas; nas mães cujos seios secaram, não tendo mais como amamentar; nos pais sem emprego; nos jovens estigmatizados pelos vícios, pela droga; na inteligência sem oportunidades; na experiência preterida; na velhice desamparada. Incluamos essas legiões de excluídos nos nossos sonhos de todo dia, nas nossas inspirações, naquelas ilusões que não ficam perdidas.

Cada um obrigando-se para com todos, é a proposta sempre atual de Jean-Jacques Rousseau.[28] Se não conseguirmos melhorar o mundo, poderemos impedir que o mundo fique pior. Até um silêncio altivo diante do poderoso da hora, um silêncio com seriedade e mensagem, pode ajudar os excluídos.

Falo de atitude política. Não falo de filiação partidária. Falo da responsabilidade de uma elite, a elite intelectual que somos. Em muitos momentos da história os intelectuais induziam as ações com sacudidelas firmes nos espíritos estagnados que nem desocupam os espaços nem realizam as incumbências das tarefas de Estado. Alimentam-se da fantasia de que têm a turba ignara, com toda sua força, ao seu lado.

Não é a turba ignara, mas a elite intelectual que legitima o poder constituído. A turba é instinto. A elite pensante é lógica, é razão.

Excitada em suas motivações, a turba, quando muito, só comparece; sua natureza é plebiscitária – diz sim ou não e pronto; as autoridades constituídas que façam o resto, aliás, tudo. A turba ignara, portanto, – precisamos não ser demagogos e reconhecer – é apenas força, a indispensável força de que se valem os déspotas, os pseudodemocratas, para fingirem que são legítimos.

A turba ignara não é cidadã, é súdita.

Cidadã é a sociedade organizada pela educação, consciente dos seus direitos, que não se deixa levar nem pela informação manipulada, nem pelas ações de governos que se julgam o máximo quando conseguem fazer o mínimo da sua obrigação de fazer. Cidadã é a sociedade que elege quem quer; cobra, ajuda, fiscaliza, paga impostos, realiza a democracia. Participa. Quando a cidadania é escassa, a responsabilidade da elite pensante se torna maior porque maior é a necessidade de razão.

O que não é digno num intelectual é ele se tornar funcionário da fábrica de consenso, aquela que produz o aplauso fácil, a ladainha, a louvaminha. Essa é a indústria dos dividendos que sustenta os governantes insossos, os arrogantes, os que não têm noção de limites; os que não sabem rir de si mesmos porque ignoram o próprio ridículo; que são insensíveis com a miséria; que adoram se ver nos próprios retratos; que preferem se ouvir nos próprios ouvidos.

Esses sempre existirão como o homem da tabacaria do poema de Fernando Pessoa.[29] "Ele morrerá, eu morrerei; ele deixará tabuletas, eu deixarei versos." Sempre haverá gente vivendo debaixo de coisas como tabuletas e gente fazendo coisas como versos. Eu fico com aqueles que preferem fazer coisas como versos...

Como em Bandeira Tribuzi:[30]

"Não quero ser guardado numa antologia. / Ó que Deus me guarde de ficar fechado numa antologia. / Quero que meus versos teçam a alegria e corram nas ruas como pão da vida. / (...) Não quero meus versos numa antologia. / Quero-os rolando caminhos e dias na boca do povo: rosa da esperança / vermelha e florida."

Ou como Drummond, Carlos Drummond de Andrade, de Itabira, Minas:

"Não serei o poeta de um mundo caduco. / Também não cantarei o mundo do futuro. / Estou preso à vida e olho meus companheiros. / Estão taciturnos mas nutrem grandes esperanças. Entre eles, considero a enorme realidade. / O presente é tão grande, não nos afastemos. / Não nos afastemos muito, vamos de mãos dadas. / Não serei o cantor de uma mulher, de uma história, / não direi os suspiros ao anoitecer, a paisagem vista da janela, / não distribuirei entorpecentes ou cartas de suicida; / não fugirei para as ilhas, nem serei raptado por serafins. / O tempo é minha matéria, o tempo presente, / os homens presentes, a vida presente."

Bernardo Almeida, Odilon Soares, Achilles Lisboa, Antônio Lobo, Nina Rodrigues, nomes que engrandecem esta Casa compondo a honrada galeria em que eu sou incluído.

Estou muito honrado em me juntar agora ao ministro Carlos Madeira; aos desembargadores José Joaquim Ramos Filgueiras e Milson Coutinho; aos senadores Luís Carlos Belo Parga e José Sarney; aos deputados Neiva Moreira, Pires Sabóia, Antenor Braga, Evandro Sarney, Benedito Buzar, Joaquim Itapary, aos vereadores José Chagas e Ivan Sarney; aos homens públicos que exerceram ou ainda exercem relevantes funções de Estado como Jomar Moraes, Clovis Ramos, Franklin de Oliveira, Manoel Caetano Bandeira de Melo, Carvalho Guimarães, Elói Coelho Neto, Manoel Lopes, Dagmar Desterro, Américo Azevedo Neto, Clóvis Sena, Josué Montello, Mário Meireles, Montalvene Frota, Ubiratan Teixeira e Waldemiro Viana, ao cientista Odorico Amaral de Matos, a profissionais bem-sucedidos como Carlos Gaspar, Nonato Masson, Lucy Teixeira, Antônio de Oliveira, Jose Ribamar Caldeira, José Louzeiro, Conceição Neves Aboud, Antônio Almeida, Magson da Silva – reconhecidos prosadores, poetas, historiadores, teatrólogos, romancistas, cronistas, homens de grande saber nas letras e de muita experiência na vida.

O Padre Antônio Vieira pregou, no Sermão da Segunda Dominga do Advento, que "é mais de temer-se o juízo dos homens, que o de Deus; pois enquanto no juízo de Deus nossas boas obras nos defendem, no juízo dos homens elas são maior inimigo, já que não há maior delito no mundo do que ser o melhor; um grande delito muitas vezes achou piedade, mas a um grande merecimento nunca lhe faltou a inveja".

Estou muito honrado por me terem trazido para esta Casa.

Enquanto não chegar a noite como esta em que alguém eleito para me suceder nesta Cadeira cumprirá, como eu agora, o ritual de relembrar os cinco que eu relembrei; quando só aí serei, também, imortal porque, inarredavelmente, a partir de então relembrarão também a mim; e quando chegar essa primeira noite depois de mim, alguém dirá que vivi e lutei por uma sociedade livre, sem fome, as pessoas, enfim cidadãs, trabalhando, auferindo das vantagens da educação, da cultura, da saúde, da ciência, da tecnologia; sob a plenitude de um Estado de Direito Democrático, com Justiça e Paz.

É assim que, na noite que virá depois de mim, quererei ser lembrado.

"Não nos afastemos muito", demo-nos as mãos; "vamos de mãos dadas."

O Maranhão em primeiro lugar! O Brasil antes de tudo.

Notas

[1] O poema chama-se "A Promessa do Verde", p. 213 de *Um Amor Quase Exemplar*, Edições AML, S. Luís, MA, 1994. O livro foi lançado em Caxias, MA, em 20 de julho, quando completei 50 anos de idade e me casei com Eurídice. Na

noite da posse ela ainda estava nos Estados Unidos fazendo um curso no BID, em Washington, DC. Não havia como adiar novamente. Então inseri o poema como epígrafe do discurso, trazendo-a para as emoções felizes daquele momento importante da minha vida.

[2] Poeta norte-americano (1874-1963). Esse verso é de um poema que Frost declamou na cerimônia de posse de John F. Kennedy, 35º Presidente dos Estados Unidos, em 20/01/60.

[3] *Éramos Felizes e Não Sabíamos*, p. 215, Revista Editora Legenda, S. Luís-MA, 1992. O exemplar que me enviou está dedicado assim: "Ao caríssimo Edson Vidigal, sempre no meu coração. Afetuosamente, Bernardo Coelho de Almeida. Em 12/01/93."

[4] *Antologia da Academia Maranhense de Letras*, pp. 130/132.

[5] Ibidem, págs. 135/139.

[6] Ibidem, pág. 227.

[7] "Nina Rodrigues", Academia Maranhense de Letras, 1956, págs. 21/24.

[8] Senador vitalício da República da Itália. Nasceu em Turim, em 1909. Jurista e filósofo, exerce poderosa influência entre os pensadores políticos e operadores do Direito no Brasil. Tem mais de uma dezena de livros publicados no país. Os mais recentes são *Os Intelectuais e o Poder*, Editora Unesp, S. Paulo, SP, 1997, e *O Tempo da Memória*, Editora Campus, Rio de Janeiro, RJ, 1997.

[9] Winston Churchill, 1874-1965. Jornalista, escritor, tribuno, deputado, primeiro-ministro. Comandou vitoriosamente a Grã-Bretanha na Segunda Guerra Mundial.

[10] Abraham Lincoln, 16º Presidente dos Estados Unidos. Comandou as forças da União contra os Confederados que queriam a desintegração dos Estados Unidos. Vencida a guerra, foi reeleito, mas não completou o novo mandato: foi assassinado.

[11] Thomas Jefferson (1743-1826). Governador da Virgínia, aos 36 anos; 3º presidente dos Estados Unidos. Fundador do Partido Democrata. Advogado, músico, arquiteto, literato.

[12] José Bonifácio de Andrada e Silva, professor, naturalista, poeta. Coordenou em S. Paulo, onde vivia, o movimento que culminou com o Grito do Ipiranga, como ficou conhecida a Declaração de Independência do Brasil, em 7 de setembro de 1822.

[13] Diogo Antonio Feijó, ministro da Justiça na Regência que governou o país após a abdicação de D. Pedro I, quando o sucessor, D. Pedro II, tinha apenas 5 anos. Resistiu a tentativas de desestabilização do Império, que simbolizava a Independência. Firmou-se como chefe de Estado, de fato.

[14] Deputado várias vezes, senador no Império, sempre muito influente. Redigiu, com espírito de conciliação, a reforma constitucional de 1834. Foi sua a idéia de assentar a monarquia em instituições populares. Suas idéias estão resumidas no *Manifesto Político e Exposição de Princípios*, Edição do Senado Federal e da Universidade

de Brasília, Série Estudos Jurídicos, Vol. I, 1978. Nasceu em Vila Rica, hoje Ouro Preto, MG, em 27.08.1795. Morreu no Rio de Janeiro, em 1º de maio de 1850, vítima de febre amarela.

[15] Irineu Evangelista de Sousa (1813-1884). Liberal, antiescravagista, arrojado, criou o Banco do Brasil, instalou a primeira estrada de ferro e o cabo submarino para a Europa, a Cia. de Iluminação a Gás do Rio de Janeiro, curtumes, engenhos, fabricou navios, guindastes, caldeiras, iniciou a navegação na Amazônia, atuou na mineração, siderurgia e na construção civil. O perfil do Barão de Mauá, segundo Barbosa Lima Sobrinho, é de um "líder exponencial, de atividade ultraproveitosa para o País".

[16] Tribuno, pregador da causa republicana, ídolo da jovem oficialidade militar. Teve atuação importante na queda da Monarquia e na consolidação da República. Quando o Marechal Deodoro da Fonseca foi a S. Cristóvão para encontrar-se com a tropa rebelada e de lá partir para atacar o Ministério da Guerra, quem o acompanhava? Benjamin Constant e Quintino Bocaiúva.

[17] Advogado, professor, jornalista, senador, autor da declaração de proclamação da República (Dec. nº 01). Defensor intransigente da ordem legal, enfrentou, muitas vezes, o marechal Floriano Peixoto, no chamado conflito de poderes, em defesa da independência do Judiciário e das prerrogativas e garantias da magistratura. Empreendeu a campanha civilista denunciando o militarismo que dominava politicamente a República.

[18] Oswaldo Cruz. Depois de três anos no Instituto Pasteur, em Paris, voltou ao Brasil, jovem ainda, para dirigir o Instituto Soroterápico de Manguinhos, SP. Nomeado diretor da Saúde Pública, no Rio de Janeiro, revelou-se líder do seu tempo, enfrentando argumentos dos influentes que invocavam fundamentos morais e religiosos incitando a população a resistir à campanha para a erradicação da febre amarela.

[19] Advogado, professor, deputado federal, ministro da Justiça, ministro do Supremo Tribunal Federal, senador pela Paraíba, presidente da República (1919-1922). Nasceu em Umbuzeiro, PB, em 1865. Morreu no Estado do Rio de Janeiro, em 1942.

[20] Advogado, jornalista, deputado, ministro da Fazenda, governador do Rio Grande do Sul, líder da Revolução de 1930, chefe do Governo Provisório, presidente da República. Inseriu o país no mundo industrial e dos direitos sociais. Criou a Justiça do Trabalho e a Justiça Eleitoral, e também a Petrobrás e a Eletrobrás (1883-1954).

[21] Para Simonsen, (1889-1948), não se devia falar em vida cara mas sim em ganho insuficiente "porque o índice de produção é baixo em relação à população e extensão do nosso território". Foi uma das figuras mais criativas e empreendedoras no país, a partir da primeira Guerra Mundial. (Sobre Simonsen, v. *Dicionário Histórico-Biográfico Brasileiro* (1930-1983), editado pela Fundação Getúlio Vargas e Forense Universitária, págs. 3201/3205).

²² Jornalista, advogado, deputado federal, poeta, escritor, esteve na linha de frente da Semana de Arte Moderna. Autor, dentre outros, de "Juca Mulato" (poesia) e de "A Crise da Democracia". Nasceu em S. Paulo, SP, em 20.03.1892.

²³ Poeta, advogado, juiz, promotor, deputado provincial, prefeito de São Luís, MA. Deputado federal, governador do Maranhão, senador. Firmou-se no Congresso como grande jurista, sendo considerado o pai do mandado de segurança no direito constitucional brasileiro. Membro da Academia Maranhense de Letras. Nasceu em São Luís, em 29.12.1879. Morreu no Rio de Janeiro, DF, em 31.07.1953.

²⁴ Poeta, jornalista, advogado, deputado federal, governador do Maranhão, senador, vice-presidente e presidente da República, presidente do Senado. Grande orador. Líder popular. Membro da Academia Maranhense de Letras e da Academia Brasileira de Letras. Nasceu em Pinheiro, MA, em 24.04.1930.

²⁵ Aldous Huxley, autor de *O Macaco e a Essência*, que li na adolescência, por indicação do poeta José Chagas. Esta frase a recolhi numa dessas revistas de bordo, quando voava, em janeiro último, de Washington, DC, para New York, USA.

²⁶ Obtive todas essas informações estatísticas em diversas publicações durante pesquisas que, em julho último, realizei no BID (Banco Interamericano de Desenvolvimento), em Washington, DC, EUA.

²⁷ *Os Intelectuais e o Poder*, Unesp, S. Paulo, SP, 1996, pág. 81.

²⁸ Autor de *O Contrato Social*, de grande importância na formação ideológica da Revolução Francesa. Sustentou que a liberdade individual não pode sucumbir diante dos interesses da Igreja ou do Estado. "O homem nasceu livre, e em toda parte se encontra sob ferros. De tal modo acredita-se o senhor dos outros, que não deixa de ser mais escravo do que eles", escreveu.

Jean-Jacques Rousseau nasceu em Genebra em 28 de junho de 1712. Antes de obter notoriedade como filósofo, pensador político, teatrólogo e romancista, era conhecido como músico, desenhista e pintor. O seu *Discurso Sobre a Origem e os Fundamentos da Desigualdade Entre os Homens*, inscrito num concurso da Academia de Dijon, França, não foi classificado e mereceu o sarcasmo de Voltaire. No entanto, é referência forte até hoje. Isso prova que nem sempre os esnobados da hora são os derrotados da história. Ele afirmava que os frutos da terra a todos pertenciam, porque a terra não é de ninguém. Num exemplar antigo d'*O Contrato Social*, que carrego comigo desde janeiro de 1966, observo agora que grifei, à época, o seguinte: "Se eu fosse príncipe ou legislador, não perderia meu tempo em dizer o que é preciso fazer; eu o faria ou me calaria." Grande Rousseau! Morreu no Castelo de Ermenonville, próximo de Senles, em 2 de julho de 1778, portanto, sem compartilhar da vitória do movimento que muito influenciou.

²⁹ Fernando Antonio Nogueira Pessoa. (1888-1933). Maior poeta português neste século. Foi Tribuzi quem o difundiu entre os da sua geração, no Maranhão.

[30] José Tribuzi Pinheiro Gomes (1927-1977), jornalista, economista, político, grande poeta. Filho de portugueses, educou-se, desde os três anos de idade, em Portugal. Estudou em Aveiro, Porto e Coimbra. Graduado em Filosofia e em Ciências Econômicas e Sociais, voltou ao Maranhão em 1946, passando a exercer poderosa influência na vida cultural e política do Estado.

A soberania do voto*

O voto é o instrumento da vontade pessoal, quando é possível dizer "sim" ou "não", "isso" ou "aquilo", "essa" ou "esse", "aquela" ou "aquele".

Voto é manifestação firme de decisão que se impõe e que deve ser respeitada. Voto pressupõe liberdade. Não há voto livre e soberano onde não há democracia.

Nas democracias pioneiras, em Esparta e em Atenas, na Grécia mais antiga, recorria-se ao voto popular, não apenas para eleger governantes, mas também para resolver demandas sociais.

Assim, resolvia-se, pelo voto, não apenas quem seriam os chefes de governo e os legisladores, mas também os magistrados, os administradores e funcionários de toda espécie, os generais de mar e terra, os embaixadores, e ainda os chefes religiosos.

A paz, a guerra, todas as leis, os impostos, as contas públicas, as recompensas dos beneméritos, pensões, aposentadorias, naturalização de estrangeiros, processos judiciários, programas de educação, dos costumes, da habitação e até sobre vestuário e alimentos das pessoas — isso tudo se resolvia colhendo votos. A maioria dos eleitores decidia e pronto.

---

* Palestra em Natal/RN, em 14.11.02, Seminário de Direito Eleitoral promovido pelo TSE.

Depois da revolução de Licurgo contra a corrupção dos costumes, só poderiam concorrer para o Senado, por exemplo, os maiores de 60 anos, isto porque a partir dessa idade as pessoas demonstravam, pela experiência acumulada, ser mais sábias e mais virtuosas.

É daí que vem a imposição constitucional de que o Senado há de se compor sempre de pessoas com mais idade do que a exigida para a Câmara e Assembléias de Deputados.

Nossa Constituição, no Império, exigia que o cidadão para ser senador fosse maior de 40 anos. E tinha que ter também folha corrida limpa de crimes, exigindo-se, ainda, que fosse pessoa de saber, capacidade e virtudes, com preferência para os que já tivessem prestado algum serviço à Pátria.

Como era o voto naquelas democracias da Grécia?

Por aclamação.

Quem conseguisse obter dos votantes uma algazarra maior, mais estrugidora, estava eleito. Como nos antigos programas de auditório, em que o candidato a melhor cantor ou melhor cantora iria para o trono se obtivesse entre os presentes um maior potencial de aplausos. Era, guardadas as devidas proporções, uma democracia direta.

Uma vez aclamado, o feliz eleito corria ao templo para agradecer aos deuses. Era então coroado de flores e louros, rumando depois ao templo seguido por uma claque ruidosa de moças e rapazes que entoavam hinos em seu louvor, mérito e triunfo.

(No Brasil do Império, cantava-se o te-déum nas apurações finais.)

A jornada do candidato eleito, na democracia grega, não se encerrava no templo. O roteiro seguinte incluía obrigatoriamente as casas dos parentes e depois o salão dos banquetes públicos, onde tinha direito a comer até dois pratos.

Na democracia grega, não tinham direito a voto os menores de 30 anos e os covardes, que para serem reconhecidos de pronto eram obrigados a se vestir de forma diferente e usavam barba raspada pela metade.

Os covardes e os de má reputação, por algum crime, poderiam, ainda, ser espancados por qualquer um. Imagine-se uma lei dessa, como salvaguarda da democracia, no Brasil de hoje...

Não se fala ainda hoje em democracia sem se falar no que os gregos fizeram em Esparta e em Atenas, alguns séculos antes de Cristo. Praticavam a democracia direta, que a nossa Constituição de 1988 consagra e prescreve. Democracia direta possível, desde logo, em face da realidade do voto eletrônico.

Outro registro importante sobre o que influenciou a construção das democracias nos continentes americanos, no norte, no sul e na América Central, data dos tempos em que os ingleses mantinham colônias na América.

Um dia, em Massachusetts, os colonizados resolveram reagir à criação de uma taxa imposta pelos ingleses sobre as ervas de chá. Não pode haver taxação sem representação. Bradaram. Imposto e representação. Imposto só se houver direito ao voto.

E esse brado virou onda e essa onda virou revolução, que virou guerra por independência, afinal vencida pelos colonos, que, em tempo razoável, lograram construir um dos mais sólidos modelos de democracia do mundo.

O voto está nos sindicatos, nas associações de bairros, nas sociedades mercantis, nas assembléias gerais das empresas, nos clubes de futebol, nos parlamentos, nas academias de letras, nos tribunais, onde houver coletivo, e nesse coletivo onde houver uma dúvida a solução virá por meio do voto.

Pelo voto se tem a idéia de que se conseguiu o melhor. Exceção à regra, nem sempre isso é verdade. Mas diz-se que se erra por meio do voto, ainda assim é melhor do que errar sozinho nem errar pela inexistência do direito a voto algum.

Atentos às lições da história, à experiência dos povos, que sofreram derrotas e viveram vitórias nas conquistas da civilização, afirmando a democracia; conscientes de que só num Estado de Direito Democrático é possível realizar, em paz, a justiça social, chegamos nós, aqui no Brasil, a um estágio em que a justiça eleitoral se afirma como salvaguarda primeira da democracia, apesar das muitas leis já ultrapassadas com que tem que lidar.

A conquista tecnológica da urna eletrônica pode nos dar a certeza e a segurança de que o voto crescerá em importância na sua função social.

Temos hoje uma engrenagem montada, a mais avançada em tecnologia de informática no mundo, em condições de ser acionada a qualquer momento, convocando-se os eleitores a se manifestarem, pelo voto, sobre qualquer questão referente ao bem comum, dever específico do Estado.

Quanto mais eleições tivermos, mais democracia teremos. O exercício do voto é a forma mais legítima de se encontrar respostas seguras para as formulações de governo em busca de soluções para as demandas sociais.

O exemplo brasileiro*

Minha simpatia para com o México vem desde Agústin Lara, Maria Antonieta Pons, Cantinflas, Maria Félix, figuras românticas e alegres que eu via, quando menino, nos filmes da Pelmex.

Ídolos da inocência latina, eles sabiam dizer bem sobre a necessidade da fantasia e sobre a importância da chanchada como ingredientes indispensáveis à sobrevivência em nosso continente.

Afinal, *ridendo castigat mores*, pregavam os romanos. (É rindo que se castiga os mouros, traduziu distorcido assim, de propósito, Millôr Fernandes, um grande pensador brasileiro.)

Muito obrigado ao México por Emiliano Zapata, por Benito Juarez, por Octavio Paz – grandes exemplos de vida e de contribuição à melhoria do mundo. Há sempre muito o que aprender com eles!

A Constituição do Brasil contempla o direito eleitoral em seu primeiro momento. No seu artigo primeiro, parágrafo único, afirma que "todo o poder emana do povo, que o exerce por meio de representantes eleitos ou diretamente nos termos desta Constituição".

Isso significa que o voto, instrumento mais legítimo da afirmação da soberania popular, deve ser utilizado para resolver os destinos do país, não somente nas eleições periódicas, quando se escolhem os man-

---
* Palestra no Seminário Internacional sobre o Voto no Estrangeiro, na Cidade do México, em 11.08.98.

datários, mas também a qualquer momento, quando, por plebiscito ou referendo, o povo é chamado a manifestar-se sobre o tema que está gerando a dúvida e a controvérsia entre os seus mandatários.

Nessas ocasiões, é prudente que os representantes eleitos, sustando a autoridade dos seus mandatos, devolvam o poder ao povo para que este, então, diga diretamente sobre determinada medida que deva ser adotada ou não pelo Executivo ou pelo Legislativo.

A outra maneira de o povo interferir diretamente nas ações de governo é por meio do que a Constituição (Art. 14, III) chama de "iniciativa popular". Aqui um determinado número de eleitores elabora uma proposta que é levada obrigatoriamente à apreciação dos legisladores.

Ou seja, se o Parlamento recusa-se, de alguma maneira, a discutir e votar determinada questão, podem os eleitores interferir no processo legislativo, forçando os representantes a fazê-lo, independentemente do que pensem os seus partidos.

Isso demonstra a importância que o nosso sistema constitucional atribui ao exercício do voto, que entre nós é obrigatório para os maiores de dezoito anos e facultativo para os analfabetos, os maiores de setenta anos e os menores de dezoito e maiores de dezesseis anos. Do mesmo modo o alistamento é obrigatório e facultativo. (CF, Art. 14, § 1º).

Para as eleições de 4 de outubro próximo estão alistados 106 milhões, 75 mil e 88 eleitores. Elegeremos agora o presidente e o vice-presidente da República, os governadores dos Estados e do Distrito Federal, os deputados federais, os deputados estaduais e um terço dos membros do Senado da República.

Dá para perceber o quanto de trabalho que nós, da Justiça Eleitoral, estamos tendo na preparação e ainda vamos ter na realização dessas eleições. Mais trabalho teríamos e mais tempo gastaríamos se o nosso sistema não estivesse, em grande parte, informatizado.

Há dezoito anos começaram os estudos no Brasil para a montagem desse sistema. Primeiro, recadastramos os eleitores, depois totalizamos os votos pelo computador e, aos poucos, fomos substituindo a urna convencional pela urna eletrônica, à prova de fraudes e que reduz o ato de votar ao máximo de dois minutos e o tempo de apuração final a setenta e duas horas, em média.

É com esse sistema, que dentro de quatro anos já estará totalmente coberto por urnas eletrônicas, que contamos para que o povo exerça, de forma ampla e em caráter permanente, a sua soberania – pressuposto primeiro de nossa democracia.

Considerando que todos são iguais perante a lei, em deveres e direitos, estende-se, por conseguinte, a todos os nacionais brasileiros residentes no exterior o direito ao voto nas eleições, onde quer que se encontrem.

Nossa experiência nesse campo começou com o Código Eleitoral (Lei nº 4.737, de 15.07.65), que dispôs no Capítulo VII (Arts. 225 a 233) sobre o voto no exterior.

Importante destacar aqui que são considerados eleitores com direito e dever de voto no exterior apenas aqueles que estejam assim cadastrados perante a repartição diplomática.

Não são considerados os que apenas estão em trânsito por algum país, em viagem breve de negócios, turismo ou de estudos. A única exceção é para passageiros e tripulantes de navios e aviões de guerra e mercantes que, no dia da eleição, estejam na sede das seções eleitorais.

Fora daí, é necessário que o cidadão esteja fixado no lugar, por alguma razão legal. Os demais, apenas em trânsito, podem se justificar, no prazo de seis meses, ou perante a repartição diplomática do País onde estejam ou perante a Justiça Eleitoral, no Brasil.

Quem não se justificar paga uma multa. E se de alguma maneira não se justificou nem pagou a multa, ou seja, se ao longo de três eleições consecutivas não votou, é então excluído automaticamente do cadastro de eleitores. Nós temos o controle disso tudo no computador.

Estar em dia com as obrigações eleitorais é exigência no Brasil, não só para receber salário, em caso de servidor público, mas também para realizar qualquer ato – desde inscrição em escola pública até pedido de empréstimo em bancos oficiais. Essa é a contrapartida da obrigatoriedade do voto.

Nossos eleitores no exterior são jurisdicionados do Tribunal Regional Eleitoral do Distrito Federal que tem como braço executivo o Ministério das Relações Exteriores. O Código Eleitoral, Art. 233, autoriza o Tribunal Superior Eleitoral e o Ministério das Relações Exteriores a baixarem as instruções necessárias e a adotarem as medidas adequadas para o voto no exterior.

Por conta disso, a cada ano de eleições há uma Resolução contendo as instruções atualizadas para os procedimentos eleitorais no exterior. Neste ano as eleições no exterior serão regidas pela Instrução nº 37, cuja cópia deixo aqui com os senhores.

Nosso Código Eleitoral autoriza o voto no exterior apenas nas eleições para presidente e vice-presidente da República. O direito eleitoral, no nosso modelo federativo, só pode ser legislado pelo Congresso Nacional.

Assim, as eleições são municipais para os cargos de prefeito e vice-prefeito e vereadores (membros da edilidade); estaduais, para governador e vice-governador, deputados estaduais, deputados federais e senadores da República; nacionais, para presidente da República e vice-presidente.

Todas as eleições, que se realizam a cada dois anos para a escolha de mandatários de quatro anos (exceto senadores, cujos mandatos são de oito anos), são simultâneas; isto é, mesmo as municipais se realizam numa mesma data em todo o país.

O eleitor cadastrado no exterior, portanto, só vota uma vez a cada quatro anos.

As seções eleitorais funcionam nas repartições diplomáticas, embaixadas ou consulados gerais. O número máximo para cada seção é de 400 eleitores e o mínimo é de 30 eleitores.

Há sempre flexibilidade, de modo a que, não se alcançando 30 eleitores para formar uma seção, eles possam votar na seção mais próxima do local onde não se obteve aquele número mínimo. Na Suécia, por exemplo, onde o governo local não permite que estrangeiro vote sob nenhuma hipótese, as seções podem ser organizadas nos países mais próximos.

Também nos canteiros de obras, por exemplo, locais de trabalho de brasileiros no exterior, onde estão a serviço de empresas nossas, permite-se excepcionalmente que se instalem seções eleitorais.

Estima-se que mais de 1 milhão e 500 mil brasileiros, em condições de votar, estejam morando no exterior. Nosso serviço diplomático organizou um cadastramento, mas desse total, no mundo todo, apenas 16 mil 835 eleitores, até agora, se apresentaram. Esse é o nosso contingente no estrangeiro nas eleições presidenciais deste ano.

Constata-se em alguns lugares uma certa apatia. No Japão, por exemplo, onde somos mais de 200 mil, apenas 229 se habilitaram ao voto. Na Itália os brasileiros parecem mais animados, mais cívicos; participam muito mais.

A urna eletrônica será utilizada nos lugares de maior densidade eleitoral, no exterior. Isso evidentemente facilitará bastante.

Não temos tido problemas até aqui na execução dessa lei que assegura o direito de voto aos nossos cidadãos no estrangeiro. Apesar de algumas dificuldades de natureza burocrática e material, o nosso corpo diplomático tem dado conta do serviço, a contento.

Isso significa que os custos financeiros são irrisórios. A democracia, por si, compensa qualquer custo financeiro, por mais alto que possa parecer. Os benefícios da democracia é que serão sempre maiores, infindáveis.

Por isso, peço que recebam minhas congratulações pela iniciativa deste Seminário, inspirado em boa hora. Um contingente de mais de 10 milhões de eleitores no exterior, como se diz que possui o México hoje nos Estados Unidos, é algo infinitamente expressivo para a realização da democracia em qualquer país.

Apenas para que tenham uma idéia do quanto esse número é significativo em termos de Brasil, só dois dos nossos 27 Estados possuem mais de 10 milhões de eleitores – São Paulo, que tem 23 milhões, 309 mil e 980 e Minas Gerais, que tem 11 milhões 815 mil e 219.

Sempre que damos um passo à frente com o direito eleitoral, a democracia avança e mais se afirma. Onde a democracia se impõe, há a garantia para a realização da Justiça e da Paz, os espaços se abrem para o trabalho, a impunidade não tem vez.

O direito eleitoral é o primeiro direito na democracia. Sem o direito eleitoral não há democracia e sem democracia os outros direitos nem existem.

Uma outra Justiça Eleitoral, por que não?*

Nos dias ímpares de todas as semanas, o trem passava e além das pessoas e suas bagagens deixava também na estação, em Caxias, os jornais do contra estampando nas manchetes as esperanças dos usurpados.

As esperanças dos usurpados eram os recursos que os partidos de oposição levavam ao Tribunal Superior Eleitoral, à época no Rio de Janeiro, denunciando todo tipo de abuso e de fraude.

É desse tempo, também, a história sobre o primeiro juiz eleitoral que se meteu a independente, desafiando a oligarquia, no Maranhão. Tomaram-lhe as urnas e o material da eleição. Depois, amarraram-no numa canoa e o entregaram à correnteza do rio. Um dia saberei seu nome e lhe prestarei grande homenagem.

Memória de menino não esquece nada. Lembra tudo com detalhes e de uma forma tão impressionante, que conta suas histórias como se elas fossem as mais importantes do mundo.

Daí a nitidez com que lembro o homem obeso, nariz afilado, o bigode rente à borda do lábio, camisa branca de manga comprida arregaçada, a calça branca se apoiando num suspensório bege, sentado num tamborete à sombra de uma mangueira, rodeado de crianças, na esquina do Beco do Urubu com a Rua do Pequizeiro.

---

* Discurso de despedida do Tribunal Superior Eleitoral, em 20 de junho de 2000.

Entre curioso e assustado me inseri na cena. O homem era o doutor Ademar de Barros, em sua primeira candidatura à Presidência da República. Demonstrando carinho, fazia perguntas. A quem lhe erguesse a mão pedindo a bênção dava um bombom e cinco mil réis. Na minha vez, um sentimento profundo chamado vergonha, que carrego até hoje, me paralisou. Os colegas me vaiaram, achando que eu era um besta.

Como esquecer, fazendo de conta que não aconteceu, aquele incêndio em Coroatá? A rua inteira pegando fogo, as labaredas famintas devorando a nossa casa e eu, ainda molhado de um banho no rio, com a aflição de quem tinha apenas seis anos de idade, querendo entender aquilo. "É a política, meu filho. É a política."

Uma vez saiu no *Diário da Justiça*, no Maranhão, que o Tribunal Regional Eleitoral não conheceu do recurso por ilegitimidade de parte determinando, ainda, remessa de cópias para os fins legais à Ordem dos Advogados do Brasil, porque o defensor do partido era apenas acadêmico de direito. E o era. Afoito, achando que poderia perder prazo, adentrei a petição sem protestar pela juntada da credencial de Delegado.

A postulação na Justiça Eleitoral poderia ser exercida por qualquer um, desde que credenciado pelo partido. Não era, como hoje, privativa de advogados. Afinal, onde encontrar profissionais especializados em quantidade necessária e disponibilidade suficiente para dar conta de todas as demandas perante todos os Juízos, Juntas e Tribunais Eleitorais em todo o País? A militância política, em Direito Eleitoral, ensina mais que a faculdade.

Cheguei aqui bicho criado nesses entreveros.

Um dos maiores especialistas em Direito Eleitoral que esta Corte conheceu, não era advogado. Era um médico pediatra de grande sucesso, o doutor Clodomir Milet. Dirigente de partido, deputado, senador, foi, com Tarso Dutra, senador pelo Rio Grande do Sul, um dos autores do Código Eleitoral.

Precisamos de um Direito Eleitoral mais simples, alcançável por todos, sem os campos minados do processualismo, que deveria servir apenas para assegurar o direito da igualdade entre as partes, mas que, no eleitoral, tem se prestado mais a proteger as espertezas, beneficiando os que, mediante a fraude ou o abuso de poder, pregam que em eleição vale tudo e que o feio mesmo é perder.

Tudo que prejudica os valores maiores – normalidade e legitimidade das eleições – tem repercussão negativa na governabilidade. Afeta terrivelmente a credibilidade de uma engrenagem de poder, como a do nosso País, responsável diretamente pela vida de 170 milhões de pessoas, das quais 106 milhões com direito a voto nas eleições.

Uma pesquisa recente, financiada pela União Européia, na América Latina, concluiu que, no Brasil, apenas 39% concordam com a idéia de que "a democracia é preferível a qualquer outra forma de governo". Há dois anos, em 1998, quando se fez aqui a mesma pesquisa, esse otimismo foi maior, 48%.

É assustador!

Merece reflexão, ainda, outra conclusão – dois entre cada três jovens brasileiros, com idades entre 16 e 24 anos, mostram-se indiferentes quanto à maneira como é feita a escolha dos políticos que os governam. Trinta e seis por cento acreditam que "um regime democrático e um não-democrático são a mesma coisa"; 27%, na mesma faixa, acham que um regime autoritário pode ser preferível.

A maioria, pasmem, dispensa a Câmara e o Senado, e 42% não fazem questão de partidos políticos. Apenas 32% dos jovens preferem a democracia a qualquer outra forma de governo.

A continuar assim, que futuro nos aguarda?

Estamos num país que nem sabe quantos são as meninas e os meninos que moram nas ruas. Já são tantos perambulando e dormindo nas calçadas de tantas cidades, que ficou mais difícil contá-los. Os sem-terra, ligados ao MST, somam 334 mil. Não têm pouso certo, vivem em barracas de lona, filhos, pais, avós. Segundo o Ipea, órgão oficial, somamos 54 milhões de pobres.

Temos, também, 22 milhões de cachorros, dos quais 20% são alimentados com comida industrializada. Os Estados Unidos da América já nos venderam mais de 17 milhões de dólares em comida para os nossos cães e gatos. Isso pode ser pouco se comparado com os desvios, nos municípios, dos recursos do Sistema Único de Saúde, da merenda escolar e do Fundef.

A corrupção mais audaciosa se esconde hoje nos Municípios, onde estão as grandes fatias da arrecadação nacional e onde os mecanismos de controle da legalidade e de defesa da moralidade, quando existem, são apenas formais.

Os desvios, em grande monta, são de recursos federais. Em mais de 80% dessas localidades não há Polícia Federal, Ministério Público Federal, Justiça Federal. Os prefeitos têm foro privilegiado, no Tribunal de Justiça, na capital. Há os que, acossados, refugiam-se depois na imunidade de um mandato parlamentar. Ninguém os alcança. A impunidade faz a festa.

Estima-se que de toda verba distribuída aos Municípios para a educação, incluindo-se salários de professores e merenda escolar, 21% tenha sido desviada. Um rombo de R$3 bilhões foi detectado em 800 prefeituras.

Nos últimos dez anos, o número de Municípios aumentou 31,4%, somando hoje 5.548. Mais de R$3 bilhões foram gastos no ano passado com vereadores e Câmaras Municipais. Em 897 cidades as despesas com o legislativo são maiores que os investimentos em habitação e urbanismo. Em outras 352 cidades os vereadores e suas Câmaras custam mais que a saúde e o saneamento.

Mais de 1 milhão de candidatos a prefeitos, vice-prefeitos e vereadores se apresentará às eleições municipais deste ano. Calcula-se que entre US$3 a 4 bilhões serão movimentados na campanha. A eleição de um vereador em São Paulo, por exemplo, sairá por R$2 milhões, em média. Mas é nos pequenos Municípios, que ocupam mais da metade da geografia do país, que a relação custo-voto se torna maior, em termos proporcionais, para os candidatos.

De há muito que os temas estão na agenda — cláusula de barreira para funcionamento parlamentar dos partidos, voto distrital misto, fidelidade partidária, financiamento de campanhas eleitorais e, ultimamente, fim da reeleição. É preciso que todos se envolvam com todo o vigor cívico nessas discussões. Dentre os 106.101 mil eleitores em condições de votar este ano, apenas 13 milhões e 600 mil são filiados aos partidos políticos.

Pois são esses partidos políticos, mais de 40 atualmente, legalizados pela aquiescência de apenas 12,8% do eleitorado, que escolhem as pessoas dentre as quais são escolhidos os executivos e os legisladores do Brasil. As escolhas equivocadas, e não têm sido poucas, têm servido muito ao crescimento da impunidade, ao holocausto da ética, à banalização da política.

Instituída por Getúlio Vargas há mais de 50 anos, a Justiça Eleitoral juntou-se ao Poder Judiciário da União Federal como um dos compromissos inadiáveis da Revolução de 1930. Foi montada, timidamente, com juízes emprestados. É uma Justiça Federal que tem juízes e Ministério Público estaduais e, também, juízes e Ministério Público federais.

À exceção dos dois juristas nomeados pelo Presidente da República para mandatos de dois anos, renováveis apenas uma vez, todos os juízes, eleitos para igual período, acumulam funções. Esse formato originário, que se justificava até porque o país era menor, foi ficando. Os longos períodos de abstinência política à força, sem eleições diretas e de bipartidarismo imposto, empurraram a Justiça Eleitoral para o sombreado da cena no palco, quase na coreografia.

Hoje, pela Constituição de 1988, a Justiça Eleitoral tem função da mais alta relevância. Enquanto o Supremo Tribunal Federal é o guarda da Constituição, responsável pela manutenção da ordem constitucional, o Tribunal Superior Eleitoral tem a seu encargo a afirmação dos valores tutelados – normalidade e legitimidade das eleições.

É a Justiça Eleitoral, portanto, que, alistando os eleitores, realizando as eleições e diplomando os eleitos, confere ao regime o poder decorrente da soberania popular. Sua omissão ao exercício pleno de suas tarefas implicaria a diluição da legitimidade, sem a qual não pode haver república, nem falar-se em democracia.

O formato de Justiça Eleitoral ainda em vigor, montado há mais de meio século, não serve mais porque não se ajusta às novas responsabilidades constitucionais.

Hoje há, no TSE, um cadastro informatizado com 106 milhões e 101 mil eleitores. A cada dois anos temos eleições no país, envolvendo dezenas de partidos e dezenas de milhares de candidatos para um número quase incontável de cargos públicos. A soberania popular, manda a Constituição, há que ser exercida também por meio de plebiscitos e referendos.

Como atender a essa intensa demanda com uma Justiça de juízes emprestados, de servidores requisitados, que compareçam à jurisdição duas vezes por semana? Dentro em breve, uma Corte como a nossa, noturna e quase sempre cansada, não conseguirá cumprir plenamente todas as suas atribuições.

Que tal uma Justiça Eleitoral sem nós? Sem ministros do Supremo e sem ministros do STJ? Sem os juristas recrutados na forma tradicional? Para começo de ampla discussão, sugiro uma Justiça Eleitoral com ministros indicados pelos partidos (dois), dentre os seus juristas; pelo Ministério Público (dois); pela Ordem dos Advogados (dois); pelas entidades representativas da mídia impressa e eletrônica (um). Todos, só depois de aprovados pelo Senado, seriam nomeados pelo presidente da República. Trabalhariam em tempo integral e dedicação exclusiva. Teriam mandato de seis anos, renovável por mais quatro.

Governabilidade democrática não se confunde com estabilidade de Governo. O fracionamento partidário, sem uma consciente base popular, transforma os governantes em reféns da insaciabilidade dos grupos políticos sem compromissos com a governabilidade. Há que se priorizar, portanto, a legitimidade da representação popular. Poder sem legitimidade não tem credibilidade. O povo pode até temer, mas não respeita.

A democracia não se realiza sem a motivação cultural dos eleitores, sem a predominância da ética sobre a banalização na política, sem o aprimoramento da Justiça, sem a organização das comunidades contra a nossa estúpida concentração de renda, sem o combate firme à corrupção.

Nada do que nos incomoda e nos motiva aconteceu de repente. Encontro nestes versos de Almada Negreiros, poeta português, alguma explicação:

> Quando eu cheguei devia ser tarde,/
> já tinham dividido tudo /
> pelos outros e seus descendentes.
> Só havia o céu por cima dos telhados /
> lá muito alto / para eu respirar / e sonhar.

Tudo o mais / cá em baixo /
era dos outros e seus descendentes.
A terra inteira / era estrangeira /
mais este pedaço onde nasci.
Não me deixaram nada / nada mais do que o sonhar.
E eu que amo a vida mais do que o sonho /
e o sonho e a vida juntos /
mais do que ambos separados /
e eu que não sei sonhar senão a vida /
e que não sei viver senão o sonho /
hei de ficar aqui /
entre os outros e seus descendentes?"

Nunca é tarde. Vamos embora.

O Estado Democrático de Direito*

Quando os homens deram conta de si, já estavam fazendo as guerras. E as alianças políticas, ainda bem. Assim consolidavam impérios e, para manterem-se, editavam suas leis sobre os outros homens. Nascia, então, o Direito estatal, retrato e espelho do déspota, arma de domador para manter a seu serviço as energias da sociedade.

Os guerreiros e os políticos, porém, não fizeram, nem fazem, trajetórias apenas cavando poços ou cometendo maldades.

Hamurábi, por exemplo, assim que consolidou o seu poder, unificando sob suas ordens a Mesopotâmia inteira, logo cuidou de manter a paz dedicando-se ao progresso. Desviou curso de dois rios, abriu canais, construiu cidades, desenvolveu a agricultura, a arquitetura, as artes. A Babilônia foi um dos pontos mais admirados do mundo, não só por sua pujança e beleza, mas também por suas leis.

Foi pelas leis que Hamurábi harmonizou a convivência entre todos, os aliados e os súditos. Seu código alcançou, em influência, até o Direito hebreu. A Mesopotâmia era um Estado de Direito, mas não era um Estado de Direito Democrático.

É possível exaltar o bem comum como meta num Estado de Direito, mas é impossível alcançá-lo em sua plenitude, porque de nada servem

---

* Aula inaugural do Curso de Direito da Faculdade de Imperatriz, Maranhão, em 25 de abril de 2002.

os confortos do progresso quando o ser humano não pode desfrutar da liberdade – bem que não pode despojar porque, dentre todos, é o mais inerente à condição humana. Alguém já disse que o ser humano sem liberdade é apenas uma aspiração a engordar.

A liberdade, portanto, é o que faz a diferença entre o Estado de Direito e o Estado Democrático de Direito. Os países dominados pelo totalitarismo tinham e ainda têm suas Constituições e suas Leis. A Itália fascista, a Alemanha nazista, a União Soviética comunista e seus satélites foram Estados de Direito, escorados em suas Constituições e em suas Leis. Do mesmo modo, as ditaduras que ainda mancham o mapa do mundo e que, na contramão da história, desconstroem a paz e os direitos humanos.

O Brasil, que também provou e pagou caro pelas doses de autoritarismo a que foi tentado, resolveu que não poderia adotar como Estado e República aquele formato clássico, o do simples Estado de Direito. Propôs, então para si mesmo, uma ambição maior, melhor, mais consistente, mais duradoura, a do Estado Democrático de Direito.

E o que pretendemos nós, brasileiros?

Construir uma sociedade livre, justa e solidária; garantir o desenvolvimento nacional; erradicar a pobreza e a marginalização e reduzir as desigualdades sociais e regionais; promover o bem de todos, sem preconceitos de origem, raça, sexo, cor, idade e quaisquer outras formas de discriminação. Tudo isso sob os princípios fundamentais da soberania, da cidadania, da igualdade, da dignidade da pessoa humana, dos valores sociais do trabalho e da livre iniciativa e do pluralismo político.

Queremos ser, assim, uma República efetivamente democrática, comprometida, ainda nas relações internacionais, com os princípios da independência nacional; da prevalência dos direitos humanos; da autodeterminação dos povos; da não-intervenção nas questões internas dos outros países; da igualdade entre os Estados; da defesa da Paz; da solução pacífica dos conflitos; do repúdio ao terrorismo e ao racismo; da cooperação entre os povos para o progresso da humanidade e da concessão do asilo político.

Queremos que a vontade do poder, de qualquer um dos três Poderes da União Federal, seja a expressão da vontade do povo, por seus representantes legitimamente eleitos ou na forma direta por meio de plebiscito, referendo ou iniciativa popular.

Por isso, o Direito Eleitoral desponta como o primeiro Direito num Estado Democrático de Direito. Sem eleições livres e limpas não há democracia, e sem democracia nenhum outro Direito é possível.

Os desvios para os caminhos do mal são incontáveis quando o Estado é apenas de direito formal, sem compromissos com a pluralidade política, com a diversidade de idéias mobilizadoras para a formação de oposições vigilantes e atuantes.

A oposição, numa democracia, não pode ser apenas consentida. No Estado em que a oposição não tem espaços, ou porque não é tolerada ou porque é apenas consentida, não há governo legítimo. Há, sim, uma camarilha aboletada rateando entre si os dividendos do poder.

Eleições que apenas reproduzem formalidades e que, por isso, não recolhem e nem expressam a verdade sobre o que se passa entre os mais pobres, que continuam sendo a maioria da população;

Eleições cujos resultados são obtidos à força de muito dinheiro sobre o qual nem se sabe mesmo se oriundo de contribuição escondida, conquanto suspeita, do poder econômico ou se produto de desvio descarado feito à sombra do poder político;

Eleições de campanhas milionárias em que o marketing político, pago a peso de ouro, esconde as idéias e o caráter dos candidatos para só exibi-los como bijuterias de vitrine inalcançável, pedras preciosas que à luz de qualquer verdade logo transmutam-se em diamantes falsos;

Eleições que antes eram fraudadas no ato de votar ou nas apurações e que agora são fraudadas no atacado porque, com a predominância do circo eletrônico, frauda-se a consciência coletiva mediante pesquisas enganosas que, alardeando tendências, apenas tendências, na verdade induzem a maioria, que é de incautos, a acolher como salvadores da Pátria muitos que pouco depois se constata serem de fato bons salvadores, mas salvadores, sim, dos seus próprios interesses;

Eleições que trazem entre os eleitos também aqueles que pelas ações seguintes, logo se vê, não respeitam o dinheiro público, desdenham do povo, debocham da Justiça, esnobam o Ministério Público e desacatam as leis;

Tudo porque só acreditam no dinheiro que furtaram ou ainda vão furtar e porque, julgando-se imunes a tudo, acima do bem e até do mal, só prestam devoção aos demônios da impunidade.

Eleições manchadas assim são incompatíveis com o Estado Democrático de Direito.

Por isso a necessidade urgente de reformas no Estado.

Reformas políticas, a começar pelas leis eleitorais e pela Justiça Eleitoral. No plano das leis, precisamos de normas mais severas e sumárias contra os abusos do dinheiro e do poder político nas eleições. Como no Direito Penal, o Direito Eleitoral deveria prever também causas interruptivas da prescrição nos ilícitos que, pela lei das inelegibilidades, por exemplo, são facilmente prescritíveis. Isso porque a pena de suspensão de direitos políticos, nesses casos, é de apenas de 3 anos contados da data do fato e não da data em que a representação foi julgada procedente.

Incompreensível, agressiva ao bom senso, a convivência da permissão de reeleição com a inelegibilidade por parentesco, as duas em brigas com a lógica no estreito espaço de um mesmo texto constitucional.

De há muito faz falta a vigência das chamadas cláusulas de barreira para funcionamento parlamentar dos partidos políticos, que já são hoje mais de quarenta, a grande maioria sem idéias mobilizadoras e sem nenhuma representatividade.

Defendo o voto distrital misto, proclamando, portanto, o direito do eleitor de vigiar mais de perto e também de aplaudir – por que não? – mais de perto os seus eleitos. Defendo uma redução pela metade da composição de todas as Casas Legislativas, em todos os níveis, no país. E também do número de senadores por Estado, que deveriam ser apenas dois e não três como agora. E o prazo dos seus mandatos também deveria ser reduzido.

A principal função das Casas Legislativas hoje é apoiar os contribuintes, zelando para que o dinheiro dos impostos tenha correta aplicação. Assim, deveriam dedicar mais tempo e trabalho ao exame das normas tributárias, à elaboração do Orçamento público de modo a que fosse mais participativo e, ao mesmo tempo, fiscalizada severamente a sua execução. Algo em torno de US$40 bilhões escorre, anualmente, pelos ralos da corrupção na área pública, no Brasil. Isso corresponde a 5% do nosso Produto Interno Bruto.

No Judiciário, precisamos também de muitas reformas. Dentre elas, duas que reputo essenciais. Uma na Justiça Eleitoral, que, já tendo, como tem, atuação permanente, deveria ter quadros próprios de juízes e de pessoal. Defendo outro formato para a composição dos Tribunais – juízes que não pertençam, como agora, a nenhum Tribunal, mas que sejam tirados do Ministério Público, da Ordem dos Advogados do Brasil, dos partidos políticos e da mídia impressa/eletrônica.

A outra idéia, igualmente polêmica, não nego, resultaria na extinção da Justiça dos Estados, repassando-se tudo, juízes, servidores e processos, para o Judiciário da União Federal. Ora, se é a União que legisla, privativamente, todo o Direito que tem a ver com a vida das pessoas, Direito que é nacional federal, não é Direito estadual, de legislatura estadual, não faz sentido e nem é justo, do ponto de vista dos custos, que essas despesas com a aplicação das leis da União Federal sejam bancadas pelos Orçamentos dos Estados-membros.

Mediante regras de transição, os Juízes dos Estados seriam elevados à condição de Juízes Federais e cada Tribunal de Justiça nos Estados seria transformado em Tribunal Regional Federal. Acabaríamos com essa dualidade de Judiciários, uns dos Estados e outros da União Federal, todos ocupados com as mesmas leis decretadas pelo mesmo Congresso Nacional.

Não se resolvem os problemas que mais atravancam os direitos da cidadania, num Estado Democrático de Direito, apenas fazendo leis, alterando decretos, portarias ou até mesmo emendando a Constituição.

Ninguém nega, porém, que muitos ajustes precisam ser feitos no ordenamento jurídico, antes que muitas ações favoráveis ao bem comum sejam desencadeadas. Mas, muito antes de tudo, temos que conhecer bem as realidades configuradoras das nossas mazelas espraiadas.

Afinal, conhecer bem os problemas é o começo de solução; enfrentá-los corajosamente é a metade de bom êxito. Precisamos conhecer bem os nossos problemas. Saber, por exemplo, que se há fome, e há muita fome ainda, não é por nossa incapacidade de produzir alimentos.

A meta de exportações em 2002 deverá alcançar uma receita de US$ 500 milhões somente com carne suína. Mais US$ 1,5 bilhão só em frango. Para o Japão foram vendidas até agora, por uma única empresa, 20 toneladas de camarões de água doce. Um camarão inteiro, com cabeça e casca, custa entre US$4,20 e 4,50 no mercado externo.

Numa só partida, em abril de 2002, exportamos para a Europa e Ásia, também por apenas uma empresa, 12 mil toneladas de óleo cru e 48 mil toneladas de farelo de soja. Já exportamos, nos últimos 5 anos, apenas pelo terminal de Itacoatiara, no Amazonas, 3,5 milhões de toneladas de soja. As exportações de mamão papaia já somaram US$6 milhões antes de encerrarmos 2002. A meta é atingir US$30 milhões em três anos.

Isso é só uma ligeira amostra do quanto somos capazes.

Imagine-se o dia em que todos os economistas souberem Direito e quando todos os advogados e demais operadores do Direito souberem economia. É um pouco dessa combinação que falta entre os agentes da coisa pública em nosso País.

A gerência das questões econômicas não pode prescindir do respeito às normas do Direito, sem consideração à cidadania.

A operação do Direito não pode ignorar as peculiaridades da economia. Quando os dois, economia e direito, se entendem, a sociedade ganha, a cidadania se afirma, a democracia vence, porque se ampliam os combates às causas das desigualdades sociais.

Muito desigual é a economia em que a produção agroindustrial, por exemplo, se realiza com atenções preferenciais a demandas externas. Do muito que se consegue, quase nada contra a fome, quase tudo para, ao final, acertarmos as contas dos endividamentos interno e externo.

Os juros não deixam que os empresários pequenos, nem os médios empresários, se juntem ao esforço de crescimento do PIB, ampliando as ofertas de empregos, reduzindo os números da exclusão social. As taxas de juros, nos patamares em que estão, não servem ao desenvolvimento econômico. Servem à especulação ou à inadimplência.

Um só banco particular brasileiro lucrou, no ano passado, R$2,17 bilhões. Um outro, este estrangeiro, nunca lucrou tanto durante os 55 anos em que opera no Brasil. Teve um lucro de 200% sobre o ano anterior. Faturou R$737 milhões, conforme o balanço publicado em 2001.

No Estado Democrático de Direito é possível discutir abertamente essas questões. O Estado de Direito apenas formal é a ante-sala da opressão política contra a cidadania, é a véspera ou o amanhecer da ditadura, ainda que disfarçada.

Quanto mais pessoas souberem sobre economia e sobre Direito, mais pessoas indignadas vamos conhecer. A indignação é o primeiro ingrediente para uma pessoa se tornar cidadã.

E o Brasil precisa de muita indignação.

O fascismo solto por aí*

A Justiça Eleitoral no Brasil ainda é a fonte de onde flui a legitimidade dos mandatos populares.

A construção democrática não é obra de prazo certo, é tarefa inacabável que só se realiza na afirmação cotidiana de todos os seus valores.

Ao longo dos séculos, em meio a tantas lutas e muito sangue, a humanidade soube vencer a intolerância e se convencer de que somente na convivência fraterna e respeitosa, sendo todos iguais perante a lei, é possível a paz.

A humanidade civilizada tem feito questão de viver sob o Estado de Direito Democrático. Essa foi também a nossa escolha no Brasil.

Nós, juízes; nós, advogados; nós, Ministério Público, nós todos, operadores do Direito, temos mais compromissos e responsabilidades para com o Estado de Direito Democrático do que os demais da sociedade. Isso porque cabe a nós, em especial, fazer funcionar a democracia, em seus direitos e garantias, em favor de todos os brasileiros.

Por isso, não podemos consentir em qualquer conspiração, por mínima que pareça, contra a democracia.

As idéias más estarão sempre em duelo aberto contra as idéias boas.

---

* Discurso no Tribunal Superior Eleitoral, em 18 de março de 2003, ao agradecer a aposição do seu retrato na Galeria dos Ex-Corregedores.

Muito ingênuo quem imaginou que a Segunda Guerra Mundial acabou com o fascismo no mundo.

Aboliram-se os governos totalitários, os governantes totalitários, os sistemas políticos totalitários. A derrubada do muro de Berlim foi o marco inicial para outras quedas de outros totalitarismos.

O fascismo, por exemplo, não foi abolido porque é, tanto quanto seus outros congêneres, um modo de ver e de agir fincado numa idéia. E não se mata idéia. Idéia se combate e se derrota só com outra idéia.

A idéia do nosso compromisso contra qualquer ameaça totalitária é a idéia do Estado de Direito Democrático.

O fascismo também buscava seduzir as turbas ignaras com discursos de moralização, até dos costumes. E quando apresentava resultados às multidões espoliadas, ninguém sabia a que custo e com o sacrifício de quantos aqueles resultados haviam sido obtidos.

O fascismo, tanto quanto os seus demais congêneres, não quer saber dos avanços da civilização. Não quer saber da igualdade de todos perante a lei, de direito de defesa, do devido processo legal, da presunção da inocência. Aferra-se à presunção da culpa.

Tanto quanto os seus demais congêneres totalitários, o fascismo não quer saber de proteção da honra alheia, da intimidade, da privacidade. Não quer saber de *habeas corpus*, nem de mandado de segurança. Não quer saber de coisa alguma que tenha a ver com valores próprios de um Estado de Direito Democrático.

Não podemos consentir que, por conta de práticas fascistas perceptíveis, o Estado de Direito Democrático se deteriore, levando nós todos para um Estado de Defeitos Democráticos.

As vantagens da democracia não podem estar a serviço dos que, por inaptidão para viver na democracia, ou por inépcia profissional, se julgam os vingadores do povo em geral e nessa ação falsamente patriótica só conseguem se manter fiéis à lógica do totalitarismo que praticam.

Não, não tenho a capacidade de delírio de uns poucos infiltrados no poder público. Estou me referindo e mais uma vez denunciando é que o Estado de Direito Democrático está contagiado pelo perigoso vírus do fascismo – também numa pequena parte da nossa imprensa para a qual as boas notícias nunca são boas notícias, mas apenas aquelas reveladas pelos vazamentos que mostram, por si sós, que muitas dessas investigações não têm compromisso com a seriedade.

Ou somos uma República de Direitos Democráticos ou queremos ser uma República de "grampos" no desserviço da Democracia?

Há uma ação organizada para acuar advogados, para intimidar juízes e, ao fim, passar ao povo em geral a falsa idéia de que sob o Estado de Direito Democrático as coisas não funcionam. O que querem, afinal?

Esse processo de intimidação de magistrados se deu, recentemente, pelo covarde assassinato do juiz Antônio José Machado Dias, da Vara de Execuções Penais de Presidente Prudente, em São Paulo. Dias, corajosamente, exercia seu dever em defesa da sociedade. Seus companheiros hão de continuar essa luta.

Nos últimos meses vários tribunais foram atingidos de forma velada, mas não menos violenta: por intermédio da manipulação de veículos de comunicação. Também de forma covarde, as informações falsas, e por isso malfeitas, muitas vezes oriundas de investigações malconduzidas, intentaram destruir reputações ilibadas e buscaram por meio da intimidação retirar dos magistrados sua autoridade moral de julgar. O Judiciário não cederá a pressões espúrias.

O desacato à ordem legal, o desmonte de princípios fundamentais para a estabilidade não só de países mas do mundo inteiro, isso tudo já se desdobra em ações totalitárias. Estamos a poucas horas de mais uma guerra. Hoje é o petróleo do Oriente Médio e, a prevalecer a mesma lógica, amanhã seremos acusados da posse de armas de destruição em massa. Logo nós que só temos como arma de destruição em massa o desemprego, a exclusão social e a fome; amanhã nos acusarão por essas armas e nos darão prazos para desocupação das margens de nossos rios porque eles precisarão da nossa água para sobreviverem.

Desenvolvimento já!*

Pediu-me o professor Cândido Mendes que viesse até aqui, para ser o orador destas comemorações. Tenho para com os Cândidos Mendes em geral, tanto as pessoas físicas quanto as jurídicas, sentimentos de muito respeito e de grande admiração. E, porque somos, originariamente, da mesma terra – Caxias, no Maranhão –, temos, ainda, a nos ligar, com muito orgulho, os laços afetivos da conterraneidade.

Poucos brasileiros, empunhando apenas as armas do conhecimento, estas, sim, sempre invencíveis, somaram em favor do país tantas conquistas quanto o Professor Cândido Mendes. Sua história de vida é marcada pelas coerentes lutas contra o arbítrio e contra o atraso social; por outro lado, em prol do crescimento econômico com ampla inclusão social. No Congresso Nacional, como representante do povo do Rio de Janeiro, enfrentou o corporativismo parlamentar trabalhando por normas rígidas em favor do decoro e da ética.

O país, como que perplexo e insone, parece estar à espera de uma voz que lhe repita o brado de Caxias: "Quem for brasileiro que me siga!". *Brado de Caxias* – esse foi o nome do primeiro jornal fundado na nossa cidade, Caxias, por Cândido Mendes de Almeida, em 1846, aos 27 anos de idade

---

* Aula magna sobre o tema "A reforma infraconstitucional do Poder Judiciário", para marcar os 103 anos da Universidade Cândido Mendes, no Rio de Janeiro, em 2 de junho de 2005.

(aos 53 anos de idade é que foi eleito senador pelo Maranhão e nomeado, em seguida, senador vitalício do Império por ato de D. Pedro II).

Uma vez, eu ainda menino, recém-chegado para trabalhar e estudar na capital, São Luís, fui atraído a um ajuntamento que crescia mais e mais, numa tarde, na Praça João Lisboa. Naquele Maranhão, onde a pobreza era quase tudo e o direito às oportunidades, quase nada, ouvi, pela primeira vez, sobre a necessidade e a possibilidade de um "desenvolvimento já!". O profeta, naquele Maranhão escravizado e dominado pela politicalha e pela politiquice, era o professor Cândido Mendes de Almeida. Aquele discurso me inundou e me impeliu e ainda hoje me inspira — "desenvolvimento já!".

Com o tempo, fui aprendendo que o desenvolvimento é incompatível com a mediocridade, com a falta de coragem, e que, ao contrário, é compatível com a ousadia de sonhar sonhos grandes, sonhos possíveis de serem realizados. "Desenvolvimento já!" é possível, sim.

A cruzada do desenvolvimento não é convocação que se faça aos covardes, de almas míopes; não é tarefa que se entregue aos que se acomodam, que se conformam; não é serviço para os que não gostam do salário honesto.

Aliás, já está passando da hora de voltarmos a falar seriamente em "desenvolvimento já!". Precisamos reescrever, adaptando-o ao novo século, o nosso projeto de Nação. O que queremos para o Brasil? Quais os nossos maiores desafios? Como vencê-los, e com quais recursos e aliados contaremos? Aonde queremos chegar? Não podemos, com certeza, ceder à mesmice.

Precisamos mostrar a nós mesmos o quanto somos capazes, fortes, honestos, idealistas, criativos. Precisamos resgatar valores, muitos dos quais nos foram arrebatados pelo populismo político, de alguns dos quais fomos nos desprendendo em momentos difíceis de fadiga moral imposta pela predominância de tantos maus exemplos. Precisamos resgatar a família, a escola com a educação moral e cívica e, também, a fé religiosa. É esse engenho de virtudes que vai nos restituir a coesão familiar, a responsabilidade escolar, o respeito com o coletivo e os limites espirituais. Tudo em favor de uma sociedade mais comprometida com o desenvolvimento e com a paz.

Para nada servem as leis quando o Estado, encarregado de fazer cumpri-las, se enfraquece e se distancia, ampliando o dissenso entre a sociedade e os grupamentos políticos incumbidos de fazê-lo funcionar.

As leis não se realizam na sua força coercitiva quando a sociedade, indiferente, não as legitima. Sem legitimidade, não há autoridade, e sem autoridade tudo resulta num teatrinho de intermináveis formalidades. As pessoas do povo em geral já não disfarçam o cansaço com a desfaçatez que de há muito estamos vivenciando.

Do mesmo modo como a política de juros altos não pode ser o único remédio para o controle da inflação, também o Código Penal não pode ser a única saída para o enfrentamento da violência.

A criminalidade a ser combatida não é apenas a das ruas, das praças, das favelas. Não podemos perder de vista a criminalidade do conluio, da cumplicidade, do silêncio; a criminalidade engravatada, exatamente aquela do malandro "que nunca se dá mal", conforme os versos de Chico Buarque de Holanda:

"Agora já não é normal / o que dá de malandro / regular, profissional / malandro com aparato de malandro oficial / malandro candidato a malandro federal / malandro com retrato na coluna social / malandro com contrato / com gravata e capital / que nunca se dá mal".[1] É o malandro que não bate carteira até porque o Zé do Povo já nem a usa mais, à falta do que nela guardar; é o malandro que não troca tiros com a polícia, até porque não atua nas ruas nem nos morros; é o malandro que, com mandato político ou não, consegue ficar cada vez mais parceiro da arrecadação tributária porque tem sempre um coleguinha pelas adjacências dos cofres públicos. É o malandro "que nunca se dá mal".

O desenvolvimento de um país não se realiza em meio à corrupção, no tripúdio ao sofrimento de um povo subjugado por altas taxas de juros, por uma das maiores cobranças de impostos do mundo, a contrastar com um orçamento público que mal se agüenta para os serviços das dívidas e para o custeio da engrenagem estatal. O pacto federativo precisa ser de verdade. O Estado, enquanto gerente do bem comum, precisa de novo formato, de novas agendas, de outras ações.

Não vai ser num "clima de fim de feira moral, de desesperança, de indignação, de salve-se-quem-puder, tudo ao mesmo tempo", como bem definiu Ricardo Kotscho[2], referindo-se a estes nossos últimos dias de paupéria[3]. O povo brasileiro, que é todo, em si, íntegro, trabalhador, honesto, ético, envergonha-se quando percebe que está sendo enganado por quantos, malandramente, conseguem mandatos políticos e, malandramente, passam a atuar no seu nome. Não sendo tais políticos pessoas honradas, não têm como honrar a representação. Aliás, nem precisam, até porque os seus compromissos são outros e com outros igualmente malandros.

Os nossos políticos, na grande maioria, felizmente pessoas do bem, precisam se acertar com a Nação. Sem corporativismos, sem conluios de nenhuma espécie, precisam reagir logo com normas legais rígidas de procedimentos sumários contra a impunidade triunfante. A impunidade não pode continuar fazendo troça da sociedade. Sendo o Congresso Nacional o grande templo onde se louva e se afirma a democracia, a Nação exige que sejam expulsos, o quanto antes, os vendilhões do templo!

Não há que haver condescendência. Não há que haver proteção. Proteção se dá é a vítima de injustiça; a quem sofre constrangimento ilegal por abuso de poder. Nas ditaduras, isso se justifica se a vítima, pessoa honrada, é perseguida pelas suas idéias políticas. Nas democracias, não. Nas democracias, é possível distinguir a impunidade da imunidade. Nas democracias, é dever da Justiça pública perseguir os acusados de qualquer crime, inclusive os crimes lesivos aos cofres públicos.

Nas ditaduras, sim, como na última que tivemos, são louváveis as proteções, quando dirigentes do Senado e da Câmara deram cobertura a fugas para o exílio de parlamentares perseguidos não por ações desonestas ou imorais, mas por suas idéias políticas. Jornalistas perseguidos foram encontrar proteção e trabalho nas redações de Roberto Marinho, de Nascimento Brito, de Victor Civita, de Julio de Mesquita Filho e de Octavio Frias, dentre outros. Professores perseguidos encontraram asilo e trabalho aqui, na Universidade Cândido Mendes

Ultrapassar um século no serviço dedicado à mesma causa, recebendo sempre o reconhecimento das pessoas de bem – e elas constituem, felizmente, a esmagadora maioria neste país –, já diz tudo no aplauso ao que esta Universidade e aos que a fazem têm realizado pela democracia no Brasil.

Não servem ao regime das liberdades públicas as escolas cujos mestres ignoram ou desprezam princípios tão essenciais à Democracia e à República – como o da igualdade de todos perante a lei; o do devido processo legal; o do direito à ampla defesa; o do respeito à propriedade privada; o do ato jurídico perfeito, no caso o da garantia e do respeito aos contratos; o do direito adquirido; o do trânsito em julgado.

Nosso povo tem uma longa história de lutas e conquistas democráticas. Estamos aprendendo agora, depois do longo arbítrio, que a democracia não prospera nas suas promessas se a sociedade se distancia nas ações e nas cobranças perante o Estado.

O último relatório do PNUD[4] sobre a democracia na América Latina conclui que o Brasil tem menos democratas que a média de todo o continente. A pesquisa envolveu dezoito países, com o objetivo central de medir o grau de comprometimento das populações com os princípios democráticos.

O Brasil, nessa pesquisa, está no 15º percentual de população considerada democrata. Apenas 30,6% dos brasileiros se enquadram nessa classificação, contra 71,3% dos uruguaios, aliás, segundo a pesquisa, os mais democratas do continente. O Brasil fica à frente apenas do Equador, do Paraguai e da Colômbia.

Outra pesquisa do PNUD, divulgada em julho do ano passado, ainda nos espraia perplexidades: 59% dos brasileiros não sabem o que é democracia. Ou seja, ignoram o significado de democracia. E agora, pasmem! Outros 54% apoiariam um governo autoritário se isso resolvesse os problemas econômicos.

Ficou provado, assim, que, em matéria de querência democrática, estamos abaixo até mesmo de El Salvador, da Colômbia e da Guatemala. Registre-se que em El Salvador e na Guatemala ainda não cicatrizaram direito as feridas das suas longas guerras civis e que a Colômbia de há muito se embate, dividida, no seu território, entre a autoridade do Estado de Direito e o mandonismo de grupos terroristas e guerrilheiros.

E o que esperar do Estado brasileiro quando a sociedade desconfia cada vez mais dos homens públicos? Segundo o Ibope, numa pesquisa concluída no último mês, 87% dos brasileiros não confiam nos nossos políticos.

Na pesquisa do PNUD, no ano passado, os militares brasileiros tinham 38% de confiança da população, acima, portanto, do Executivo e do Judiciário (25%) e do Legislativo (23%).

Até os bancos, com os juros altos, apareceram com mais credibilidade do que cada um dos três Poderes (36%). Partidos políticos, então, nem falar: 23% de confiança da população. Mas isso no ano passado...

Por que será que a confiança maior hoje, exatos 75%, está com os militares? Essas duas constatações somam um excelente enredo para conclusões simples, mas preocupantes. É que, quanto mais a imagem dos políticos, no geral, salvo exceções, vincula-se à inoperância e à corrupção, mais o tempo tange para o esquecimento as atrocidades da ditadura militar.

E entre os que não fazem e, dizem por aí, só dão maus exemplos e os que, mais eqüidistantes, mostram-se comprometidos com a ordem e com a disciplina, com a defesa das instituições democráticas e com a defesa das fronteiras da Pátria, logo a tendência do povo é apoiar os que projetam os bons exemplos.

Então, precisamos cuidar melhor da democracia. Precisamos combater a sonegação fiscal, a pirataria, o tráfico de drogas, o contrabando de armas, a lavagem de dinheiro. Precisamos trazer para a legalidade a chamada economia informal, que não assina a carteira do trabalhador nem paga imposto. Se conseguirmos que todos saiam da economia informal e se juntem aos que, na economia, não têm problemas com a legalidade, somaremos uma arrecadação maior; assim, será possível reduzir, de pronto, as alíquotas dos impostos.

Só com justiça tributária, todos pagando pouco e a arrecadação somando mais, será possível apresentar ao país um orçamento forte, suficiente para responder aos compromissos do Estado e às promessas da democracia para com a sociedade. Para cada problema há que haver uma solução simples e barata. Mas mesmo essas soluções simples e baratas não se materializam quando não existe dinheiro.

Está na moda mirar a China. A despeito das nossas divergências quanto à predominância totalitária nas suas instituições, o Estado funciona, o governo trabalha, a sociedade participa. E o que é que tem a China para justificar tanto crescimento, para sair mundo afora com tanto dinheiro na mão bancando investimentos? A China tem muito o que nem de longe temos; a China tem reservas, tem dinheiro vivo.

Quando o presidente Lula tomou posse, encontrou 17 bilhões de dólares no cofre das reservas. Isso é muito? É pouco? Economistas já calcularam que equivale a pouco menos de 10 dias de PIB. Daí que os nossos companheiros Palocci e Meirelles[5], se ocuparam, desde o início, em segurar o dinheiro destinado a investimentos na área social. Tudo para se alcançar a meta de 60 bilhões de dólares em reservas. E eu não sei lhes dizer agora como é que isso está indo.

Nesse meio-tempo a China atravessa o mundo nadando de braçadas, porque tem mais de 600 bilhões de dólares só em reservas. É claro que as condições e sedimentações sociais e políticas da China são muito diversas das do Brasil. Mas o exemplo serve para nos manter atentos a que não percamos de vista a necessidade de medidas gerais para o incremento das nossas reservas.

Por isso, a importância de políticas públicas que nos induzam, a nós todos, pessoas físicas e jurídicas, a uma conscientização contra os desperdícios, de modo que possamos, numa ação coletiva permanente, ampliar, e para muito, as nossas reservas. Esse é um assunto com o qual as nossas universidades devem se ocupar, pesquisando, debatendo, formulando proposições.

Tenho sustentado a opinião de que a questão agrária não se resolverá no confronto com o direito à propriedade privada. Essa é uma questão que só não é a mais antiga no Brasil porque aflorou logo após a queda do Império, enquanto a reforma do Judiciário vem sendo discutida desde o Império. Na coletânea de pronunciamentos do senador Cândido Mendes (1871 a 1873), volume dois, há um anexo (páginas 894 e seguintes) cujo título é exatamente este: Reforma do Judiciário.

Vejam quanta atualidade nesta intervenção do senador Nabuco de Araújo:

"Felizmente, senhor Presidente, vai propor-se por esta lei de origem humana, e não era preciso esta prova, porque todos sabemos que as paixões políticas e os interesses exclusivos foi que a determinaram; sabemos o sangue e as resistências que ela produziu; que, tornando-se a causa da opressão deste povo, concorreu ela principalmente para que ficasse desmentido aos olhos do mundo o nosso regime constitucional, absolutamente incompatível com ela."

Naquele tempo, já se cuidava de garantias individuais como o *habeas corpus*, por exemplo. Já se falava sobre exigências mais rígidas para o ingresso na magistratura. Já se defendia o princípio da súmula vinculante, quando se estabelecia que as decisões de instâncias superiores não poderiam ser contrariadas pelas instâncias inferiores.

A reforma do Judiciário prossegue, em discussão, até hoje. E é bom que nunca se deixe de falar nisso, pois Justiça precisa e precisará sempre de reformas, de atualizações profundas nos seus procedimentos.

Quanto à reforma agrária, é importante que nunca deixemos de afirmar que ela só se realizará se for pela lei. Nunca pela força, com invasões da propriedade privada e governos inoperantes ou omissos fazendo vista grossa, não comparecendo com a justa indenização.

Com regras mais flexíveis para o usucapião rural ou urbano, será possível legalizar a situação patrimonial também dos moradores dos morros e das favelas. Outros países da América Latina já estão fazendo isso. E por que não o fazemos? Tudo com seriedade, com responsabilidade, sem populismo. Para a subnutrição, centrais de proteínas.

Importante lembrar que, civis, militares ou eclesiásticos, somos todos brasileiros. Nossas mazelas, até quando? O quando não vai demorar. Só dependemos agora de mais efetivos para a Polícia Federal, que precisa ampliar o seu quadro para, no mínimo, mais vinte mil, entre agentes, delegados e peritos criminais. Precisamos de mais membros no Ministério Público Federal e de mais juízes federais, em quantidade correspondente a, pelo menos, o triplo do atual contingente.

Vamos ter que interiorizar mais as ações da Polícia Federal, do Ministério Público Federal, da Justiça Federal. Os mecanismos da União Federal de apoio à sociedade e de garantia do dinheiro público e do patrimônio das pessoas não se estendem com eficácia ao interior do Brasil. E é para o interior que o crime está indo, que o bandalho das licitações de araque está migrando. Não havendo punição a tempo, quem manda é a impunidade.

Muito do nosso dinheiro, arrecadado dos nossos incontáveis sacrifícios para os cofres públicos, não chega à destinação orçamentária. Estima-se hoje que algo em torno de R$72 bilhões são desviados dos cofres públicos. Isso equivale a sessenta vezes mais que todo o investimento do Governo só no setor dos transportes, no ano passado[6]. Estudos do Banco Mundial indicam que, num país corrupto, os investimentos saem, no mínimo, 20% mais caros.

O retrato moral do mundo de hoje, o Brasil incluído, até supera o quadro de decadência que o apóstolo Paulo descreveu sobre os romanos do seu tempo:

> "Estão cheios de toda sorte de injustiça, de perversidade, de cupidez, de maldade, cheios de inveja, de homicídios, de brigas, de dolo, de depravação, são difamadores, detratores, inimigos de Deus, provocadores, orgulhosos, fanfarrões, astutos para o mal, rebeldes contra os seus pais, sem inteligência, sem lealdade, sem coração, sem compaixão"
> [*Romanos*, I, 29-31]

Nossa sociedade se entredevora feroz em apetites egoísticos. Ficam em segundo plano a fraternidade e a paz entre os homens. É como se todos se digladiassem na luta insana para esmagar o próximo, fazendo tábula rasa da solidariedade, que até os irracionais manifestam em sua vida coletiva.

É oportuna a advertência do poeta Moacir Félix:

> "No Brasil, o poema drapeja em suas lanças
> a mais sagrada das fúrias, a do homem
> condenado a morrer vivendo longe
> da sua mais própria identidade." [MF, 1981]

É hora de restaurar valores eternos, que se julgam superados, mortos, enterrados. A História, que Cícero chamava de "a professora da vida" (*magistra vitae*), está aí para nos recordar exemplos de superação de momentos críticos, nos quais a nação se reencontra e ganha forças para vencer as dificuldades.

Recordo o presidente Roosevelt no seu discurso de posse, em 1933, até hoje considerado o melhor da sua carreira. Em menos de duas mil palavras, ele injetou na nação norte-americana, enfraquecida e dividida pela Grande Depressão, palavras que a ajudaram a reerguer-se e a encarar o futuro com confiança. São suas palavras:

> "Os manipuladores do dinheiro fugiram de suas altas cadeiras no templo de nossa civilização. Podemos agora restaurar esse templo segundo as antigas verdades. Haverá um fim à especulação com o dinheiro dos outros. Sou favorável, como norma prática, a pôr as primeiras coisas na frente. E nossa primeira e principal tarefa é colocar o povo a trabalhar." (*Roosevelt e Hopkins – Uma História da Segunda Guerra Mundial*, de Robert E. Sherwood, Ed. UniverCidade / Nova Fronteira, pág. 56).

No Brasil, vemos o Poder Executivo paralisado por um Estado mastodonte, incapaz de cumprir os seus deveres elementares e de atender aos reclamos essenciais da população; o Legislativo, dividido entre a sua missão maior de elaborar as leis da democracia representativa e o emaranhado de lutas políticas e partidárias intestinas.

Apesar dos seus problemas e falhas, só o Poder Judiciário ainda pode inspirar à sociedade a confiança de que ela tanto necessita. O Poder Judiciário emerge, neste momento, como uma luz na escuridão, uma chama de esperança para os que ainda crêem na força do Direito, no respeito às leis e aos contratos legitimamente firmados, na garantia das liberdades individuais.

Ontem, diante do arbítrio, a História nos cobrou a coragem de resistir. Resistimos e vencemos. Hoje, na democracia, a mesma História nos cobra atitudes, resgate de princípios, lealdade a valores, muitos dos quais até esquecidos. E é a História que molda o caráter de um povo, que dá consistência a uma Nação.

Devemos, portanto, aprender com as lições da História. Ela nos ensina que o país não se compadece dos covardes, dos acomodados, dos conformados, dos que insistem na defesa dos seus privilégios em detrimento da democracia e da cidadania. O que a História afinal nos ensina é que não devemos ter medo. E o povo brasileiro não terá medo.

Notas

[1] Chico Buarque de Hollanda, "Homenagem ao Malandro", in *Ópera do Malandro*, gravadora Polygram/Philips (838516-2), 1993.

[2] Ricardo Kotscho, jornalista, ex-secretário de Imprensa do presidente Luiz Inácio Lula da Silva, *in* Revista VEJA, 1º de junho/2005, pág. 47.

[3] Referência a Torquato Neto, poeta, um dos artífices do movimento tropicalista, que, juntamente com Gilberto Gil, Caetano Veloso, Tom Zé, Capinam, dentre outros, desafiou a lógica política do regime militar implantado em abril de 1964. Sua primeira coletânea de textos tinha este título: *Os Últimos Dias de Paupéria*, que vamos conseguir mudar, para melhor, mas para melhor mesmo, este país.

[4] Programa das Nações Unidas para o Desenvolvimento, que atua em toda a América Latina e tem escritórios no Brasil.

[5] Antonio Palocci, Ministro da Fazenda e Henrique Meirelles, Presidente do Banco Central do Brasil, ambos desde o início do Governo Lula.

[6] Revista *Veja*, 25.5.2005, pág. 47. Diz ainda *Veja* que a redução de apenas 10% no nível de corrupção aumentaria em 50% a renda *per capita* do brasileiro num período de 25 anos.

No mesmo barco*

Estando os capitais à solta no mundo, agora mais que antes, é natural essa ansiedade entre países por mais investimentos.

O Estado não pode resolver sozinho todos os problemas sociais.

Só as forças do capital e do trabalho, unidas em esforços empreendedores, podem atiçar novas esperanças e em parceria com o Estado assegurar melhores condições para o bem-estar social.

Nossos compromissos hoje transcendem os limites da burocracia processual, que, solapando o nosso tempo de juízes, nos reduz à condição de enxugadores de gelo.

Não é isso o que a República quer. Não é disso que o povo precisa. O Judiciário, nas democracias, sendo parte inseparável do poder do Estado, não pode ignorar seus compromissos com a governabilidade. Estando em perigo a governabilidade, em perigo estará sempre a democracia.

Vencidos os desafios ideológicos do último século, para onde queremos ir agora, nós todos da América do Sul? Para a desintegração, para a absorção ou para a integração? Para o Mercosul, opção de integração regional autônoma, ou vamos ficar quietos, esperando um colapso após o qual só restará a absorção através da Alca?

---

* Abertura do 1º Encontro sobre a Reforma Judiciária na América do Sul, em Brasília, em 25 de novembro de 2004.

Já não falamos muito, tanto quanto antes, na crise da dívida. Mas sabemos o quanto dói ainda ter que vender títulos públicos no mercado de dólar, apenas para garantir o pagamento de juros.

Do que se arrecada hoje, na América do Sul, em impostos, taxas e contribuições, não sobra nada para investimentos. Tudo ou quase tudo vai para o custeio da máquina pública, cara e ineficiente, e para o pagamento dos juros das dívidas interna e externa.

Mercosul ou Alca, os dois ao mesmo tempo ou não, a verdade é que não podemos perder de vista os desafios que teremos que vencer para a nossa completa integração. As realidades da economia, portanto da produção e do comércio, passam hoje, todas elas, inarredavelmente, pelo Judiciário.

Onde há segurança jurídica, os capitais aportam e demoram. A economia cresce. Diminui o desemprego. Aumenta a arrecadação. Melhora a classe média. Os direitos e vantagens da democracia chegam aos pobres, alcançam a todos. Onde o Judiciário funciona a contento, a economia cresce, em média, 3% ao ano. Onde não funciona bem, como no caso de alguns dos nossos países, inclusive o Brasil, a perda em termos de PIB (Produto Interno Bruto) chega a 20% ao ano. É uma catástrofe não-perceptível a olho nu, mas é uma catástrofe.

Estamos aqui para aprender uns com os outros. Estamos aqui para fortalecer a nossa união. Todos nós sabemos que só a união faz a força. E nessa nova guerra, do desenvolvimento contra a pobreza, triunfaremos. Porque, estando unidos, estamos fortes, e estando fortes, o atraso social não nos vencerá.

Um sonho sonhado*

Nós também, aqui da Ibero-América tivemos um sonho.
Sonhamos que em nossos países não haveria mais desempregados perambulando, pedindo esmolas, morando nas ruas, vivendo como cães sem dono que se alimentam dos restos no lixo, que dormem ao relento, onde o sono os abate.

Sonhamos que em nossos países não haveria mais fome.

Sonhamos que não haveria mais crianças sem escolas, enfermos sem hospitais, mãos e mentes sem trabalho, as pessoas sem ter onde morar. Sonhamos com a paz e o progresso – estradas trafegáveis, portos e aeroportos no intercâmbio de riquezas do trabalho comum.

Sonhamos que em nossos países não haveria mais exclusão social. Sonhamos com qualidade de vida.

Justiça e Direito, tema deste nosso encontro, têm tudo a ver com o Estado do nosso sonho. Um Estado mais igualitário que assegure oportunidades a todos. Um Estado verdadeiramente democrático. Um Estado de bem-estar social.

Jose Martí, o grande inspirador da nação cubana, dizia que os sonhos de hoje são as realidades de amanhã. Estamos aqui despertados

---

* No II Encontro Internacional Justiça e Direito, em Havana, em 9 de junho de 2004.

para as nossas realidades no nosso continente, mas muito atentos ao que transcorre no resto do mundo.

Como canta Gilberto Gil, ministro da Cultura no Brasil:

– Oh mundo tão desigual!

Nossa função de magistrados é enfrentar, diante de cada caso, a teimosia das desigualdades. Onde predomina a igualdade há mais chance para a justiça. Mais chance para a paz social. Mais chance para o progresso. Mais chance para o sonho de se viver a vida com qualidade de vida.

Nós, do Brasil, temos com Cuba relações históricas de firme fraternidade. Quando se instaurou, em abril de 1964, a longa noite de trevas, apunhalando as liberdades públicas, ser amigo de Cuba passou a ser crime. Simpatizar com Cuba dava cadeia. Isso porque se fazia aqui, como ainda se faz, uma Revolução. Em março de 1985, fez-se a luz. Caída a ditadura militar, e nosso primeiro presidente civil José Sarney restabeleceu, no ano seguinte, as relações diplomáticas entre Brasil e Cuba.

Temos hoje um acervo muito positivo decorrente desse entrelaçamento. O Brasil tem posição contrária ao embargo a Cuba. Entende que o embargo contraria os princípios do Direito Internacional. Não pode haver aplicação unilateral de um País, com fins políticos, de sanções de natureza econômico-comercial.

O Brasil é contra a aplicação extraterritorial de normas legais nacionais e condena a Lei Helms-Burton, dos Estados Unidos, que pune empresas estrangeiras que negociem com Cuba. Na ONU, o Brasil tem votado a favor das resoluções que exortam os Estados Unidos a suspenderem o embargo contra Cuba.

O Brasil tem cooperado com Cuba para atenuar os efeitos do embargo norte-americano contra o povo cubano. Temos uma lei de assistência alimentar a Cuba prevendo a doação de estoques públicos de alimentos até vinte mil toneladas. Temos concedido crédito para a aquisição de produtos alimentícios brasileiros.

Registre-se que algumas personalidades do novo governo do Brasil, como o ministro José Dirceu, ficaram exiladas em Cuba durante a ditadura militar.

Nossa cooperação se estende agora, também, na esfera da Justiça. Temos acordos no combate ao crime organizado, ao tráfico de drogas, à lavagem de dinheiro, ao contrabando de armas, à pirataria.

Temos nos reunido constantemente, em nossa comunidade ibero-americana, na discussão e busca de soluções para os nossos problemas comuns na administração da Justiça, na modernização dos procedimentos visando reduzir, ao máximo possível, a morosidade judiciária.

E agora estamos novamente juntos neste evento internacional sobre Justiça e Direito. Trazemos em contribuição a nossa experiência e os nossos novos planos, que estamos a sonhar. Trazemos, na humildade dos que querem sempre aprender, a nossa gratidão pelo que cada país, aqui representado, tem a nos ensinar.

Qual povo não sofreu por enganosos começos? Nós mesmos, no Brasil, tivemos décadas de enganosos começos. Como chegaremos ao rumo certo, a um destino seguro? Apegando-nos à verdade e nos submetendo aos incômodos das verdades.

Sim, a verdade incomoda. Mas será sempre melhor assim. As ilusões se perdem, as fantasias nos põem a perder. Só os sonhos bem sonhados não se perdem nem nos põem a perder. Os sonhos bem sonhados estão sempre mais próximos da verdade.

Por isso é que a verdade não pode ser distanciada. Não podemos perdê-la de vista. Sigamos firmes para a realidade dos nossos sonhos.

Sigamos juntos nos nossos sonhos de unidade, fraternidade, justiça, liberdade e exercício firme, nos nossos países, da autodeterminação a que todos os povos do mundo têm direito.

A resistência*

Minha primeira homenagem às mulheres que aqui representam Honduras e El Salvador. Há uma década não se imaginava que as mulheres da Ibero-América fossem conquistando a golpes de talento os seus espaços nos campos das lutas pelos seus direitos de há muito conquistados, mas por muito tempo renegados. Aqui estão duas mulheres presidentes das Cortes e dos Conselhos de Justiça de dois países. Daqui a pouco veremos que outras mulheres virão juntar-se a nós e nunca serão a mais. Daqui a pouco nós, homens, é que estaremos a menos. E será muito bom quando isso acontecer. Assim, poderemos descansar...

A homenagem seguinte é a Portugal, nossa pátria-mãe, que nos legou o continente que somos, um povo unido pela mesma língua, senhor das grandes tradições de lutas e de civismo. Saúdo Portugal, aqui representado pelo magistrado Jorge dos Santos, lembrando o verso de um poeta angolano, Ruy Guerra, que referindo-se ao Brasil disse: "Ah, esta terra ainda vai cumprir seu ideal. Ainda vai tornar-se um imenso Portugal". Aliás, Jorge, a maior obra de Portugal e que, fora de Portugal, vocês podem exibir para o mundo, é o Brasil.

---

* No III Encontro Ibero-Americano de Conselhos da Magistratura, em Zacatecas, no México, em 25 de outubro de 2002.

Há quatro décadas fomos avisados por Marshall MacLuhan de que, com os avanços da tecnologia das comunicações, o mundo se resumiria a uma aldeia global.

Parece que não prestamos muita atenção nisso.

A globalização, com seus impactos negativos e positivos, não chegou ao nosso mundo como se fosse uma grande surpresa.

Agora, eis-nos aqui nesta aldeia global, à mercê de muitos caciques, caciques políticos, outros caciques financeiros, o maior deles um quase semideus, o já famoso, o poderoso, o muito temido e insensível semideus mercado.

É ele, o mercado, que num teclar de computador derruba bolsas de valores, derrota planos econômicos internos, remaneja em minutos bilhões de dólares de um país para outro, numa voracidade insaciável de lucros, indiferente ao fato de que agindo assim só espalha a miséria, amplia a exclusão e as desigualdades, arruinando as democracias, instigando a violência, o terrorismo, as guerras enfim.

Ora, a liberdade dos mercados não pode transpor as fronteiras das liberdades democráticas. Sem democracia não há mercado livre, atuante e seguro, operando o capital que não será mais do que uma grande droga nociva se não tiver compromisso com o social. E o pilar garantidor dos direitos de todos na democracia é o Poder Judiciário.

Nossos desafios, portanto, não se encerrarão somente com as renegociações das dívidas, que, no dizer de Enrique Baquerizo, representante do Panamá, não são apenas externas, são eternas. Em muitos países, as dívidas internas são maiores que as dívidas externas. Isso porque, quando a especulação dos mercados desequilibra o câmbio, subindo o dólar e desvalorizando as moedas locais, o endividamento dos governos cresce na mesma proporção assustadora, da noite para o dia. Cada um de nós, certamente, tem dentre os seus maiores problemas os endividamentos externos, internos, e também o mais grave deles, o endividamento social.

Não há problema que se resolva civilizadamente num espaço que não seja o do Estado de Direito Democrático. Fora da legalidade democrática, legalidade com legitimidade, fora desse espaço, só há a barbárie, a violência, o vandalismo, a vitória da força sobre a razão, a corrupção se impondo sobre a moralidade, a exclusão social, as camarilhas assumindo ou se mantendo nos poderes dos Estados, a pobreza e as injustiças humilhando os povos.

Portanto, o nosso desafio é afirmar a democracia em nossos países não apenas como promessa inscrita em nossas Constituições. Não como uma concessão, mas como uma vitória de cada dia.

É no Judiciário, enquanto Poder independente num Estado de Direito Democrático, que se resolvem todas as demandas sociais, conforme os princípios da igualdade e do devido processo legal. O mercado predador, com os seus capitais especulativos, só terá espaço, oxigênio e força para fazer vítimas onde não houver democracia de verdade, onde um Estado de Direito Democrático não for forte, tendo como salvaguarda um Judiciário independente e sem morosidade.

Nós, juízes, não podemos nos desvencilhar de nossos compromissos constitucionais. Não podemos fazer de conta de que não vemos de que não ouvimos, de que não sabemos de nada, sempre que a ordem constitucional e seus princípios afirmadores dos direitos e das garantias individuais e, ainda, os princípios da igualdade de todos perante a lei e do devido processo legal estiverem ameaçados. Zelar pela ordem legal, buscando realizar a Justiça, é o dever nosso de cada dia.

Nossa união continental, fortalecida em encontros como este, aqui em Zacatecas, neste México de grandes histórias de lutas e de grandes bons exemplos de seus muitos heróis, nossa união será sempre a trincheira da resistência e dos avanços da democracia contra as forças da dominação, incansáveis no serviço e sob as ordens dos capitais especulativos, das paranóias bélicas de qualquer matiz, da negação dos direitos humanos.

Por último, louvo a prudência, a experiência, o desprendimento e o equilíbrio do nosso presidente nesta cumbre, Don Genaro David Góngora Pimentel, muito digno Presidente da Suprema Corte de Justiça do México.

O Brasil sente-se muito honrado por ter sido escolhido para falar em nome de todos os países nesta solenidade de encerramento. Grato pela atenção e respeito com que me ouviram. Vamos continuar trabalhando juntos.

Uma nova fronteira*

Estamos aqui reunidos com uma mesma preocupação: a insolvência na América Latina.

Somos um continente com ilimitados desafios e infindáveis esperanças. Somos centro de produção e somos mercado de grande consumo. Aqui há futuro certo para tudo. É só querer investir.

É certo que alguns obstáculos, todos removíveis ainda assustam. A insolvência, por exemplo. Claro. Ninguém vai querer investir onde há risco de calote. A insolvência é irmã gêmea do calote.

Preocupação de todos nós aqui, a insolvência, é causa ou conseqüência? É causa de atraso quando, assustando os investidores, inibe a economia, congela o desenvolvimento. É conseqüência do atraso na medida em que a economia, tendo que se deter em políticas profiláticas, acaba se ancorando nos juros altos, por exemplo, e isso aumenta o endividamento, generaliza a inadimplência, deprime os circuitos de produção da produção, provoca insolvências, conspira firme contra o crescimento e contra a democracia.

O Brasil começa a entender que o Estado, poder público, não pode dispensar a parceria do Poder Judiciário. Essa parceria resultará mais

---

* Na abertura do Fórum Global de Juízes, promovido pelo Banco Mundial, no Rio de Janeiro, em 6 de junho de 2004.

eficiente na medida em que os outros Poderes – Executivo e Legislativo – compareçam em ajuda concreta para a modernização do Judiciário, o qual precisa vencer a morosidade dos seus procedimentos; mostrar-se mais previsível, por conta de jurisprudência mais firme, menos variável; exercer sua autoridade de forma suficiente a garantir, por inteiro, a correta execução, o fiel respeito aos contratos.

Estamos nós agora, no Judiciário, inaugurando uma nova fronteira, um novo tempo para mudanças audaciosas, por isso até incômodas para os quantos que vivem até aqui tirando proveitos indevidos das nossas mazelas. Estamos iniciando um ambicioso projeto de modernização e reformas para que a nossa democracia se fortaleça, e assim fortalecendo, por conseguinte, o Estado brasileiro, na dimensão harmônica dos três Poderes, para que possam todos, do mundo inteiro, se interessar de forma mais confiante e segura pelas grandes oportunidades de investimentos mais duradouros no nosso país.

Ainda bem que, não obstante os remédios amargos das medidas profiláticas da economia, estamos indo bem. A que custos sociais, de exclusões sociais, Deus sabe. Nada, porém, afeta a nossa credibilidade internacional.

Ainda bem que estamos todos nós aqui, juízes das várias partes do mundo, nos encontrando para aprender uns com os outros, compartilhando experiências, dividindo preocupações, buscando soluções comuns para essa angústia geral – a insolvência.

Justiça

Idéias para ontem*

Sei que a certeza tange a idéia de eterno. Nada é eterno, nada é para sempre. A certeza também é efêmera, vive à custa dos seus momentos. Momentos como este.

A certeza deste momento de agora, nestas homenagens que me rodeiam, este templo da Justiça com o meu nome, me faz crer na sinceridade geral de tudo isso.

E eu a celebro com a alegria de quem não cabe em si de tão contente e a recebo como um troféu, um reconhecimento, a reparação possível a quem teve que viver tantas.

Eu a recebo como um aplauso a quem, como eu, passou por tantas, teve que sofrer tantas, sobreviveu a tantas e, não obstante, se mantém vivo e muito firme na mesma conduta retilínea.

A vantagem que levo é a de poder mostrar, pelo exemplo, que, por mais injustas e pesadas que sejam as sofrências, nada é melhor do que o viver com dignidade e decência.

No nosso caso, enquanto juízes, temos é que viver sendo isso mesmo – criaturas teimosas querendo estar sempre ao lado de Deus, instrumentos da Sua vontade buscando a verdade, operários do bem,

---

* Na inauguração do Fórum Ministro Edson Carvalho Vidigal, de Chapadinha/MA, em 09 de maio de 2003.

aprendizes incansáveis do interminável exercício de viver, artesãos da tolerância e da compreensão, serviçais da paz, operadores do Direito, realizadores da Justiça.

Ao lado do diabo não são poucos os que se alistam. E, em todos os espaços da sociedade lá estão eles, ocupados em fazer o mal. Arrogantes, humilham os humildes. Falsos e interesseiros, bajulam os poderosos de cada momento.

Não pagam o salário justo ao trabalhador. Perseguem os que têm opiniões divergentes e agridem-nos na integridade física e muito também na honra. Sonegam impostos, ignoram obrigações fiscais. Furtam o dinheiro público. Desafiam as leis e os juízes.

Agem assim, a serviço do mal, porque confiam na impunidade. Ora, se não temem as leis de Deus, por que irão aceitar as leis dos homens?

As leis e os homens estão aí sendo a cada instante mais desafiados. Em sua cartilha de deveres, o Estado já não soletra a palavra da sua autoridade, perde na admiração de uns tantos, decai no respeito de quase todos.

Devemos insistir na necessidade de reforma global do Estado. Com instituições pesadas, ultrapassadas, formalistas demais, o Estado nunca será, plenamente, de Direito Democrático.

Estado de Direito Democrático pressupõe um Estado efetivamente organizado, com instituições sadias, mecanismos ajustados, um Estado forte o suficiente para defender a sociedade contra os criminosos de todos os matizes.

Todos nós temos queixas e reclamamos da lentidão do Poder Judiciário, das suas possibilidades procrastinatórias, da ineficácia que acaba se impondo sobre a maior parte de suas decisões.

Todos nós queremos um Judiciário ágil, com respostas prontas, imediatas, um Judiciário realizador da Justiça a todos que reclamam em defesa dos seus direitos.

Mas por que a Reforma do Judiciário se arrasta no Congresso Nacional há mais de dez anos? Por que o projeto de Lei Orgânica da Magistratura, encaminhado pelo Supremo Tribunal Federal, está esquecido na Câmara dos Deputados há mais de dez anos? Eu também não sei exatamente por quê.

Mas só essas demoras já nos servem para pensarmos em outras alternativas em termos de Reforma do Judiciário. Por exemplo, reduzirmos a não mais que dez emendas as alterações no plano constitucional, remetendo-se o demais para a legislação complementar.

Para as questões inerentes apenas à Magistratura, uma nova Lei Orgânica da Magistratura contendo em anexo um Código de Ética dos juízes.

Uma outra lei complementar cuidaria unicamente das questões referentes à administração e à realização da Justiça; sim, porque não podemos confundir interesses corporativos da Magistratura com interesses do Poder Judiciário, instituição estatal destinada a dizer o Direito mas sem perder de vista que o seu serviço é realizar a Justiça e, assim, fortalecer a cidadania.

As demais questões teriam sede própria na legislação ordinária. E aí é imperativo que se reduza o número de recursos para que o processo deixe de ser moroso e as decisões judiciais possam ser, num tempo mínimo, conclusivamente terminativas. A execução da decisão não pode se prestar a que se comece tudo de novo.

A ação rescisória não pode empurrar a causa por décadas e décadas, como tem ocorrido. Há um caso no STJ em que uma viúva discute, há vinte anos, com um grande banco o reajuste do aluguel de um prédio. A viúva ganhou todas, mas até hoje ainda não levou nada.

Precisamos urgentemente de uma Lei Especial Processual Penal com prazos menores e tudo de modo a que os criminosos do tráfico de drogas, do contrabando de armas, da lavagem de dinheiro e da pirataria das marcas, patentes e direitos autorais não possam ser processados e julgados sob a lentidão e os privilégios dos mesmos ritos com que são processados e julgados os delinqüentes comuns.

Nosso Direito Processual Penal se monta em regras originárias que datam do começo do último século, quando o Brasil ainda era um sossego rural e uma promessa de conforto urbano, de segurança e paz nas cidades.

A segurança pública hoje é uma calamidade pública como as enchentes dos rios que arrastam ao flagelo do desabrigo e das doenças as populações ribeirinhas; como os deslizamentos dos morros que soterram casas e seus moradores; como um vulcão que desperta calmo mas raivoso ou como um terremoto que chega quebrando tudo sem avisar nada.

Só que isso tudo é sazonal, não é freqüente. Vulcão e terremoto, nem os temos. Temos sim a insegurança permanente, esse estado de calamidade pública permanente.

O que se passa hoje no Rio de Janeiro é só um aviso a todo o país. Se o crime organizado dominar o Rio de Janeiro, que ainda é um grande tambor do Brasil, logo se espraiará mais firme pelo que ainda restará de país.

Tenho aqui uns números impressionantes.

Num país de tanto desemprego, o tráfico de drogas ocupa hoje, segundo o IBGE, o lugar de maior empregador de jovens entre 11 e 18 anos de idade no Rio de Janeiro. Nessa mesma faixa, apenas 1,1% (pouco mais de três mil jovens) têm emprego legal, regular.

Em São Paulo, 15% dos jovens infratores são presos por problemas com tráfico de drogas. No Rio de Janeiro, esse número sobe para 70%.

O tráfico de drogas atua de forma organizada como grande empresa, treinando jovens e pagando-lhes salários que nem a iniciativa privada nem o Estado conseguem pagar.

Por exemplo, os seguranças dos pontos-de-venda, conhecidos como "soldados", recebem, em média, R$600,00 por mês. Eles são mais de três mil jovens, entre 15 e 16 anos, nesse serviço.

Os "fogueteiros", aqueles que disparam foguetes para informar a chegada da droga ou da polícia, ganham, em média, R$400,00 por mês. Eles são mais de dois mil, na mesma faixa etária.

Os "aviões", os que levam a droga para o usuário fora da favela, os que fazem a entrega, o "delivery", também na mesma faixa etária, somando menos de duzentos, ganham, em média, R$600,00 por semana.

Os "vapores", que fazem a ponte entre os usuários e os traficantes, que somam quase mil e quinhentos jovens, ganham, em média, R$800,00 por mês.

Os "gerentes", jovens responsáveis pelos pontos-de-venda, que são menos de quinhentos, ganham, em média, R$1.700,00 por mês.

De um lado o tráfico de drogas, com seus lucros incalculáveis e prejuízos incontáveis à sociedade; de outro, os juros bancários promovendo a quebradeira na produção e no comércio.

De há muito que estamos assistindo a uma violenta transferência de rendas para o setor financeiro. Em países emergentes, como o México e a Rússia, a taxa de juros real tem sido, nos últimos três anos, de 2% a 3%. No Brasil, essa taxa é de 10%.

Dados do Produto Interno Bruto de 2002 denunciam que os bancos ficaram com 8,61% de todas as riquezas nacionais, ou seja, 30% a mais do que os 6,58% de 2001. E neste ano os resultados do primeiro trimestre apontam lucros de quase 20% a mais em relação ao mesmo período do ano passado.

E o Estado brasileiro? Atolado em compromissos com o FMI, devendo até aquelas taxas de participação em organismos multilaterais, como a ONU. De tudo que arrecada, e onde mais se cobra imposto hoje na América Latina é no Brasil (35,86% do PIB, em 2002), de tudo que arrecada, algo em torno de 10% é o que sobra para o Executivo ir tocando o Estado em todas as suas demandas.

Então apontar o Judiciário como a fonte de todos os males é tão fácil quanto a má-fé dos que fingem ignorar que as raízes da crise brasileira são outras.

Tem a ver, antes de tudo, com a estrutura de Estado, antiquada, formal demais, muito cara, pesada. Tem a ver com o formato de Federação, com um novo pacto federativo que precisa ser feito.

Tem a ver com as terríveis desigualdades na economia, em que uns poucos, fora do setor produtivo, levam quase tudo e os muitos que produzem ficam com os sacrifícios, a vergonha dos juros altos, o constrangimento da inadimplência.

Tem a ver com a necessidade de um Estado brasileiro forte, capaz de fazer valer a lei, impondo-a para todos, punindo de pronto e firmemente a transgressão, mas realizando ao mesmo tempo a justiça social.

Não é justo que se atire nos nossos Juízes, que se apontem como referências de falcatruas só os nossos tribunais, quando a nossa Magistratura e o nosso Judiciário trabalham no extremo limite de suas forças humanas e de possibilidades materiais, são poucas verbas e, ainda assim, contingenciadas, e seus instrumentos de trabalho, os códigos, defasados.

É pura má-fé, é impatriótico, desviar o foco real da questão da violência, da insegurança, da impunidade, que é de fundo, é estrutural, é mais abrangente.

Num país de 170 milhões de pessoas, temos um juiz para aproximadamente 20 mil habitantes, aí incluindo todos, de todos os níveis, se apurar melhor hão que ser aí incluídos também os de futebol. Mas não é justo se confundir o magistrado, digno de todo o respeito, com a sua senhoria do meio de campo, este no caso apenas um ator complementar de um espetáculo para as arquibancadas.

Qual o nosso efetivo policial? Trezentos e setenta mil PMs em todo o Brasil; 105 mil policiais civis em todo o Brasil; 7.000 mil policiais federais em todo o Brasil; 300 mil servidores militares em nossas Forças Armadas, em todo o Brasil. É disso que dispomos em força estatal para fazer valerem a democracia e suas leis, garantir a ordem pública, a segurança jurídica, as fronteiras terrestres e marítimas, em todo o Brasil.

Enquanto isso, já passam de 540 mil os vigilantes armados de empresas particulares de segurança, o que denuncia, por si, o quadro de pré-falência, para sermos magnânimos, do Estado brasileiro no quesito segurança pública.

As leis penais, todas as nossas leis penais, são federais. Os crimes de maior potencialidade lesiva são de competência federal. Temos 945 juízes federais num país de 170 milhões de pessoas, de mais de cinco mil municípios, portanto, um juiz federal para aproximadamente 200 mil habitantes. Aqui no Maranhão, por exemplo, onde somamos mais de cinco milhões de habitantes, temos apenas 13 Juízes Federais, dos quais sete titulares e seis substitutos, seis titulares numa ilha que é a capital e apenas um titular no interior do Estado. E quantas penitenciárias federais? Aqui, nenhuma. Quantas em todo o país? Não sei dizer, parece que há uma no Acre.

Não há dinheiro no orçamento para um ousado projeto de reforma de todo o nosso sistema penitenciário. Temos que mudar, em função da realidade que vivemos, a Lei de Execuções Penais. Temos que pensar num sistema prisional que se proponha mesmo a recuperar o sentenciado para a sua volta ao convívio social. Como está, é pena de morte em doses homeopáticas.

Tenho certeza de que a população brasileira compareceria a um chamado em busca de donativos em dinheiro para a construção de uma moderna penitenciária federal, destinada aos criminosos barra-pesada, em alguma das nossas ilhas oceânicas. Do nosso dinheiro, tirado dos impostos, o governo federal gasta cerca de R$300 mil com a transferência de um traficante de um presídio estadual para outro presídio estadual. Ou seja, só com as transferências do conhecido Beira-Mar, gasta-se quase cinco vezes mais que o valor médio, que é de R$63 mil, o que significa dizer que se gastaria o mesmo valor para manter um preso comum por sete anos e meio.

Podemos trabalhar em parcerias com os Estados, juntando esforços, recursos, possibilidades, economizando custos. Creio no diálogo. Não creio na arrogância dos que, de antemão, pensam que sabem tudo. Creio na tolerância e no trabalho comum. Vamos conversar, discutir, buscar convergências de esforços. Vamos trabalhar. Os desafios da nossa crise são crescentes. O nosso amor ao Brasil terá que ser sempre maior que tudo.

Resistir é preciso*

Não ignoramos as críticas que se avultam contra o Poder Judiciário como instituição e contra os juízes como servidores públicos.

Julgo que essas críticas, em sua maioria, são improcedentes ou injustas, mas reconheço que são, quase todas, de boa-fé.

Opiniões publicadas, fazendo-se passar por opiniões do público em geral, atiram contra o Judiciário contumélias e aleivosias, mostrando à sociedade caricaturas de juízes como se fossem funcionários públicos privilegiados, garantidos por vantagens absurdas, o que, evidentemente, não é verdade.

Mazelas são enfatizadas.

Não podemos ignorar que ainda existem muitas mazelas no Judiciário. Devemos, o quanto antes, removê-las. É bom que os dispositivos legais necessários sejam, o quanto antes, propostos e discutidos no fórum próprio, que é o Congresso Nacional.

Reclama-se, quase sempre com razão, contra a morosidade do Judiciário. Enquanto se reclama, mais cresce a crença, mais se amplia a esperança das pessoas, isso porque a cada dia mais aumenta o número de questões trazidas à resolução dos juízes e dos tribunais.

---

* No encerramento dos trabalhos anuais da 3ª Seção do STJ, em 18 de dezembro de 1997.

No caso específico do Superior Tribunal de Justiça, que no próximo ano completará seu primeiro decênio de criação, as estatísticas mostram que praticamente têm triplicado, de ano para ano, as demandas aqui ajuizadas.

Há cinco anos, por exemplo, em 1993, recebemos 33.336 processos, dos quais foram julgados 31.295. Nesse ano, 1997, recebemos 90.177 processos, dos quais julgamos 84.764 (dados de janeiro a novembro último.) Quando acrescentarmos a esse número os de dezembro, teremos chegado aos 100 mil processos.

Os meios de comunicação, costumeiramente usados para informações nem sempre exatas sobre a administração da Justiça, mantêm-se eqüidistantes do cotidiano das atividades judiciárias, contribuindo, pela omissão, para que parcelas significativas da sociedade fiquem na ignorância sobre a verdade do que acontece em relação a esse Poder da República.

Talvez os profissionais da comunicação social considerem que isso tudo aqui é muito enfadonho, e, em muitos casos, é mesmo. Ainda cultivamos formas rebuscadas, gongóricas, de nos expressar nas nossas decisões orais ou escritas. Isso, evidentemente, precisa melhorar; precisamos aprender a falar e a escrever de maneira que as pessoas simples também entendam.

Ilhas de nepotismo ainda subsistem.

Administrações compartilhadas entre familiares, aqui ou acolá, confundem o público com o privado; realizam estragos administrativos, semeiam o medo e disseminam ameaças e até promovem demissões injustas dos que se recusam a confundir lealdade com cumplicidade.

Mas isso não acontece só no Judiciário; é comum no Executivo e também no Legislativo. É produto de uma cultura atrasada, de uma mediocridade envaidecida e arrogante, típica de monarquia de cubata africana ou de republiqueta de banana.

Felizmente já são poucas, mas infelizmente ainda existem, pessoas despreparadas para o exercício do poder, de qualquer nesga de poder, que só estão a fim de tirar proveito de tudo.

Ainda bem que os brasileiros estão crescendo como cidadãos porque só com o exercício crescente da cidadania será possível afirmar a democracia e, assim, afundar essas ilhas de atraso,

Numa economia em dificuldades como a de atualmente, em que as forças da produção se enfraquecem em milhões de desempregados, ainda há, entre os que governam, quem não entenda que Judiciário enfraquecido, ineficaz, é igual a economia fraca, a mercado inseguro. Quinze por cento do nosso Produto Interno Bruto se perde na morosidade da engrenagem judiciária, algo em torno de R$ 115 bilhões por ano.

Todos reclamam, mas não há sinalização concreta para a modernização do Judiciário. Todos os países de economias engolfadas pela globalização estão cuidando disso. Da Guatemala à Argentina – e, quanto a nós, nada de concreto; nem promessas, só ameaças.

O Judiciário precisa modernizar-se, não há dúvida.

Precisamos nos livrar de procedimentos acobertados por leis que asseguram manobras procrastinatórias. Precisamos reduzir ao máximo, a quase nada, a papelada na prestação jurisdicional. Acabar com papelórios na burocracia das cidades é preservar florestas no mundo.

Precisamos ampliar a transparência, buscando maior visibilidade do contribuinte e, assim, mais confiança de parte da sociedade. Precisamos explorar e esgotar todas as possibilidades das modernas tecnologias dos satélites, da TV a cabo, da informática.

Isso tudo custa dinheiro; é investimento com retorno garantido para a economia do Estado, para a saúde da democracia.

No Executivo diz-se que não há recursos, e nunca os há. O Legislativo não tem tempo para discutir objetivamente as nossas questões. Logo, não se pode imputar aos juízes a morosidade da Justiça.

Nossa resposta é com números. Nesta 3ª Seção, colegiado de competência restrita, que só se reúne uma vez a cada quinzena, julgamos 2.572 processos neste ano.

Muitos dos que atiram informações deturpadas contra os juízes e contra o Judiciário não trabalham para o país como nós trabalhamos.

Enquanto servidores públicos são submetidos a todos os sacrifícios em favor da estabilidade da moeda, sabemos que somam a mais de US$ 50 mil mensais, nas empresas da mídia, os salários dos que trabalham jargões e gracinhas contra os nossos salários e as expectativas de aposentadorias, salários humilhantes se confrontados com os do mercado, na iniciativa privada.

Um Judiciário fraco, com juízes fracos, inoperantes, medíocres, despreparados, só interessa aos que querem o Judiciário apenas compondo a coreografia do figurino democrático; um poder de nada, mas que, nas penumbras, pode amedrontar, qual jacaré empalhado, quando isso for do interesse dos senhores das trevas.

Com estas reflexões, reafirmo a firmeza da minha crença de que só no Estado de Direito Democrático é possível viabilizar-se o bem comum, repartindo as conquistas do trabalho e os lucros da economia entre todos de quaisquer condições, classes, categorias.

O Judiciário, e aqui discordo de quem diz o contrário, não é um Poder falido. É um poder que, nesta fase de tantas dificuldades, pode estar sendo enfraquecido em razão de propósitos até inconfessáveis. Mas no que depende do nosso trabalho, da ação anônima dos juízes do país inteiro, tem resistido, se afirmado, se erguido.

Na ponta do lápis*

A reforma do Judiciário há que ser pensada num contexto amplo de reforma do Estado.

São Poderes no Estado, independentes, mas harmônicos entre si, o Legislativo, o Executivo e o Judiciário. Eles são os instrumentos básicos do Estado para a realização do bem comum.

O Legislativo, não obstante a urna eletrônica, padece de legitimidade. As leis eleitorais favorecem a morosidade, a impunidade. A Justiça Eleitoral, montada no primitivo modelo de mais de meio século, não é forte o suficiente para garantir os valores tutelados – normalidade e legitimidade das eleições – contra os abusos do poder econômico e do poder político.

O sistema partidário, somando mais de quarenta partidos, torna o presidente da República refém da fisiologia política e incapaz de viabilizar os avanços exigidos pela sociedade. O Legislativo perde muito tempo com discurso e não cuida com eficácia da elaboração do Orçamento nem fiscaliza com objetividade o seu cumprimento, sua principal função. O Legislativo carece também de reforma.

O Executivo é o único, até aqui, que, por conta de flexibilidades próprias, tem obtido alguns avanços na maneira de administrar. Muito mais, porém, ainda há que ser feito.

---

* Palestra na Associação dos Juízes Federais de São Paulo e Mato Grosso do Sul, no Fórum Pedro Lessa, em São Paulo, capital, em 24 de janeiro de 2003.

O Judiciário, com seus dogmas e liturgias, operando leis arcaicas e recheado pelo conservadorismo burocrático de considerável parte dos seus juízes, engolfados no dia-a-dia com milhares de processos e, ainda, inertes diante de suas ilhas de nepotismo e matriarcados, continua sendo o mais vulnerável dos Três Poderes.

Os números da Justiça espantam a quem os vê pela primeira vez. A Justiça comum de 1º grau em todo o país, por exemplo, recebeu em 1990, de acordo com o Banco Nacional de Dados do Poder Judiciário, 3 milhões 617 mil e 64 processos. Naquele ano, segundo o IBGE, a população brasileira era de 144 milhões 764 mil e 945 habitantes. Na média, em 1990, um em cada 40 brasileiros procurava a Justiça.

Em 1998, para uma população de 161 milhões 171 mil e 902 habitantes, a Justiça Comum recebeu 7 milhões 467 mil e 189 processos. Na média, oito anos mais tarde, um em cada 21 brasileiros clamava por Justiça. E com todas as dificuldades enfrentadas pelo Poder Judiciário, que todos os senhores bem conhecem, esse clamor não foi em vão. A Justiça Comum, que em 1990 conseguiu atingir a marca de 2 milhões 441 mil e 847 julgados, em 1998 julgou 4 milhões 938 mil e 803 processos.

Ou seja, enquanto a população brasileira, nesses oito anos que eu falei, cresceu 11,33%, a esperança na Justiça aumentou 106,44%. O fortalecimento da democracia nesse período trouxe para a população brasileira o sentimento de cidadania e, com ele, a consciência dos direitos individuais e coletivos. De 1990 a 1998, a demanda pela Justiça aumentou 9,4 vezes mais que o percentual de crescimento da população, porque o povo, consciente de seus direitos, descobriu o caminho dos fóruns e dos tribunais e aos seus juízes acorrerá cada vez mais, tenham certeza.

A resposta da Justiça à nova realidade social brasileira foi feita com muito esforço e sem um tostão. É importante saber que foi assim e está sendo assim. São de uma contundência inoxidável os números do Orçamento da União. A disparidade entre os orçamentos de cada um dos Poderes é impressionante.

O Orçamento da União aprovado para este ano reserva ao Executivo R$248 bilhões 539 milhões 389 mil e 115, de um total, que será dividido entre os Três Poderes, de R$261 bilhões 645 milhões 467 mil e

804. Parece incrível, mas é verdade. O Executivo ficará com 94,99% do montante, deixando para o Legislativo e o Judiciário apenas 5,01%.

Ao Legislativo caberá 1,27% da verba, ou R$3 bilhões 330 milhões 33 mil e 74, para fazer face às despesas da Câmara dos Deputados, do Senado Federal e do Tribunal de Contas da União, ou seja, três prédios em Brasília. O Judiciário ficará com 3,74% dos recursos, ou seja, R$9 bilhões 776 milhões 45 mil e 615, dinheiro que será usado para todos os Tribunais Superiores, os cinco Tribunais Regionais Federais, o Conselho da Justiça Federal, todos os Tribunais Regionais Eleitorais e Tribunais Regionais do Trabalho nos 26 Estados e mais o Distrito Federal, além da Justiça Militar e de toda a Justiça Federal de 1º instância. Como se vê, proporcionalmente, a menor parte do bolo fica com o Judiciário.

E por desinformação, é claro, há sempre algum plantonista militante denunciando aumento de despesas no Judiciário. Maluquice ou má-fé.

Vale aqui anotar que os gastos com a máquina do Executivo são bem maiores que os dos outros dois Poderes, e seria um absurdo dividir o dinheiro em partes iguais.

O que eu chamo a atenção é para a diferença gritante dos números, tão gritante que gera distorções inadmissíveis. Um exemplo: em sua edição de 20 de janeiro deste ano, o jornal *Correio Braziliense*, de Brasília, Distrito Federal, ocupou toda a sua página 6, do primeiro caderno, com matéria sobre os recursos que o Executivo terá, este ano, para gastar com publicidade.

Ao todo serão 1 bilhão e 600 milhões de reais. Uma simples calculadora poderia acordar a área econômica do governo e mostrar que o que eles vão gastar em propaganda corresponde a 16,37% de tudo o que o Judiciário vai gastar durante o ano, ou 48,05% do orçamento anual do Legislativo.

O problema financeiro da Justiça vem se agravando a cada ano.

O Orçamento de 1998 reservou ao Judiciário 6 bilhões e 911 milhões de reais, que, se comparados aos 9 bilhões e 776 milhões deste ano, mostram um crescimento nominal da ordem de 41,46%.

Ocorre que, no mesmo período, o IPC – Índice de Preços ao Consumidor, índice oficial do governo para medir a inflação, cresceu 42,64%, fazendo com que o crescimento nominal no orçamento do Judiciário tenha tido, na verdade, uma queda real de 0,83%. Ou seja, nosso orçamento de hoje é menor que o de cinco anos atrás.

A coisa fica mais feia se usarmos como base para comparação o IGP-DI – Índice geral de Preços. Disponibilidade Interna, índice com o qual o Governo atualiza, exatamente, o orçamento e as contas públicas.

O IGP-DI acumulou, de 1998 para cá, um reajuste de 87,02%, mostrando que o Judiciário perdeu, em números reais, 24,36% de seus recursos nos últimos cinco anos.

Isso quer dizer que, nominalmente, nosso orçamento vem crescendo, mas, na verdade, já perdemos quase um quarto dos recursos que tínhamos em 1998.

Imprescindível, sim, reformar o Judiciário, mas dentro de um contexto de reforma do Estado. Ou reformamos logo, corajosamente, o Estado brasileiro, ou vamos ter que enfrentar, ainda nesta década, conflitos sociais inarredáveis, como os que já lançam chamas de desassossego aqui perto de nós, em países das fronteiras.

Pior que a aviltante divisão no orçamento dos Três Poderes é constatarmos o que está acontecendo neste país quando olhamos o Orçamento Total da União. Este ano os cofres públicos movimentarão 650 bilhões 409 milhões 607 mil e 960 reais, cuja maior parte sairá do bolso dos contribuintes para o dos banqueiros nacionais e internacionais.

As obrigações financeiras do governo atingirão 328 bilhões 510 milhões 929 mil e 108 reais, o que corresponde a 50,51% do orçamento total.

Além dos 261 bilhões que já mencionei, e que serão divididos entre os Três Poderes, e dos 328 bilhões que irão para os banqueiros, o Orçamento total da União prevê, ainda, R$2 bilhões 118 milhões 882 mil e 62 como reserva de contingência (0,33% do total) e outros R$58 bilhões 134 milhões 328 mil e 986, a título de transferências para Estados, Municípios e Distrito Federal, que correspondem a 8,94% do orçamento.

Dividindo esses números, veremos que as obrigações financeiras ficarão com 50,51% do Orçamento; o Poder Executivo, com 38,21%; o Legislativo, com 0,51%; o Judiciário, com 1,5%; as reservas de contingência, com 0,33%; e os Estados, Municípios e o Distrito Federal, com 8,94%.

Como o Executivo administra a dívida pública e as reservas de contingência, ficará a seu cargo 89,05% do Orçamento Total da União. Sobram 10,95% para todo o resto, aí compreendidos o Legislativo, o Judiciário, os Estados, os Municípios e o Distrito Federal.

Sim, exatos 10%. Ou seja, a gorjeta do Orçamento será responsável por mover a roda da Justiça, o Legislativo federal, e movimentar a economia do Distrito Federal, de 26 Estados e de mais de 5 mil e 500 Municípios.

As reformas em geral, conhecidas em tempos de outrora até como reformas de base, precisam ser agendadas urgentemente, para a obtenção de um consenso possível e implementação para ontem.

Assim, em se tratando de reforma do Judiciário, tudo que se discutiu e se concordou até aqui não aprofundou a questão nos termos corajosos e sérios com que tem que ser resolvida.

Na emergência destes dias, em que temos propostas em vias terminativas no Senado, seria bom, até para que não se perdesse tudo o que há mais de uma década se discute, que se promulgassem duas ou três sobre as quais foi obtido algum consenso. Como, por exemplo, o poder de corregedoria no Conselho da Justiça Federal; a Escola Nacional de Magistratura; o Conselho Nacional de Justiça e alguns tópicos sobre remanejamento de competência do Supremo Tribunal Federal para o Superior Tribunal de Justiça.

Muito mais da metade do que está no substitutivo da Comissão de Constituição e Justiça do Senado é matéria para lei ordinária ou para a Lei Orgânica da Magistratura Nacional, a Loman, cujo projeto encaminhado pelo Supremo Tribunal Federal está há mais de dez anos na Câmara dos Deputados.

Nesse cenário, é importante a proposta do ministro da Justiça de, por intermédio de uma Secretaria Extraordinária, reabrir a discussão e propor, num prazo de no máximo 60 dias, alguns projetos com incursões várias – desde emendas constitucionais, a leis complementares (a Loman, por exemplo) e até leis ordinárias, incluindo Código Penal, Código de Processo Penal, Código de Processo Civil, Leis Penais Especiais, Estatuto da Ordem dos Advogados do Brasil (por que não?) etc.

A súmula necessária*

Este é um raro momento de encontro, que deveria ser mais constante, entre o Poder Judiciário e o Poder Legislativo. Nós todos temos os mesmos compromissos, trabalhamos para o mesmo patrão, que é o povo brasileiro. E quando se cogita, como se tem cogitado por mais de uma década, da reforma do Poder Judiciário, penso eu que nunca devemos perder de vista o que se está passando lá fora, em decorrência do que está acontecendo nos tribunais. A expressão pode parecer grosseira: os tribunais entulhados; Poder Judiciário, em alguns Estados, inviabilizado, como é o caso de São Paulo.

Tenho informações de que lá até o prédio já está afundando, por não resistir ao peso de tanto papel, de tantos processos. E digo inviabilizado porque é um tribunal em que a distribuição de questões urgentes demora anos para se fazer, em que *habeas corpus* que precisam ser decididos na instância recursal em Brasília não recebem decisões originárias negativas pelo simples fato de que demoram meses para serem distribuídos.

Então, parece-me que temos que resolver a reforma verdadeira do Poder Judiciário pelo atacado, e aqui já vou diretamente à primeira questão.

---

* Audiência Pública, falando de improviso, sobre a Reforma do Judiciário, na Comissão de Constituição e Justiça e de Cidadania da Câmara dos Deputados, em 14 de abril de 2005.

Sempre me manifestei favorável à súmula vinculante, não só para o Supremo Tribunal Federal, mas para todos os Tribunais Superiores, e também para todos os Tribunais de Justiça. Precisamos encarar a realidade do nosso país com uma ótica mais objetiva. Não dá para ficar fazendo teatrinho de Poder Judiciário em funcionamento quando a sociedade não tem respostas prontas para suas demandas.

Temos estatísticas recentes que demonstram que existem mais processos do que causas. O Supremo Tribunal Federal divulgou recentemente também uma estatística mostrando que o maior volume dos processos que chegam lá são de causas repetitivas. Podemos depois passar à Comissão essas estatísticas em relação também ao Superior Tribunal de Justiça.

Não dá para se trabalhar, pensando que se está fazendo democracia no Brasil, com o Poder Judiciário funcionando assim, quando só no STJ tivemos, por exemplo, na instalação, 3.711 processos para 31 juízes, porque dois presidentes e seus vices só têm jurisdição nos casos específicos. Foram 3.711 em 1989, um ano depois da promulgação da Constituição de 1988. Chegamos a 2004 com 241.309 processos. Isso não é sério!

E dizem: "Não! Não temos que ter súmula vinculante, porque o Tribunal precisa aumentar o número de seus membros." Ora, isso não interessa às contas públicas. Isso não interessa ao contribuinte. Um país que se queixa, uma sociedade que se queixa de ter uma das maiores cargas tributárias do mundo, e que tem um Orçamento comprometido com o superávit primário, e que não tem dinheiro para atender a saúde, o saneamento básico, a educação, as universidades enferrujadas, mais até do que a malha ferroviária?

Não dá para ficar pensando que se vai resolver problema de prestação jurisdicional aumentando o número de juízes, aumentando o número de desembargadores, criando mais Tribunais. Temos que ir pelo atacado. E a súmula vinculante é a única saída para que se possa dar essa enxugada, essa lipoaspiração nessas gorduras processuais, independentemente das medidas que eu sei que o Congresso adotará – a Câmara dos Deputados, inicialmente – em relação ao abuso do uso dos recursos procrastinatórios. E, incrivelmente, é o Poder Público que mais recorre a esse tipo de procrastinação.

A súmula vinculante vai resolver. É uma questão cultural essa história de dizer: "porque sou juiz, tenho que ter mais poder, porque o meu Tribunal não pode perder competência" etc. Competência é quando se tem condições de responder objetivamente às demandas da sociedade! Não é competência eu me gabar de receber 241.309 processos num ano! Isso aqui, dividido por 32, o que vai dar? É um absurdo! Tem Ministro no STJ com 10 mil processos no gabinete. E eu cogito de imitar a experiência do Superior Tribunal do Trabalho e convocar juízes de Tribunais Regionais para atuarem como juízes auxiliares no STJ, e aí fazem uma verdadeira onda contra o Presidente do STJ: "É inconstitucional! É ilegal! Vai..." Nada disso!

Precisamos encarar de frente essa realidade, não ter o preconceito de que não podemos perder poder, não podemos perder competência, porque a jurisdição tem que ser oficial. Estamos no século 21!

Quanto à questão da composição dos Tribunais, é, sim, inconstitucional essa proposta de emenda.* Ela é corporativa, ela é excludente, na medida em que a tradição do Direito Constitucional brasileiro, na composição do Poder Judiciário, sempre elegeu nos Tribunais a composição tripartite com juízes oriundos da advocacia, juízes oriundos do Ministério Público, juízes oriundos da carreira, porque é exatamente essa composição mista que dá mais condições para que os colegiados decidam pelas três óticas que operam o Direito nacional federal. Estou falando em Direito nacional federal porque o art. 20 da Constituição reserva privativamente para o Congresso Nacional a competência sobre a legislação de tudo o que diz respeito ao direito que toca às pessoas.

A proposta é inconstitucional e vergonhosa, porque é corporativa.

Lá em Minas Gerais, no Estádio Mineirão, há um portão que informa: "Privativo de autoridades." Para entrar no estádio e assistir a um jogo de futebol a autoridade tem uma entrada privativa. E aí um desembargador, cujo nome não vou revelar, porque no Maranhão se diz que o nome é que faz a intriga, chegou até a entrada privativa e o policial disse: "O senhor não pode entrar. Aqui, só autoridade."

---

* Refere-se à composição dos Tribunais Superiores excluindo representantes da advocacia e do Ministério Público.

Existe autoridade que não tem cara de autoridade; tem gente que não é autoridade mas tem cara, e tem autoridade que tem cara de ser mais autoridade do que é. Pois bem, o sem-cara de autoridade, o desembargador, disse: "Mas eu sou desembargador." O policial disse: "Mas o senhor não entra, porque aqui só entra autoridade."

Essa história é verdadeira. E serve para dizer que não entendo por que tanta insistência em se chamar de desembargador, desculpe a franqueza.

Na Faculdade de Direito, no Maranhão, havia um camarada do tipo sisudo, carrancudo, inabordável, antipático, que ganhou apelido de desembargador. Curiosamente, nunca chegou a ser desembargador na vida, mas ficou aquele epíteto. O cara tinha dificuldade de arrumar namorada, porque ganhou o apelido de desembargador.

Também no Maranhão – o Maranhão tem razões que a própria Nação desconhece –, volta e meia aconteciam umas crises, e o Estado se dividia em dois governos. O vice-governador era da oposição e não o empossaram na substituição do governador, que estava impedido em razão de recursos eleitorais. O vice-governador ficou por ali. Reuniu a UDN com o PDC, oposições coligadas, e ocuparam um prédio público da biblioteca, que tem colunas romanas, tem uma majestade – todo poder tem que ter majestade, inclusive o juiz, com a toga.

Pois bem, resolveram declarar o vice-governador governador. S.Exa. ficou uma semana sem ter o que fazer. Apareceu uma vaga de desembargador no Tribunal. Disseram-lhe: "Você nomeia um desembargador e vamos ver o que acontece."

Passaram uma semana atrás de alguém com cara de desembargador – era um desembargador do quinto constitucional, oriundo da advocacia. Selecionaram três e levaram para o Vice-Governador, que os entrevistou e concluiu pelo mais carrancudo, com maior pança, porque naquele tempo o desembargador exigia uma tipologia, tinha de ser inabordável e barrigudo, e aí se optou por aquele mais zangado. Ele o nomeou e o Tribunal deu posse.

Mais adiante, o desembargador já estava no Tribunal Eleitoral e vinham os recursos da oposição. E havia um oficial de justiça que sempre se candidatava a vereador e encerrava o discurso na porta do Tribunal com a seguinte frase: "É por isso que essa oposição não vai para a frente: só há um desembargador no Tribunal." E era o desembargador que tinha sido nomeado pelo quinto.

Mas contei tudo isso para esclarecer: o que quer dizer desembargador? É alguém que desembarga. Desembarga o quê? O embargo. Teria de ser alguém só para cuidar de provimento, não-provimento, engavetamento, não-conhecimento de embargos etc. Mas no Brasil criou-se essa cultura do desembargador.

Uma vez alguém, à noite, sussurrou e me falou: "Ministro." Aí, uma senhora ao lado perguntou: "De que igreja?" Eu falei: "Da pastoral da noite." Porque se você falar para um guarda de trânsito que é ministro, vira a mesma história da entrada privativa de autoridade lá em Minas Gerais: "Só entra autoridade, o senhor é desembargador, não é autoridade." É melhor falar que é juiz.

Mas isso tudo está na Constituição. Isso vai dar uma confusão que não tem tamanho, e nós entramos para o Febeapá do século 21.

A outra questão que quero deixar bem clara é em relação às fórmulas alternativas de resolução de conflitos. Não podemos abrir mão disso. Dizer que as questões só podem ser resolvidas pelo Poder Judiciário estatal é verdade, o Estado tem a obrigação da prestação jurisdicional. Mas quem pode resolver suas questões fora do Poder Judiciário, contratando árbitros, dentro das regras impostas entre si, que o faça, porque essas questões podem ser resolvidas sem a ocupação do Poder Judiciário, que precisa estar descongestionado para dedicar seu tempo às demandas das sociedade, às questões do povo em geral.

Portanto, somos favoráveis a todas as propostas que digam respeito à solução por meio de formas alternativas. Nesse sentido, aproveito para chamar a atenção do Congresso Nacional e da Comissão de Constituição e Justiça para o dispositivo da Constituição de 1988 que trata do Juizado de Paz, que até hoje não foi regulamentado. É bem verdade que é uma lei federal para o Distrito Federal e uma lei estadual para cada Estado. É preciso que tenhamos, no Congresso Nacional, essa lei padrão para o Distrito Federal, a fim de que possamos dar conseqüência à previsão constitucional do juiz de paz com funções conciliadoras.

O juiz de paz que ainda existe no Brasil é remanescente do regime da Constituição de 1946. A atual Constituição prevê que esse juiz será eleito pelo voto direto, como já foi antigamente, junto com vereadores e prefeitos. Essa é uma outra discussão que precisamos abrir, porque já estamos atrasados em relação a ela. Está previsto desde 1988 o Juizado de Paz também com funções conciliadoras. Estamos dispostos a vir aqui quantas vezes forem necessárias para trazer nossa contribuição nesse sentido.

Há quem defenda a alteração da emenda para que o juiz não seja eleito, mas nomeado. Por outro lado, há interesse dos Estados no sentido de que isso não aconteça, porque esse será um juiz leigo e vai surrupiar as atribuições do Poder Judiciário institucional. E há também governadores interessados em que isso não ocorra, porque os juízes serão remunerados, ou seja, vão onerar o Orçamento do Tribunal.

É preciso sentar e discutir essa questão com ousadia e coragem, pensando diretamente no pessoal que está lá fora e nos enviou para cá, para o Congresso Nacional e de alguma forma para o Poder Judiciário. "Ah, o juiz não é eleito." Nos Tribunais Superiores há um processo eleitoral indireto. O presidente da República, como eleitor número 1, um agente político, nomeia, mas antes o Tribunal faz a lista, o presidente da República escolhe e o Senado da República, representando os Estados, aprova. Portanto, há um processo político e eleitoral.

Aproveito para colocar uma nota de pé de página na minha manifestação. Em razão da minha experiência, considero a eleição de presidente de Tribunal pelos seus pares um horror, porque há muito candidato que fica quietinho para não contrariar ninguém até a hora de ser eleito, e depois adota uma posição diferente. E, quando assume, há a questão da governabilidade. O presidente do Tribunal tem de trabalhar a governabilidade todos os dias, caso contrário ficará sentado no trono, recebendo medalhas e homenagens. O mandato acaba e ele não avança. Precisamos pensar nisso.

Qual é a experiência dos povos mais avançados? No Brasil, tentamos, às vezes, avançar em idéias democráticas que, na prática, são deturpadas. Cito, por exemplo, o sistema de lista. Antes, o governador indicava o desembargador, e o presidente da República, os ministros dos Tribunais Superiores. A Constituição, democraticamente, criou o sistema de lista.

O sistema de lista é danoso, porque gera a politicalha e estimula um corporativismo muito maior do que antes. Hoje há bancadas nos Tribunais Superiores: bancada de desembargadores, bancada de advogado, bancada de Ministério Público. Isso tudo é disfarçado, ninguém fala. Você só tem de perceber para ir navegando e chegar lá até o último dia, fazendo as coisas que você acredita serem necessárias. Precisamos repensar essa questão.

O presidente da Suprema Corte americana é sabatinado pelo Congresso e nomeado para ser apenas presidente, ele só tem o voto de desempate. É um juiz, mas é um administrador, um executivo. Não dá para misturar um presidente de Corte, que tem de fazer política com o Executivo, para o dinheiro não ser contingenciado, e com o Legislativo, para que as propostas legislativas do interesse do Judiciário possam correr céleres. Ele tem de ser político e fazer a política interna da governabilidade no dia-a-dia. Tem de ter relações públicas com a sociedade e, ao mesmo tempo, exercer a jurisdição, tendo de indeferir pedido de cassação de liminar do Executivo. É complicado. Requer muito contorcionismo, muito malabarismo.

Aproveitei esta oportunidade para deixar registrada minha opinião pessoal, porque até nisso sou cobrado. Às vezes, dizem: "O Presidente do STJ"... Digo: "Não, estou falando o que penso, não o que pensa o Tribunal." De vez em quando me cobram, dizendo que falo coisas que não deveria falar. Digo: "Mas tenho direito. Sou um cidadão brasileiro e pago imposto."

Estas são algumas idéias para reflexão futura. Essa reforma não vai esgotar a crise do Judiciário brasileiro. Não podemos ficar – a palavra também é pesada – encabrestados por demandas corporativistas do Tribunal A ou B. Temos de pensar globalmente. Para não atrasar, vamos dar seguimento a essa reforma. O STJ não tem nada a acrescentar aqui. Mas não vou desistir de continuar reclamando a súmula vinculante para todo mundo, porque me parece que assim vamos dar uma enxugada da ordem de 70% nessa papelada que está entulhando os tribunais. E talvez o Tribunal de São Paulo volte a funcionar.

Flores da transição*

Reclamamos muito da morosidade do Judiciário e, na busca aos culpados, denunciamos sempre o direito processual que, tornando o processo refém dos seus ritos procedimentais, emperra a realização da Justiça, fazendo com que pareça miragem aquele momento sempre esperado, em que partes respiram, afinal, aliviadas, se curvam e aceitam, respeitosamente conformadas, a decisão terminativa do juiz.

É verdade, sim, que o nosso direito processual, tanto o civil quanto o penal, são almoxarifados de encrencas das quais se valem os advogados, e também, em muitos casos o Ministério Público, para as conhecidas – e por que não dizer também previsíveis – ciladas procrastinatórias.

Por isso mesmo, tem-se reclamado muito, e com toda razão, por mudanças nos nossos Códigos de Processo Civil e de Processo Penal. É preciso que se reduzam ao máximo possível as formalidades processuais, desativando-se, assim, todas as armadilhas, as quais, não obstante amparadas por lei, subvertem o direito e atrapalham a justiça.

Celeridade processual não se confunde com sumariedade, mas tanto uma quanto a outra só servem ao Direito e à Justiça enquanto atadas a

---

* No 53º Encontro do Colégio Permanente de Presidentes de Tribunais de Justiça do Brasil, São Luís, MA, em 9 de novembro de 2001.

garantias constitucionais como a do devido processo legal, do contraditório e da ampla defesa.

Parecemos, no entanto, pouco incomodados com outras armadilhas, aquelas que, mais próximas, no nosso dia-a-dia, atormentam a vida das partes durante a tramitação e frustram, pela demora, a alegria dos vencedores, quase todos arrastados para aquela correnteza onde se debatem, quase se afogando, os que ganham mas não levam.

Refiro-me à burocracia interna, incrustada há mais de um século no cotidiano dos juízos e tribunais.

É essa burocracia que, reduzindo a sofridos gestos de simples mecânica o trabalho dos servidores, não só tornam presas fáceis da manemolência, dificultando-lhes o crescimento profissional, como igualmente, pelas mesmas e viciadoras mesmices, vai sonegando aos juízes o seu sublime direito de pensar.

Precisamos agir com idéias novas, colocando ao nosso melhor serviço, em favor da realização da justiça, as conquistas da tecnologia.

Desburocratizar não é informatizar.

Temos sido levados a pensar, com freqüência, que o computador, esse nosso novo aliado na corrida contra a falta de tempo, remove, por si, esses imbróglios.

Costumes arcaicos como os que, ainda hoje, mofam prateleiras de processos, dando até bolor em mentes, não se removem sem força de vontade, sem determinação inarredável, sem a consciência de quem sabe exatamente o que quer, ao final.

Há alguns anos que a antiga máquina de escrever, até então indispensável à celeridade da nossa faina, cedeu lugar ao computador.

Tenho notado que, em muitas mesas, o computador tem servido mais como enfeite, acessório de decoração e charme. Não tem sido utilizado na abrangência de suas potencialidades, quando muito apenas como se fosse uma nova máquina de escrever.

Ainda hoje, em muitos casos, o computador intimida. Há juízes de caligrafia fácil e legível, que preferem continuar escrevendo seus rascunhos para o funcionário depois digitar. E ainda há juízes, exímios datilógrafos, que batem tudo à máquina e depois mandam para o funcionário digitar.

O computador então, para uns e outros, ainda é uma geringonça. Uns outros ainda não descobriram que o computador serve, no mínimo, para eliminar a intermediação burocrática que se opera, eliminando a relação que consome tempo entre eles, juízes, e o funcionário digitador.

São flores da transição tecnológica no Judiciário.

Logo as mentes novas com idéias novas vão estar chegando ao Judiciário – e por que só ao Ministério Público? E aí então esses touros estranhos, em forma de *hardwares*, *softwares* e quejandos, serão mais bem conhecidos e domados e revelados em sua inteireza como exatamente são, ou seja, verdadeiras maravilhas deste novo mundo.

Não há hoje um tribunal no Brasil que não esteja envolvido com renovação de equipamentos, atualização de programas, uso de intranet e internet. Amplia-se cada vez mais o acesso direto dos jurisdicionados às informações atualizadas. Já não é preciso entrar na fila para esperar de um funcionário informação sobre o andamento de algum processo. Acessa-se no computador mais próximo a mais nova informação.

Não fossem esses investimentos em informática, nossos juízes e tribunais já estariam inviabilizados. O Judiciário, como um dos Poderes do Estado, pilar da democracia, já se teria desmilingüido em credibilidade. A informatização é que tem arrastado a demanda crescente das proposições judiciais às proximidades das possibilidades de viabilização, a taxas menores de morosidade, da realização da Justiça.

Há muito, porém, ainda a desbravar. E sei sobre vários Tribunais de Justiça que, à guisa de laboratório, desenvolvem estudos e pesquisam formas para maior proveito da informática contra o desperdício de tempo.

Abro um parêntese para lembrar que os juízes da Suprema Corte, nos Estados Unidos da América, não levam nada a julgamento enquanto não conseguem um consenso possível quanto ao resultado. Algo assim como o antigo PSD de Minas Gerais, que discutia tudo antes, entre eles, *intramuros*, para só depois proclamarem a deliberação previamente adotada.

Pois bem, há quase dois séculos que os juízes da Suprema Corte norte-americana, por meio de um sistema de troca de memorandos, rascunham, emendam, rejeitam, discutem tudo antes. Só depois de alcançada a maioria, e em muitos casos alcançam é a unanimidade, é que o relator leva o caso a julgamento.

Isso significa grande economia de tempo, poupando-se a Corte de discussões intermináveis, de debates tensos, que em muitos casos comprometem, em razão de surpresas e dúvidas, a qualidade do *veredictum*, ensejando inclusive embargos em tantos embargos, a bolota do planeta girando e o Judiciário no Brasil se atrasando.

Fecho o parêntese para lhes dizer que em Minas Gerais, por exemplo, ao que sei, já há no Tribunal de Justiça um laboratório estudando a transposição dessa experiência bem-sucedida da Suprema Corte norte-americana para um sistema de intranet, por meio do qual o relator, confidencialmente, disponibiliza aos demais membros do colegiado o relatório e seu rascunho de voto, a partir do qual todos passam a opinar, tudo de modo a que, na sessão de julgamento, a decisão assim amadurecida resulte firmemente blindada, à prova de pedidos de vista, que servem à morosidade, e de outros enredos, que servem à procrastinação.

Exemplos como esse merecem nosso aplauso. Torcemos para que esses estudos se concluam com segurança e que esse *know-how* mineiro logo possa ser repassado aos demais Tribunais de Justiça do país, a começar pelo Supremo Tribunal e Tribunais Superiores.

Sei ainda sobre outras experiências, igualmente interessantes, em Tribunais de Justiça de outros Estados. O de Mato Grosso do Sul, por exemplo, implanta com sucesso seu projeto de modernização, tendo como metas finais, de um lado, a integração das 46 comarcas do Estado e, de outro, a interconexão do Tribunal de Justiça aos Tribunais Superiores e a outros órgãos afins, por meio de rede baseada na tecnologia *frame-relay* e pela internet.

Sei que não há um Estado hoje onde o seu Tribunal de Justiça não se ocupe em tirar maiores proveitos das novas tecnologias da informática.

Já não é uma miragem, consumidora inútil de léguas como a estrada para o arco-íris, a possibilidade de uma prestação jurisdicional absolutamente simplificada.

Está próximo o tempo em que o cidadão, sem sair de casa ou do seu lugar de trabalho ou de algum posto de internet, consulta um advogado. Este, por sua vez, remete, *on line*, a petição inicial ao fórum competente, a qual, ao chegar lá, é gravada em disco móvel, não havendo mais, a partir daí, necessidade do processo como é hoje; ou seja, não haverá mais papel.

Toneladas de papel serão economizadas diariamente; milhões de hectares de florestas serão preservados contra o aquecimento da camada polar, melhorando o meio ambiente no planeta. Haverá muita economia de tempo.

Com um simples clicar, o juiz dá vista dos autos, *on line*, ao Ministério Público, que devolve o processo virtual no mesmo dia, juntado o seu parecer, produzido com o apoio de um programa específico.

As partes, de pronto, intimadas diretamente por *e-mail*, as pautas publicadas no *Diário da Justiça on-line*, as decisões amadurecidas em discussões via intranet, os resultados proclamados e imediatamente comunicados para execução, as sessões de julgamento transmitidas ao vivo via internet, isso tudo desse maravilhoso mundo do nosso Poder Judiciário não pertence a um futuro distante. Está próximo, dádiva de Deus para os nossos dias.

Como anotei no início, a desburocratização interna dos juízos e tribunais não está, no todo, atrelada a disposições que ainda serão modificadas nos Códigos de Processo Civil e de Processo Penal e suas extravagantes leis suplementares.

Quanto tempo não perdemos assinando acórdãos só porque presidimos um colegiado ou porque, ocasionalmente, conduzimos uma sessão?

Quantas decisões de cumprimento imediato não são cumpridas porque o telex (ainda se fala nisso) partiu de um modelo de redação e não saiu claro, ensejando a má vontade de alguém lá embaixo, na execução?

Quantos ofícios pedindo informações imprescindíveis à instrução processual assinamos por dia, muitos dos quais não vão dar em nada porque, se a autoridade a quem essas informações são requisitadas demora ou não responde, não está sujeita a nenhuma reprimenda eficaz?

Ou quantas informações prestadas não dizem nada, sendo em muitos casos repetição de cópias xerox de peças que já estão nos autos?

Sobre quantas carimbadas não temos de apor diariamente nossas assinaturas, numa repetição de atos absolutamente dispensáveis, pelo menos quanto a nós?

Vou parar aqui de fazer perguntas, até porque nesse quesito, burocracia interna, o questionário é longo, quase interminável para a disponibilidade de nossas horas.

Limito-me, por enquanto, ao sobre o que estamos fazendo, contra a burocracia interna, no Superior Tribunal de Justiça.

A edição, há um ano, da nossa Instrução Normativa adequando a novas normas legais nossos procedimentos judiciais e administrativos (Instrução Normativa nº 6, DJ de 16.10.00, págs.176/77) não amainou nossa perseguição contra a burocracia interna.

Já uniformizamos procedimentos administrativos e judiciários divergentes entre as diversas coordenadorias, produzindo subsídios para que a Comissão de Regimento Interno empreenda as alterações indispensáveis.

Há um comitê, instituído na atual gestão do ministro Paulo Costa Leite, incumbido de estudar casos relevantes para a normatização e, ainda, de intermediar junto à Direção Geral as necessidades administrativas das Coordenadorias; averiguar casos peculiares que exijam normas próprias; verificar o cumprimento da norma geral e zelar pela sua efetivação.

É lógico que a desburocratização não prescinde da força humana em contingente necessário e capacitada ao pleno exercício das suas tarefas. Não se removem entraves burocráticos sem a formação de uma consciência coletiva entre juízes e funcionários de que isso é urgentemente necessário e bom para todos. Como dizia Wilbur Schramm, "não se pode desenvolver quem não é motivado para ser desenvolvido".

Daí que peço licença para repassar mais estas anotações.

O crescimento da demanda processual, no Superior Tribunal de Justiça, é assombroso. Desde a sua criação, em 07/04/89, até 31/10/01, já foram distribuídos 900.739 processos, sendo: 6.103 em 1989, 14.087 em 1990, 23.368 em 1991, 33.872 em 1992, 33.336 em 1993, 38.670 em 1994, 68.576 em 1995, 77.032 em 1996, 96.376 em 1997, 92.107 em 1998, 118.977 em 1999, 150.738 em 2000, e, no período de janeiro a outubro de 2001, já foram distribuídos 154.653 processos e julgados/decididos monocraticamente 158.282.

Minha intenção, desde o início, foi a de quem apenas desejou lembrar sobre a necessidade de ações com mais empenho contra a burocratização. Quanto a mim, não tenho e pretendo nunca ter fórmulas acabadas, bem ultra-elaboradas para imediata execução. Estou entre aqueles para quem bastam a idéia e a vontade.

A idéia é esta – a necessidade de desburocratizar a administração dos tribunais.

A vontade é esta – vamos acabar com a burocracia nos tribunais.

Justiça moderna, democracia forte*

Há pouco, quando procuravam uma cópia do meu currículo – porque é praxe apresentar-se o palestrante, o conferencista, o orador mostrando a ementa da sua história de vida –, sugeri que não seria necessário, pois eu mesmo me apresentaria recorrendo aos versos de uma canção que diz: "Eu sou apenas um rapaz latino-americano, sem dinheiro no banco, sem parentes importantes e vindo do interior."** Ou um verso de outra canção em que alguém pede a Deus que o poupe do vexame de morrer tão moço, por ainda ter coisas para olhar.

O nosso país nos instiga a uma ânsia permanente de conhecimento das coisas da nossa terra. Já houve quem dissesse que o Brasil não conhece o Brasil. E isso é verdadeiro, porque costumamos nos voltar, em lentes e em ventanas, para o resto do mundo, para férias em outros mundos, esquecendo-nos de que somos donos de um país maravilhoso, de uma natureza que encanta, de fauna, de flora, de bacias hidrográficas e de um povo que, dentro de uma década, somará mais de duzentos milhões de pessoas.

---

* Falando de improviso no Seminário sobre Propriedade Industrial e Intelectual, em 6 de agosto de 2004, em Brasília, DF.
** Verso do poeta Belchior, de Sobral, CE, na canção "Apenas um rapaz latino-americano".

Essas realidades, que nos instigam, fazem com que os nossos desafios se ampliem. Um dos grandes desafios tem sido, na história brasileira, aquilo que alguém chamou de um movimento de sístole e diástole. Vivemos uma história com momentos de liberação; no entanto, aqui e acolá, somos acometidos por alguns instantes de embriaguez autoritária. Agora estamos novamente vivendo um momento de franca liberação.

Isso tudo para lhes dizer que estamos convictos de que, se não construirmos uma democracia com instituições políticas fortes, estaremos sempre sujeitos a regressos indesejáveis, a retornos indesejáveis, a conjunturas pelas quais já passamos e pelas quais não queremos, devido à nossa memória muito viva, voltar a passar. Daí decidi lhes falar sobre este tema quando recebi o convite: "Justiça Moderna, Democracia Forte."

Há alguns meses, nesta capital, no Lago Norte, dois vizinhos se desentenderam — um criava um papagaio e o outro criava um cachorro. Então, o papagaio começou a dirigir impropérios ao cachorro; e o cachorro começou a não gostar do que ele falava. Aquela birra foi se acirrando, aquele antagonismo foi se aprofundando, até que um dia aconteceu o que acontece entre os humanos, entre as nações: o mais forte, considerando-se mais forte, partiu para a falta de razão. Assim, o cachorro devorou o papagaio.

Tal fato, que poderia ser uma historinha contada em um livro infantil, que poderia estar na mesma prateleira de *Alice no País das Maravilhas*, *Luluzinha*, *Cebolinha*, foi parar no Superior Tribunal de Justiça. Originariamente, no Superior Tribunal de Justiça; não precisou ir à delegacia de polícia, ao juiz de 1º grau, ao Tribunal de Justiça do Estado, nem ao Tribunal Regional Federal. Entrou direto na Corte Especial do Superior Tribunal de Justiça. Por quê? Porque, salvo engano, o dono do cachorro gozava de foro privilegiado, portanto só perante a Corte Especial do Superior Tribunal de Justiça poderia ser processado e responder criminalmente por ser dono do cachorro que havia assassinado — cachorro homicida — o papagaio. O dono do cachorro era um subprocurador-geral da República e, como tal, pelo art. 105, I, "a", da Constituição Federal, responde por infrações penais dele ou do cachorro perante a Corte Especial do Superior Tribunal de Justiça.

Outros episódios bizarros como esse têm ocupado as páginas da imprensa, os programas humorísticos de televisão, e, de um modo geral, há gozação onde essas histórias chegam. As pessoas acham tudo muito engraçado, mas eu não. Vou contar mais um caso concreto. Por conta de uma discussão de reajuste de aluguel, um processo tramitou durante exatos vinte anos, entre a 1ª instância, a 2ª instância e o recurso especial no Superior Tribunal de Justiça. Quando a decisão chegou, em recurso especial, à Corte Superior, o proprietário do imóvel havia morrido, e a demandante, já viúva, que tinha ganhado em todas as instâncias, ganhou, mas não levou, porque no Brasil temos uma ação que muito se usa: a chamada ação rescisória.

A ação rescisória é um instrumento de garantia de uma das partes cujo objetivo, como o próprio nome diz, é rescindir, ou seja, corrigir eventual erro material ou eventual erro na aplicação do Direito, pois, não obstante o trânsito em julgado, ainda é possível rediscuti-lo, desde que tenham transcorrido menos de dois anos após o trânsito em julgado. Todos recorrem à ação rescisória; e quem mais a utiliza é o poder público, quando é condenado a pagar aquilo que o Judiciário determina que pague a alguma empresa ou a algum cidadão.

Outras questões tramitam, por exemplo, na Justiça do Trabalho. Temos um caso que começou, originariamente, em Brasília; imaginem se fosse no interior do Ceará, no interior de São Paulo, no interior do Rio Grande do Sul. Consistia numa discussão de um contrato de trabalho, mas, em razão de ter a nova Constituição transferido parte dessas questões para a Justiça Federal, na Justiça Federal se iniciou; e se iniciou discutindo competência, mesmo havendo jurisprudência firmada. A discussão arrastou-se e só após dez anos é que chegou ao final. Vejam: era contra o poder público. O poder público, antes que se completassem dois anos – faltando uma semana para os dois anos do trânsito em julgado –, ingressou no Superior Tribunal de Justiça com uma ação rescisória. Claro! Para quê? Para procrastinar. Ele perdeu a rescisória, e o direito alegado há mais de doze anos está na mesma.

Poderíamos ficar aqui semanas inteiras relatando os fatos que chegam ao nosso conhecimento, afora os que passam pela nossa mesa de trabalho. É muito comum hoje encontrar, quando alguém vai identificar os demandantes, a palavra "espólio" – espólio de fulano de tal *versus* União Federal, *versus* Estado tal. Significa, em muitos casos, que as pessoas morreram ao longo do processo e não conheceram o seu direito. Por isso é que há, generalizadamente, a impressão – e essa impressão procede – de que temos uma Justiça muito lenta, uma Justiça ineficaz. E é verdade mesmo. Contudo, precisamos entender por que isso acontece e saber como sair de tão grave situação.

Nós nos lembramos, segundo a História, do Brasil que éramos quando a República foi proclamada: um Brasil metropolitano na Corte do Rio de Janeiro, um Brasil agrícola em São Paulo, desenvolvendo a agricultura com a mão-de-obra dos imigrantes; éramos um Brasil rural no Nordeste e no interior de Minas, um Brasil em que, de um modo geral, a presença do Poder Judiciário não era requisitada, uma vez que as demandas se resolviam de outras formas. Em algumas comunidades, o bispo resolvia; em outras comunidades, o farmacêutico resolvia; em outras comunidades, o coronel ou o pistoleiro resolviam. Então, não precisavam de juiz. Daí cunhamos as expressões "Queixe-se ao bispo", "Queixe-se ao farmacêutico."

Quando estávamos começando a conhecer as investidas indispensáveis do capitalismo contra as relações de capital e trabalho, veio Getúlio Vargas – o homem de várias faces. Essa de que vamos falar agora é a face empreendedora, a face compreensiva de Vargas. Entendendo ele que o capital não poderia sobrepor-se, totalmente, com as suas vontades, à força do trabalho, criou uma Mesa de Conciliação. Assim, os direitos do empregado passaram a ser colocados na Mesa, sendo ele representado por um mediador e o empresário, por outro. E o Estado presente por intermédio de um juiz, um juiz togado. Essa idéia tão simples, imaginada para aquele momento, em que a nossa economia começava a deitar as primeiras raízes, foi num crescendo, ao lado do imposto sindical, ao lado do sindicalismo tutelado pelo Estado, ao lado do totalitarismo, que se foi armando sobre essas instituições e se transformou naquilo que só o Brasil possui, caso se efetue um estudo de Direito comparado em relação ao resto do mundo.

A Justiça do Trabalho consome mais de 50% do orçamento do Poder Judiciário: possui milhões e milhões de processos; possui varas instaladas nos mais diversos e distantes pontos do território nacional; possui 27 Tribunais Regionais mais o Tribunal Superior do Trabalho. Agora, na reforma do Judiciário, vai passar a ter – e já um pouco tardiamente – o Conselho da Justiça do Trabalho, para funcionar como órgão de supervisão administrativa e financeira. E esse ramo especializado da Justiça não tem um código próprio; rege-se por uma legislação excêntrica, chamada Consolidação das Leis do Trabalho, e por leis extravagantes que a ela são agregadas.

Por algum tempo, houve, eu diria, quase que uma campanha nos meios de comunicação, originando, no país, um clima contra os chamados juízes classistas, descendentes daqueles mediadores que tomavam assento na Mesa de Conciliação, a qual nunca deveria ter passado de Mesa de Conciliação. Extinguiram os cargos porque eram onerosos aos cofres públicos. O que aconteceu? Aquelas vagas foram preenchidas por novos juízes, que, simplesmente, deixaram de ser classistas.

Não estou aqui, com essas observações, censurando, propondo extinção, apontando erros, mas apenas narrando o fato para a compreensão das senhoras e dos senhores sobre o dramático quadro da nossa Justiça, hoje apontada como uma das mais caras do mundo, cujos juízes estão entre os mais bem remunerados do mundo.

Vamos procurar, na Constituição em vigor e na tradição do Direito Constitucional, o que temos a partir de um determinado momento da República. Temos a competência privativa da União para legislar acerca de tudo – art. 22 da Constituição: "Compete privativamente à União legislar sobre: ..." (aí vem um elenco quase interminável, incansável, porque é abrangente, de tudo aquilo que diz respeito à vida do Estado, às relações do Estado com os cidadãos, de cidadão com cidadão, de pessoa física com pessoa jurídica etc., chegando até ao Direito Espacial, já numa reserva de mercado de legislação).

Montou-se a Federação, atualmente constituída de 26 Estados e do Distrito Federal. O nosso modelo federativo, desde a origem, conferiu a cada Estado autonomia absoluta; é claro, Federação. E na Constituição de 1988, alguém plantou também como entes federativos – pasmem – o Distrito Federal e os Municípios.

O que isso significou? Grandes dutos de dinheiro público – a arrecadação tributária da União, majoritária, hoje em torno de 80% do que se recolhe no Brasil, vem pelos braços invisíveis da própria União e, daí, é repassada aos Estados e Municípios, entes federativos, que, com exceção do ICMS e do ISS, praticamente não têm como manter as suas estruturas funcionando. Encontramos também o Distrito Federal como pessoa jurídica de Direito Público – ente federativo.

Ora, meu Deus do céu! A concepção mundial de um distrito federal é a de um lugar neutro que a União reserva para que os Poderes e as delegações diplomáticas ali se encontrem e realizem um trabalho de coordenação e de gerência das atividades políticas e administrativas do país. O Distrito Federal é (deveria ser), por essência e por definição, uma área sob permanente intervenção federal da União. Pegamos territórios federais sem a mínima condição de auto-sustentação do ponto vista da arrecadação tributária e transformamos em Estados. E essa transformação implica o aumento da carga da despesa pública devido às instituições que ali hão de ser plantadas – Poder Legislativo, Poder Executivo, Poder Judiciário –, além dos Municípios, com as suas prefeituras, os seus cargos em comissão e outro tipo de instituição que não se sabe para que serve: as Câmaras de Vereadores.

Como vemos, é importante que reflitamos no nosso país no contexto do custo-benefício; que reflitamos em quanto custa manter o Brasil com essas instituições, com esse formato federativo.

As Assembléias Legislativas têm competência legislativa? Diz a Constituição que não, a não ser suplementar ou concorrentemente – e a maior parte nem sabe o que é isso. Então, temos Poder Judiciário nos 26 Estados e no Distrito Federal, pagos para operar o Direito Nacional Federal, que é o Direito legislado pelo Congresso Nacional.

Com isso, chegamos a dois ramos da Justiça: temos o mesmo Direito operado em razão de competências deferidas pela Justiça estadual, que tem o 1º grau e o 2º grau – e custa muito caro manter isso, no seu, no meu, no nosso bolso –; e temos a Justiça Federal propriamente dita, com as suas competências definidas na Constituição, operando o mesmo Direito Nacional Federal. Além do mais, temos as Justiças especializadas – a do Trabalho e a Militar, bem como a Eleitoral, que é curiosíssima, pois é uma Justiça mista: ela é operada por juízes emprestados dos Estados, por um Ministério Público emprestado dos

Estados e também por juízes federais; no Tribunal Superior Eleitoral, é operada por ministros do Superior Tribunal de Justiça, ministros do Supremo Tribunal Federal e dois membros oriundos da advocacia, indicados pelo Supremo. Nessa conjuminância, temos muita jurisprudência para firmar e muita jurisprudência remansosa e consistente para se manter na operação, por exemplo, do Direito Eleitoral.

Eu necessitava dar uma visão panorâmica para mostrar, com esse emaranhado todo, com esse cipoal na armação da Federação, tendo a sociedade que pagar um custo tão desmedido para manter as instituições – instituições, portanto, que precisam ser revistas, que precisam ser rediscutidas –, que não podemos faltar com a coragem cívica e necessária para a rediscussão de todo o sistema. Estamos no século 21, e não cabe mais, num país deste tamanho, um Estado pesado como é o brasileiro, um Estado caríssimo como é o brasileiro, o qual, com o que arrecada, não tem condições de oferecer, em contrapartida, o mínimo das obrigações a ele inerentes: segurança, saúde e educação públicas. Citei apenas três indispensáveis direitos de uma sociedade, sem falar nos transportes aquaviário, rodoviário, ferroviário, serviços que poderiam funcionar muito bem numa parceria com a iniciativa privada, como acontece em outros países.

O Poder Judiciário nacional, da forma como está montado, não consegue atender aos anseios da sociedade. Com todas essas coreografias e distinções, há Justiça especializada dos mais diversos ramos; além disso, mais da metade das ações é voltada para o interesse do poder público. Há duas semanas, fizemos um levantamento dos vinte maiores demandantes no Superior Tribunal de Justiça; tanto entre os que são classificados como réus, a saber, aqueles contra quem se move ação, quanto entre os classificados como autores, aparece em primeiro lugar a União. E o somatório dá mais de 80%: União, Estados e Municípios, pessoas jurídicas de Direito Público, Autarquias, tudo ocupando o trânsito do Poder Judiciário nas suas demandas. Claro que não vai restar espaço para o social nem para a cidadania; não vai restar espaço, dentro das vias, alamedas, avenidas, e ruas do Poder Judiciário para os interesses maiores da sociedade, exceto para os casos mais notáveis, como os chamados casos bizarros, iguais àquele que relatei.

Em síntese, essa é a Justiça que temos, a Justiça em que os juízes, como foi dito no relatório do Ministério da Justiça, estão entre os mais bem pagos do mundo para trabalhar para o governo, trabalhar para o Poder Executivo, dos mais diversos níveis – estadual, municipal e federal. E, pasmem, a estatística, dizia o professor Roberto Campos, mostra o óbvio e esconde o essencial. Na verdade, é muito fácil fazer uma maquinação estatística. Ontem, por exemplo, eu estava vendo que o Supremo Tribunal Federal, numericamente, produz mais do que o Superior Tribunal de Justiça, porque lá são onze ministros e no STJ são 33. E a estatística aponta o Supremo Tribunal Federal praticamente com a metade dos pleitos julgados em relação ao Superior Tribunal de Justiça.

Ora, isso não é verdadeiro, porque, quando a estatística diz que um juiz julgou, resolveu quarenta, cinqüenta, sessenta processos por dia, realmente ele escoou quarenta ou mais processos. Sem dúvida, despachou muitos processos, mas decidiu poucas causas, pois temos a questão da repetição das causas, a questão do sistema processual também, o qual permite que muitos recursos sejam interpostos acerca da mesma situação. Em geral, o juiz sabe o assunto de cor. Quando ele olha a primeira página da petição inicial, já sabe qual a decisão que vai tomar sem precisar estudar nada; tão-só pega, no computador, o despacho padronizado para usar no caso. Às vezes, a sua equipe prepara o texto, e ele apenas o confere para saber se está certo.

Assim, estamos, em grande parte, substituindo o trabalho dos juízes por aquilo que seria o trabalho de despachantes. Muitas decisões, como a de ofício "junte-se aos autos", bobagens que a burocracia processual inventou, tomam tempo dos juízes, quando poderiam ser despachadas por funcionário qualificado da sua confiança.

Para que se tenha idéia, o Superior Tribunal de Justiça este ano tem uma projeção de, aproximadamente, 8 mil julgamentos por ministro. Ora, isso é um absurdo. Se formos examinar a progressão do volume de feitos perante o Tribunal desde a sua instalação até aqui – somam-se quinze anos –, veremos como cresceu a demanda; cresceu porque o Executivo se recusa a reconhecer o direito do cidadão quanto ao reajuste, por exemplo, da pensão previdenciária. Então, todos demandam. E vão à

Justiça por muitas razões: porque há uma ingresia a respeito dos índices da prestação da casa própria; porque restaram um contencioso do Plano Bresser, um contencioso do Plano Collor, um contencioso do Plano Verão e outros. Os planos econômicos, de um modo geral, foram os maiores causadores do congestionamento do tráfego do Poder Judiciário.

É importante que a sociedade conheça essas realidades, para podermos começar a sonhar com novas realidades. Acredito no sonho – estamos, neste ano, celebrando os quatrocentos anos de Dom Quixote –; acho que falta um pouco de quixotismo no espírito de muitos dos nossos homens públicos.

O Brasil é um país que tem crescido e avançado em elevadas proporções porquanto, volta e meia, um sonho quixotesco se apropria das mentes daqueles que estão encarregados das coisas públicas. O nosso último Quixote chamou-se Juscelino Kubitschek, a quem reconhecemos a afirmação da industrialização; a quem reconhecemos a contribuição para uma grande construção democrática; a quem reconhecemos o espírito empreendedor que, num sonho praticamente impossível, plantou esta capital.

Imaginemos hoje o que seria o Brasil governado do Palácio do Catete, perto do Hotel Glória. Como seria este país administrado dali, com aquelas futricas tão comuns nos palácios, o trânsito do Rio de Janeiro congestionado, o tráfico descendo os morros e o poder público incompetente para enfrentar todos os desafios? Juscelino conseguiu ver um pouco mais à frente, porque à frente dele outros já haviam chegado, como José Bonifácio, na primeira Constituição brasileira. Porém tenho observado que, se fosse hoje, Juscelino não teria conseguido realizar a metade das obras que nos legou, as quais levaram à unidade nacional e à união das nossas potencialidades para uma melhor exploração econômica. Por quê? Se ele quisesse, nos dias atuais, criar o Lago Paranoá, estaria preso no dia seguinte: os ecologistas não permitiriam; a campanha seria muito grande.

A abertura da estrada Belém–Brasília é outro exemplo. Meu Deus do céu! Que loucura! Vai passar por terra de índio; o trator vai passar por cima de toca de jacaré; as onças vão ser postas para correr fora do seu hábitat; enfim, todas essas questões que, hodiernamente, de uma forma um tanto fundamentalista, ocupam as discussões no país. Sem dúvida, elas também precisam ser postas a bom cobro, mas o Brasil tem que crescer. Não estou dizendo, com isso, que a Natureza não necessita ser defendida; não se trata de admitir o desrespeito à Natureza. É dever do ser humano respeitar o meio ambiente para que, com um meio ambiente sadio, tenha mais condições de oxigenar a sua saúde. Trata-se, simplesmente, de buscar uma conciliação entre as idéias importantes do ambientalismo e a necessidade de sobrevivência das pessoas, do seu direito à vida.

Dizem que, no Amazonas, se alguém encontrar um fiscal e um jacaré, a dificuldade é muito grande, porque, se entrar em luta corporal com o fiscal e ele, de alguma maneira, sofrer lesão corporal, decerto esse alguém correrá o risco de ter a pena aumentada por ter ferido um servidor público. Se o caso for com o jacaré, será pior, pois o crime é inafiançável.

Essas são distorções com as quais nós, fingindo que não estamos vendo por receio de abrir polêmica, de enfrentar debate, vamos nos defrontando num crescendo, o que atrapalha, e muito, a administração das melhores causas do país.

Sonhamos com uma justiça que não seja tão cara. Agora mesmo, no Conselho da Justiça Federal, órgão de supervisão e administração orçamentária de toda a Justiça Federal do 1º e do 2º grau, do qual sou o Presidente, estamos concluindo estudos para uniformizar, por exemplo, os prédios públicos da Justiça.

É comum, viajando pelo Brasil, encontrar edifícios verticais enormes, grandes espigões, torres altas e ver uma placa – Justiça tal. Aquilo é um sumidouro do dinheiro público no custo-benefício. Primeiro, a elevada soma que se gastou na imensa construção; segundo, e aí está o maior prejuízo, a manutenção da estrutura: os elevadores, a mão-de-obra, que tem de ser terceirizada, os carpetes, que todo dia exigem produto químico, energia elétrica, aspirador de pó...

As pessoas não conseguem ver, parece que, nesses pequenos detalhes, na verdade um grande ralo, reside uma parte do escoamento do dinheiro público. Contudo, o problema não diz respeito só ao Poder Judiciário. Em geral, as construções da administração pública não buscam ver a amplitude das áreas disponíveis (temos muitas) e, dentro disso, um custo menor para a manutenção; não buscam ver a funcionalidade, de modo que as pessoas não precisem ficar na fila do elevador. Um elevador moderno, quando enguiça... Outro dia, descobri que um elevador do Tribunal não estava funcionando – um inferno! Num caso desses, temos que mandar buscar peça em outro país. Precisamos, portanto, ocupar-nos com esses pequenos detalhes.

Estamos desenvolvendo um projeto piloto chamado "Cidade Judiciária", que é uma grife, como se fosse uma franquia. Significa o quê? Conforme o projeto, um ente público (ou um particular) doa um terreno. Encontramos, no último fim de semana, um cidadão desejando doar 20 hectares à União para a implantação do projeto na sua cidade. Como é que isso se concebe? Todos os ramos da Justiça da União e todos os da Justiça do Estado ali vão e dizem qual a área de que precisam para se instalar, sendo deixada uma área de reserva. A área comum é loteada. Cada um recebe o seu lote e, dentro do seu orçamento, constrói o imóvel, contanto que seja respeitada a unicidade, a unidade arquitetônica, e que tenha, no máximo, o piso térreo e um superior, de modo que se gaste menos energia elétrica, que haja menos cubículos e saletas para haver menos linhas telefônicas e que não se tenha elevador em hipótese nenhuma. Não é que eu boicote os elevadores; não é bem isso. Trata-se de buscar baratear o custo da administração pública para o contribuinte, o povo brasileiro.

Com a implementação do projeto, será criada, praticamente, uma vila em que todos os serviços do Estado serão prestados: os advogados, lá chegando, resolverão as suas questões, sejam da Justiça estadual, sejam da Justiça Federal; um cidadão qualquer, lá adentrando, vai resolver as suas questões de carteira de motorista, porque ali haverá um posto do Detran, vai tirar uma nova cópia da certidão de nascimento ou de casamento, porque ali haverá um cartório civil, vai tirar o título de eleitor, porque ali haverá a Justiça Eleitoral de 1º grau, vai resolver a sua pequena causa, porque o juizado especial – estadual e federal – também estará instalado. Enfim, tudo se resolverá num mesmo local. O objetivo disso, além de facilitar a vida do cidadão, é reduzir os custos da administração, a fim de que o Poder Judiciário, pelo menos os dois ramos – federal e estadual –, esteja disponível a qualquer tempo. Nos fins de semana, aquela estrutura, para não ficar ociosa, funcionará como um centro de convenções, com cinema, livraria, biblioteca. Assim, as pessoas da comunidade poderão ser atraídas para usufruir aquela pequena margem de serviço.

Essa idéia está no projeto. Como temos uma área desapropriada de 26 hectares, vamos implantá-lo no ano que vem. A história está correndo como rastilho. Recentemente, fui a Imperatriz, interior do Maranhão, atender a um convite da Ordem dos Advogados, e já havia chegado lá a idéia; então, fui procurado por uma pessoa que quer doar o seu patrimônio privado, praticamente dentro da cidade – 20 hectares – para a União ou para o Estado.

Enfim, é uma idéia que não tem dono; basta que um dos entes públicos – União, Estado ou Município – se interesse e todos ali se organizem para que se dê início a essa nova concepção, nascida no século 21, de estruturar e sediar os órgãos do Poder Judiciário numa só área.

Estou falando apenas da estrutura física. Mas de que precisamos do ponto de vista do espírito do novo Poder Judiciário nacional? Em primeiro lugar, de uma escola, efetivamente de uma escola, verdadeiramente de uma escola nacional superior da magistratura. Por quê? Como é que recrutamos os magistrados no Brasil? O cidadão sai da faculdade de Direito; se foi bom aluno, se foi o gênio da turma com 22 anos de idade, inscreve-se num concurso, porque descobriu que não tem vocação para ser advogado, não vai exercer a advocacia no setor público, não vai ser consultor de empresas. Pega, pois, os programas de concurso e estuda ininterruptamente. Passa e é nomeado; daí a dois anos, alcança a vitaliciedade.

Nada tenho contra a euforia da juventude, porque também fui um entusiasta quando jovem. É certo que cheguei a ter arrependimento de alguns excessos de entusiasmo que hoje não cometeria. A verdade, entretanto, é que alguém pode saber tudo sobre os códigos, tudo sobre as doutrinas, tudo sobre o Direito e saber muito pouco sobre a vida. Imaginar-se alguém com menos de 25 anos, com menos de trinta anos, entregando-se a uma decisão sobre o patrimônio, sobre a liberdade dos outros, é acreditar que somos, realmente, uma nação de gênios! É lógico que, em todos os setores, em qualquer tempo, existem meninos-prodígio. Lembram-se de que havia uns meninos-prodígio na escola, alguns que faziam raiz quadrada mentalmente, que conseguiam calcular quantos minutos uma pessoa tinha vivido tendo por base apenas a sua data de nascimento?

Afinal, somos uma nação de supergênios? Não. É que o nosso sistema permite isso. E por que permite? Porque, no começo, exigia-se um patamar mais elevado para o início na carreira da magistratura. Depois, começou-se a ter uma espécie de rejeição, pois as pessoas faziam concurso para a magistratura e não assumiam, porquanto estavam buscando aquele título só para incorporar ao seu currículo.

A relação brasileira de juiz por habitante preocupa-nos. Sabem quantos juízes federais temos para 175 milhões de pessoas? Pasmem! Menos de dois mil. E a cada momento aumentam os desafios para a Justiça Federal, pois crimes de grande potencialidade, como alguns casos de violação dos direitos humanos e outros referentes ao crime organizado – tráfico de drogas, lavagem de dinheiro, contrabando de armas e a famosa pirataria, da qual, se houver tempo, me ocuparei um pouco –, são de competência da Justiça Federal, e não temos juízes para operar isso tudo em todo o território nacional.

A atuação de um juiz federal implica a presença, ao seu lado, do Ministério Público Federal e da Polícia Federal. Implica, ademais, a presença, ao seu lado, do advogado-geral da União, bem como a presença da Receita Federal no combate à sonegação fiscal, que é um absurdo – procuramos nos comportar com todos os sacrifícios, cumprindo com os nossos deveres de cidadãos, pagando os nossos impostos em dia, enquanto outros, outros e mais outros se furtam a esse dever e, em cima de todas as estratégias possíveis, armam a sonegação de modo a formar um quadro de profunda desigualdade.

Enfim, a atuação de um juiz federal significa uma estrutura que, em resumo, é a presença da União, a qual hoje comparece ao interior do Brasil. De que modo? Com o INSS, para arrecadar e pagar a folha dos aposentados por meio da Caixa Econômica Federal, que comparece para injetar esse pequeno dinheiro nas economias locais interioranas e levar o dinheiro das loterias. Comparece, ainda, com o Banco do Brasil, que já não é tanto uma instituição de fomento, de financiamento da produção agrícola, da produção rural; é mais uma agência de execução devido à inadimplência generalizada que se formou em muitas áreas do país. E com que mais comparece?

É preciso que o Brasil comece a querer conhecer o Brasil; que o Brasil se volte para o interior do Brasil. E a presença mais efetiva que o Brasil pode ter nesse começo de conhecimento de si mesmo é a da Justiça. Mas não basta implantar ali fisicamente uma cidade judiciária, trazer o juiz fisicamente; é preciso atacar em várias frentes. Inicialmente, no recrutamento e na formação dos nossos magistrados. Quando digo formação, digo também atualização. Na verdade, não basta alguém chegar e, só porque é vitaliciado, achar que não precisa mais estudar, adquirir novos conhecimentos. Não. O juiz, ao contrário do filósofo baiano – que prefere ser a metamorfose ambulante a ter a velha opinião formada sobre tudo –, tem sempre uma opinião formada sobre todas as coisas. Decerto, ele precisa atualizar-se.

Os concursos para magistrado necessitam de uma supervisão nacional, a fim de que sejam empreendidos sob uma só direção. Aqui, em Brasília, houve, no ano passado, um concurso para juiz, e caiu na prova a seguinte pergunta: "Qual a diferença entre watts e ampères?" Eu, se fosse fazer aquela prova, também seria reprovado, porque não saberia responder. Agora, já sei; de tanto contar a história por aí, fui forçado a aprender.

Qual o valor de uma questão dessa numa prova de concurso para magistrado? Claro que é a famosa "pegadinha", colocada nos concursos a fim de reprovar mais gente. Em Santa Catarina, perguntaram numa prova quem foi o presidente do Tribunal no ano tal, no começo do século. Quem vai imaginar que isso vai cair num concurso para juiz?

O que o juiz deve aprender para ser juiz é o que todo advogado deve aprender para ser advogado: primeiro, aprender a ler, saber ler o Direito; depois, aprender a escrever, porque, tanto na advocacia quanto na magistratura, não se pode escrever mal, empolado, gongórico, difícil de entender. O advogado, de um modo geral, é preparado para enganar o juiz. Assim, quanto mais ele escreve, fazendo uma petição de cinqüenta laudas, mais vai cansar o juiz, que tira os óculos, põe os óculos, toma um cafezinho para ver se fica esperto, e, quando menos espera, está com uma pilha de outras petições enormes sobre a mesa.

Não podemos ter um Judiciário funcionando em ritmo de Tom e Jerry; ora Tom é Jerry, ora Jerry é Tom, para ficar mais nivelado. Não é compreensível que os juízes não se entendam com os advogados, uma vez que a realização da justiça depende do juiz e do advogado; as partes que demandam, por força da Constituição no Estado de Direito democrático, fazem-se representar por advogados. Então, o advogado está bem inscrito na Constituição e presta inestimável serviço à administração, à realização da justiça. O que ele precisa, desde a faculdade, é aprender a ler, aprender a escrever e aprender a falar. Não adianta o seu discurso querer disputar com o sermão do Padre Antônio Vieira, se ele só dispõe de 15 minutos na tribuna, que já é muito tempo.

A mim é que deram aqui a liberdade de chegar sem ler, de ficar falando... Mas eu já teria sido reprovado se estivesse perante um tribunal do júri, porque, em muitos casos, a sessão de uma turma julgadora inicia-se às 14 horas; cada advogado, pelos estatutos da OAB, tem direito a 15 minutos. Pensemos num processo. Todos têm dois demandantes no mínimo; se não têm dois, têm o Ministério Público – aí já são 30 minutos. Se há quatro processos com sustentação oral, fica inviabilizada a sessão de julgamento, que se encerra por volta das 18 horas, e a média é de 300, 350 por sessão. É de bom alvitre, pois, às vezes, que, até como estratégia, o advogado nem fale. Ele deve demonstrar que sabe falar, que sabe do que está falando, e que não se limita a ir à tribuna e ler um memorial extenso, a que ninguém irá prestar atenção.

Em suma, é importante que tanto o juiz quanto o advogado aprendam a coisa mais importante do seu exercício profissional, que é pensar. No que concerne ao advogado, ele há de ser, sobretudo, um pensador, a fim de encontrar a melhor forma de aplicar o melhor direito na busca da melhor realização da justiça na causa que ele encampou, que aceitou, que vai empreender. E o juiz há de ser o filósofo, também um pensador, para poder, diante de si, encarar cada caso como um caso único, para poder, dormindo ou acordado, ruminá-lo e descobrir a melhor solução para a questão, não a decidindo de inopino, como se fosse um mero despachante.

Nesse contexto, pensamos que uma escola nacional superior da magistratura, uma escola que busque passar por cima de todos os convencionalismos existentes em matéria de escola, de universidade, na qual o juiz tenha, pelo computador, na sua própria sala de trabalho, acesso a um curso de atualização, a ser feito entre um intervalo e outro (é só clicar), solucionará o problema. Isso é possível; eu vi no México. Na República Dominicana, que equivale a um bairro de São Paulo, se bem que lá o índice de alfabetização, dizem, é proporcionalmente superior ao de muitos países da América Central e da América Latina, também vi uma escola superior da magistratura. Repito: é possível.

O juiz é alguém que tem muito a ver com as informações do dia-a-dia, que precisa estar sintonizado com os acontecimentos da sociedade. Como eu já disse, para 175 milhões de brasileiros, temos, na Justiça Federal, menos de dois mil juízes. Se somarmos a relação toda, a saber, juízes estaduais, juízes federais, incluindo os juízes de futebol — Sua Senhoria do meio de campo, e não Sua Excelência —, talvez os juízes de casamento caipira, pondo todos num mesmo bloco, não chegaremos a 16 mil, que é uma relação muito injusta em termos de Brasil.

Vejam a situação: primeiro, não temos juízes suficientes perante as comunidades; segundo, das questões que chegam ao Poder Judiciário, mais de 80% são ocupadas pelo poder público; terceiro, o sistema processual vigente enseja uma infinidade de recursos, fazendo com que o dinheiro do contribuinte seja consumido pelos juízes, pelos serventuários da Justiça, pela máquina, pelo aparelho judicial, a serviço dessas ingresias recursais.

Precisamos imaginar um sistema que nos permita usar as ferramentas do desenvolvimento científico e tecnológico a serviço do Judiciário, da mesma forma como se avança no Executivo com o e.gov, o governo eletrônico, mediante o qual os cidadãos têm acesso, por rede, via internet, às contas públicas, aos projetos do governo, às prestações de contas do Executivo. Precisamos desenvolver também no Poder Judiciário o e-jus, o governo eletrônico do Judiciário na rede. Nesse sentido, já existe um projeto de nossa iniciativa no Superior Tribunal de Justiça, que tem o apoio e a participação do Supremo Tribunal Federal e do Tribunal Superior do Trabalho.

Precisamos de um sistema em que o advogado, do próprio escritório, possa, pela rede, remeter a sua petição inicial sem ter que ir ao tribunal. E o juiz, clicando uma tecla, possa receber a petição onde se encontrar, no fórum ou em casa; e dali mesmo, vendo a petição, possa, num outro clique, remetê-la para vista ao Ministério Público. O Ministério Público, por sua vez, agirá da mesma forma, tudo de um modo ágil e com economia de papel – isso, sim, é uma questão ambiental muito séria, porque o que há de papel depositado nos recintos do Tribunal que eu presido! Se fôssemos somar todos os papéis, o resultado equivaleria a muitos hectares de floresta, muitos hectares. E o pior é que, depois de tudo isso ser julgado, não se sabe o que fazer com tanto papel. De quem é o papel? É do juiz? Não. É da parte? Ainda não veio uma lei que determine a venda por quilo. Alguém diz: "Não, mas pode conter decisões históricas..." Quem é o historiador que vai ver aquela montanha de 200, 300 mil processos acumulados?

Eis outro problema sobre o qual ninguém parou ainda para pensar: o que vamos fazer com toda a papelada? Mandar reciclar? Não, porque aí está o *habeas corpus* de Juscelino Kubitschek – vi isso quando advogava no Supremo. É uma historinha que não pega bem, porque eu deveria ter feito alguma coisa e não fiz. Uma vez, entrando no depósito, vi no chão o *habeas corpus* preventivo impetrado por Sobral Pinto em favor de Juscelino Kubitschek. Eu poderia ter tido um gesto de grandeza; poderia ter recolhido aquilo do chão e colocado pelo menos na prateleira. Olhei, li e deixei lá. História do Brasil. Não temos essa noção de história.

É preciso que se veja tudo isso, mas a Justiça que queremos, com a qual sonhamos, vai dispensar papel; haverá o mínimo de papel possível. Terminado o processo, deverá haver uma lei que determine o destino do processo.

Assim, um processo iniciado nos moldes que ora estou descrevendo imaginariamente chega em pouco tempo ao tribunal superior. Não há novidade, porque isso já se pratica, por exemplo, na Suprema Corte americana, há mais de duzentos anos, desde que ela existe. Lá, os magistrados não se reúnem para julgar uma questão sem que tenham combinado antes. O sistema parece-se com o do PSD de Minas – para os mais recentes, era o Partido Social Democrático, que comandava,

junto com a UDN, até novembro de 1966, a política de Minas Gerais.*
O normal era combinar tudo antes e reunir-se depois; desse modo, não havia discussão, e tudo era resolvido por unanimidade.

Na Suprema Corte americana, trabalham com um sistema chamado de memorandos. Um juiz recebe um processo, e a assessoria dele prepara um resumo do relatório, que é posto em circulação para conhecimento prévio dos demais. Depois, eles começam a discutir entre si, sempre via memorando, a busca do consenso para aquela decisão. Daí, é muito raro uma decisão não ser unânime, razão por que não se tem notícia de pedido de vista. O pedido de vista, no Brasil, é outra praga. Eu mesmo já me arrependi de pedir vista. Eu levava um processo, interessado, realmente, em desfazer uma dúvida. Mas tudo transcorria tão dinamicamente, e eu fazia tantas coisas ao mesmo tempo, que um belo dia olhava para aquele processo, que ali estava há trinta dias, sem que tivesse tido tempo sequer de examiná-lo, e a cabeça já estava ocupada com outros desafios.

Isso pode ser resolvido, entre nós, de uma maneira muito simples: no momento em que o processo informatizado, via rede, chegar ao Tribunal, passará pelo mesmo sistema de distribuição. O relator o receberá e logo que o seu relatório estiver pronto o disponibilizará para os seus iguais do Colegiado. Cada um terá uma senha para acessar a caixa do seu congênere, do seu igual na turma, na seção, ou na Corte e verá o que o outro tem para julgar no dia seguinte ou na semana seguinte. Desse modo, ele terá noção. Num segundo momento, poder-se-á estabelecer o sistema de memorandos, só que em forma de troca de idéias via rede. Tudo ocorrerá de tal maneira que, quando o processo entrar em pauta ou for posto em mesa para julgamento, todos já saberão de que trata efetivamente, e ninguém perderá tempo. Poder-se-á até colocar um telão para que as pessoas da assistência vão lendo o resumo do relatório, bem como câmeras em cada seção, fazendo valer, então, o princípio da transparência. Qualquer pessoa, em qualquer parte do território nacional, poderá assistir à sessão via internet; poderá ir ao

---

* Todos os partidos políticos sugeridos sob a Constituição Federal de 1946 foram extintos pelo Ato Institucional nº 2 de novembro de 1966.

Correio, onde haverá dois ou três computadores sintonizados com os tribunais, e ali assistirá ao julgamento e obterá o resultado.

Essa idéia, em estudo, vai depender de investimentos. Já estão dizendo que o Judiciário brasileiro é o mais caro do mundo, entretanto, agora, precisamos arrumar dinheiro para executar esse projeto. Ele depende da implantação de um sistema chamado "Certificação Digital", que vai dar mais garantia, vai embolar os sinais de modo a evitar que haja invasão e que alguém deturpe os dados. Depende, também, de uma lei que foi aprovada na Câmara (estou trabalhando para que seja aprovada no Senado), a qual vai dar validade a essa movimentação por rede, via internet.

Estamos com um projeto para disponibilizar o *Diário da Justiça online*. O que acontece hoje com as decisões judiciais? Depois que o trâmite se desenvolve nessa morosidade de tantos meses e até de décadas, há outra coisa: os prazos se contam após a publicação no *Diário da Justiça*, jornal impresso, horroroso, pesado, que não chega a todas as partes do país. O advogado que está em Botucatu, em Duque de Caxias, em Caraguatatuba tem dificuldade de saber em que dia aquela decisão foi publicada, aquele acórdão, aquele despacho, para começar a contar o prazo de cinco dias a fim de elaborar o recurso. Na verdade, o advogado precisa de um escritório em Brasília, de um correspondente.

Como se vai resolver isso? Uma greve de seis dias na imprensa oficial paralisaria o Judiciário por três meses, pois as decisões se acumulariam e não seriam publicadas. Não tendo sido publicadas, o tráfego judiciário ficaria paralisado, obstaculizado, afora situações que já identifiquei. Um exemplo: por descuido, jamais por poesia, as emendas são publicadas com erros materiais; isso é muito comum. O relator assina uma emenda, e sai no *Diário da Justiça* outra coisa; um errinho, uma palavra ali, uma letra que é suprimida de uma palavra... É algo muito perigoso.

Na imprensa oficial, portanto, acontece erro material. Uma simples letra que não aparece anula a publicação, e o texto retorna, quinze, vinte, trinta, quarenta dias depois, ao relator, para que autorize a republicação por erro material. É lógico que alguém ganhou muito com a procrastinação e alguém perdeu muito.

Qual a Justiça que queremos? Está em estudo, como já disse – vamos lançar brevemente, porque está em fase experimental –, o *Diário da Justiça on-line*. O que é isso? Montado esse sistema rápido, a decisão, no momento em que for proclamada, automaticamente irá para a página da internet do Superior Tribunal de Justiça, tornando-se pública em tempo real. À zero hora entrará o *DJ on-line*, que terá um formato igual ao do *Diário* impresso, e à zero hora se começará a contar o prazo de 24 horas, a partir do qual se começará a contar o prazo de cinco dias, conforme estabelecido no CPC. Vamos trabalhar também para reduzir esse prazo, para que o conhecimento seja instantâneo. Com isso, teremos dado maior transparência às decisões judiciais, que não serão mais privativas dos advogados ou do serventuário da Justiça, mas estarão à disposição de qualquer cidadão, que poderá acessar a página do Tribunal e ter conhecimento da decisão judicial no *DJ on-line*. Além disso, economizaremos papel, contribuindo para a preservação do meio ambiente.

Outras decisões tomamos no primeiro momento quando assumimos a Presidência do Tribunal, e que não custaram um centavo. Primeiramente, colocamos o Tribunal para funcionar em horário corrido. É do conhecimento de todos que o advogado pode sair de São Paulo ou do Rio de Janeiro e, no mesmo dia, retornar sabendo o número do processo e o nome do relator. E pode fazê-lo porque o Tribunal começa a funcionar às 7 horas e trinta minutos e vai até as 19 horas, sem intervalo. Antes, o expediente começava, teoricamente, às 13 horas e ia até as 19 horas. Na prática, isso não resultava nem em 5 ou 6 horas de trabalho. Ademais, a distribuição, que era feita apenas uma vez por dia, às 18 horas, foi desmembrada e passou a ser feita três vezes por dia: às 10 horas, às 14 horas e às 18 horas; isso é muito benéfico.

Dentro dessa concepção, não se pode realizar a Justiça sem facilitar a vida profissional dos advogados. Vejam bem: facilitar a vida profissional dos advogados; não confundir com "facilitar o resultado do que os advogados pretendem". Imaginamos, por conseguinte, que, havendo um Poder Judiciário ágil, conseguindo-se, e é possível, um Judiciário eficiente, um Judiciário que responda de pronto às demandas da sociedade, teremos esse pilar da República, o terceiro pilar da República, ao lado do Executivo e do Legislativo, com muito mais condições de garantir a governabilidade do país.

Sem dúvida, a governabilidade é uma responsabilidade comum aos três Poderes; contudo, no Poder Judiciário, ela ocorre de uma forma mais completa, tem peso maior, porque a ele incumbe dizer a Constituição, interpretando-a; incumbe dizer as leis, fazer com que sejam aplicadas, interpretando-as. Ao Judiciário incumbe manter a auto-estima do povo brasileiro, assegurando, por meio dos nossos juízes, os seus direitos, na Constituição escritos; e incumbe, ainda, aos membros do Ministério Público, fiscais da lei.

Podemos ter condições de enfrentar, de uma maneira mais eficiente, o que hoje tanto atazana a nossa democracia, que é o crime organizado. Dentro dos quatro braços do crime organizado, quero, para encerrar, reportar-me ao que considero o mais danoso para a democracia: a pirataria. Danoso no sentido de quê? Se temos um Estado democrático com orçamento fraco, temos uma democracia fraca; fraca porque a sociedade cobra do Estado o atendimento das suas demandas, das suas necessidades, e essas reivindicações não podem ser satisfeitas em razão das deficiências do orçamento público, da pouca arrecadação – por mais que se pense que a arrecadação é grande, poderia ser muito maior, se não houvesse os ralos da sonegação e o grande drible resultante das ações piratas.

Não é justo que as empresas organizadas num Estado de Direito Democrático, que são levadas, portanto, a sustentar a democracia com os impostos que pagam, com os direitos sociais que reconhecem aos seus empregados e recolhem das suas folhas para os cofres públicos, sejam prejudicadas em tão alta escala. Não é justo que as empresas, no mercado de competição, busquem investir em tecnologia, busquem investir em grifes, em melhoria dos padrões da qualidade dos seus produtos, tudo isso dentro de uma competição sadia, típica, natural, justificável num sistema capitalista, positiva, e outros lavem o dinheiro decorrente do tráfico de drogas, decorrente do contrabando de armas que mantêm os seus braços armados na criminalidade, decorrente da lavagem de dinheiro propriamente dita, comum nos investimentos de fachada.

Não é justo. Essas indústrias de fachada fabricam produtos piratas. São piratas fabricando produtos que usurpam a propriedade industrial, usurpam a propriedade intelectual; produtos que enganosamente as pessoas vêem nas calçadas e os compram, com pena do vendedor, achando que tal mercado é uma grande ação de combate ao desemprego – coisa nenhuma! Aquele coitado é mais um instrumento, mais uma vítima dessa manipulação criminosa, porque a ele não são reconhecidos os direitos sociais, os direitos trabalhistas. E as pessoas ficam com "peninha" e compram aquela mercadoria mais barata, aparentemente de boa qualidade. Com isso, estão promovendo, ajudando a promover insuportáveis sangrias nos cofres públicos, na medida em que o fisco não arrecada o que deveria, e a política tributária acaba aumentando a carga de impostos para poder manter as demandas do Estado. A pirataria é, pois, um dos fatores por causa dos quais temos, hoje, no Brasil, uma das mais altas cargas tributárias do mundo.

Este seminário reveste-se de grande importância para a democracia no país, uma vez que se volta para alertar consciências, para a reflexão duma questão que reputo da maior gravidade para as nossas instituições democráticas: a usurpação da propriedade intelectual e da propriedade industrial, enfim, o mal denominado pirataria.

Penso que o Judiciário – não só o Judiciário, porque, por suas próprias mazelas, decorrentes do nosso sistema processual penal, não poderá dar respostas urgentes a essas questões – e os outros Poderes, num amplo trabalho de motivação, de esclarecimento, de conscientização da sociedade, poderão mostrar aos consumidores de produtos piratas que eles estão agindo contra si mesmos, por estarem contribuindo para que tenhamos menos hospitais públicos e menos escolas públicas; por estarem contribuindo para que tenhamos reduzida a possibilidade de trabalhar o saneamento público, de combater as endemias, de oferecer melhores estradas.

O consumo individual de um produto pirata desdobra-se, de um modo quase infinito, num resultado extremamente danoso para a nossa democracia e, por conseguinte, para toda a sociedade.

A pena criminal*

Sempre que ouvimos falar em crime, seja qual for, pensamos logo em cadeia. Há até quem pense que a questão criminal só estará resolvida quando todos os delinqüentes estiverem na cadeia. Antes mesmo do término do processo ou bem antes da denúncia do Ministério Público. De preferência.

Antigamente não era assim.

A versão mais aceita sobre os primórdios do Direito Penal na terra nos remete ao Paraíso. O cenário descrito é o de um jardim florido no qual viviam, entre bichos, árvores e frutas, apenas um homem e uma mulher.

O dono da terra, senhor de todas as coisas, impôs aos dois moradores uma única norma de conduta – podiam tudo, menos comer maçã. Pela transgressão, foram condenados ao degredo. A execução penal ficou a cargo de um anjo, o oficial de justiça Gabriel, que, empunhando uma espada, deu cumprimento à ordem de despejo.

A ementa do Acórdão saiu assim:

> Para a mulher: "Multiplicarei os sofrimentos da tua gravidez; em meio de dores, darás à luz filhos; o teu desejo será para o teu marido, e ele te governará."

---

* Congresso Regional de Política Criminal, em João Pessoa, Paraíba, de 9 a 11 de agosto de 2001.

Para o homem: "Visto que atendeste à voz de tua mulher, e comeste da árvore que eu te ordenara não comesses: maldita é a terra por tua causa; em fadigas obterás dela o sustento durante os dias de tua vida. Ela produzirá também cardos e abrolhos, e tu comerás a erva do campo. No suor do rosto comerás o teu pão, até que torne à terra, pois dela foste formado: porque tu és pó e ao pó tornarás".

Assim sentenciados, os réus saíram a vagar pelo mundo, sem destino certo, até que mais tarde testemunharam, em família, um fato horrível, que não puderam evitar – um homicídio. Uma desavença grave entre seus dois filhos levou um a matar o outro. A versão escrita atesta que Caim, o assassino, matou Abel sob o impulso da inveja.

Ora, sendo a terra redonda, e até então ninguém sabia que era assim, aconteceu que mais tarde já havia no mundo muito mais gente. Em todo lugar, dois tipos de gente – poucos dominantes e muitos dominados; poucos poderosos e os demais sem poder nenhum; poucos governando e o resto sendo governado. Deu-se então que os do andar de cima, os poderosos, passaram a deitar regras para os do andar de baixo, a maioria silenciosa e submissa.

Daí que quem contrariasse alguma lei era apenado ou com a morte ou com castigos físicos. Não havia pena de reclusão. A cadeia era apenas para os presos provisórios, ou seja, para aqueles transgressores que iriam ser mortos ou supliciados.

A pena de morte tinha várias formas de execução, dentre as quais o enforcamento para os homens, a fogueira ou o afogamento para as mulheres, a decapitação com uma machadinha, a estripação, o esquartejamento, o pisoteamento por cavalos, o sepultamento ainda com vida ou, pior, ser entregue literalmente às feras. Havia outras penas com mais requintes de perversidade, como a de lapidação. Imagine o corpo de uma pessoa sendo lapidado até que ela morra!

As penas de suplício, conhecidas como corporais, davam asas à imaginação dos torturadores. Arrancavam pele da cabeça ou cortavam uma parte do corpo, pés, mãos, nariz, dentes, orelhas ou língua. Essas penas eram executadas com astúcia e maior cuidado porque não poderiam levar à morte.

A dosimetria foi evoluindo, e os poderosos de então instituíram, em contrapartida ao horror, as penas leves, conhecidas como penas infamantes. Algumas soariam hoje até engraçadas, como a vaia, por exemplo. O sujeito que cometesse uma certa transgressão, uma contravenção, dir-se-ia para a época, era condenado a receber uma enorme vaia no lugar onde, até então, gozava de bom conceito. Ser amarrado e chicoteado no pelourinho ou ser obrigado a usar gargantilha eram também penas infamantes.

O repertório das penas corporais é longo. Traduz períodos muito longos de densas trevas na história da humanidade. Algumas ainda subsistem entre culturas milenares, como na China, onde ainda se fazem execuções sumárias e, como penas alternativas, castigos cruéis. A crueldade, porém, consegue legalidade também entre povos reconhecidamente civilizados. Nos Estados Unidos, por exemplo, ainda há em alguns estados a pena de morte, e em outros ainda se pratica, como pena, o chicoteamento do réu.

A pena de degredo, à qual foram condenados conhecidos brasileiros da Inconfidência mineira, como o poeta Tomás Antônio Gonzaga, teve sucedâneo entre nós na última ditadura militar. Dezenas dos que resistiam ao regime, na luta armada, foram banidos do território nacional. E, internamente, dois oposicionistas foram confinados, o ex-presidente Jânio Quadros e o jornalista Hélio Fernandes, que foram presos e confinados no interior do Mato do Grosso.

A *marca*, espécie de ferrete que se usa com o gado, como pena infamante, utilizada há dois séculos para indicar na comunidade o vigarista nos negócios, espécie de criminoso de colarinho branco da época, foi aplicada em larga escala pelos nazistas contra os judeus, em todos os países que dominaram, durante a Segunda Guerra Mundial.

A aplicação das penas, até então, buscava atender às vítimas dos delitos com um sentido de vingança. Muitos séculos antes de Cristo, alguns códigos prescreviam grandes maldades, alguns até invocando inspiração divina e na crença de que decepar um pé ou a mão de um transgressor era remédio certo para purificá-lo, transformando-o em gente boa. Lembram-se da lei de talião: olho por olho, dente por dente?

Depois, além do sentido de vingança, passou-se a acreditar que a aplicação das penas, que se convertia em grande espetáculo para o público em geral, poderia ter também uma função inibidora. Vendo o que acontecia com o outro, contrário à lei, quem, por sua vez, ousaria também contrariar? Vem daí a idéia de que a punição pública e exemplar funciona como preventivo contra o aumento da criminalidade. Ainda hoje estamos conferindo que não é bem assim.

Há uma unanimidade em torno de Cesare Bonesane, o Marquês de Beccaria.[1] Foi ele quem, com o seu livro *Dos Delitos e das Penas*, publicado pela primeira vez sem o seu nome, em Livorno, Itália, em 1764, passou a incomodar os mandonistas de plantão.

Peço para ler um trecho do seu livro:

> "É muito difícil estabelecer uma justa proporção entre os delitos e as penas; porque, embora uma crueldade industriosa tenha multiplicado as espécies de tormentos, nenhum suplício pode ultrapassar o último grau da força humana, limitada pela sensibilidade e a organização do corpo de um homem.
>
> Quanto mais pronta for a pena e mais de perto seguir o delito, tanto mais justa e útil ela será. Mais justa, porque poupará ao acusado os cruéis tormentos da incerteza, tormentos supérfluos, cujo horror aumenta para ele na razão da força de imaginação e do sentimento de fraqueza.
>
> A presteza do julgamento é justa ainda porque a perda da liberdade sendo já uma pena, esta só deve preceder a condenação na estreita medida que a necessidade o exige. Se os grandes e os ricos podem escapar a preço de dinheiro a penas que merecem os atentados contra a segurança do fraco e do pobre, as riquezas, que, sob a proteção das leis, são a recompensa da indústria, tornar-se-ão alimento da tirania e da iniqüidade.
>
> O castigo se mede pelo dano causado à sociedade, e não pela sensibilidade do culpado. Ora, o exemplo do crime é tanto mais funesto quanto é dado por um cidadão de condição mais elevada.
>
> É melhor prevenir os crimes do que ter de puni-los; e todo legislador sábio deve procurar antes impedir o mal do que repará-lo, pois uma boa legislação não é senão a arte de proporcionar aos homens o maior bem-estar possível e preservá-los de todos os sofrimentos que se lhes possam causar, segundo o cálculo dos bens e dos males desta vida.

Quereis prevenir os crimes? Fazei leis simples e claras; e esteja a nação inteira pronta a armar-se para defendê-las, sem que a maioria de que falamos se preocupe contentemente em destruí-las. Quereis prevenir os crimes? Marche a liberdade acompanhada das luzes. Se as ciências produzem alguns males, é quando estão pouco difundidas; mas, à medida que se estendem, as vantagens que trazem se tornam maiores."

Tudo muito atual. Mas foi escrito há dois séculos. Foram idéias como estas, do Marquês de Beccaria que, começando a iluminar o mundo, influenciaram positivamente os autores da Declaração dos Direitos do Homem e do Cidadão, o mais importante legado da Revolução Francesa, de 1789.

Da maior importância estes dois artigos da famosa Declaração:

"Art. 7º Ninguém pode ser acusado, preso ou detido, senão nos casos determinados pela lei e segundo as reformas por ela prescritas. Os que solicitam, expedem, executam ou fazem executar atos arbitrários devem ser punidos, mas todo cidadão chamado ou atingido pela lei deve obedecer imediatamente, tornando-se culpado pela resistência.

Art. 8º A lei só deve estabelecer penas estritas e evidentemente necessárias. Ninguém pode ser punido senão em virtude de uma lei estabelecida e promulgada anteriormente ao delito e legalmente aplicada."

É o retrato falado de Cesare Bonesane, o Marquês de Beccaria. Foi a partir dele que tudo, para melhor, no processo civilizatório, começou a acontecer. A barbárie foi-se desmilingüindo. A proibição daquelas penas cruéis deu verniz de humanismo à Europa. A pena de reclusão surgiu na França como obra de bem-intencionados, no Código Penal de 1791.

Na Inglaterra houve espaço para discussão sobre um moderno sistema carcerário que respeitasse a condição humana.

Nos Estados Unidos da América, sob a influência de Benjamin Franklin,[2] dentre outros, houve atitude nova em relação a delitos e a penas. Viu-se mais tarde que o sistema de cumprimento de pena que adotaram, o de prisão celular, ou seja, o de isolamento e silêncio, revelou-se ineficaz, dispendioso e desumano.

Os laboratórios do totalitarismo, especialmente os do nazismo, do fascismo, do comunismo e suas correspondentes ramificações no resto do mundo, no último século, ofenderam tanto os direitos humanos e instigaram tanto a imaginação criadora das pessoas livres, que as forças pelo respeito à dignidade da condição humana se impuseram em novas lutas pelos mesmos ideais, que incluem entre as referências básicas o libelo de Beccaria.

Por exemplo:

> "A privação da liberdade, sendo uma pena, não pode preceder à sentença, senão quando a necessidade o requer. A prisão é, pois, a simples custódia de um cidadão, até que seja julgado culpado; e essa custódia, essencialmente dolorosa, deve durar o menor tempo possível.

> "Um homem não pode ser considerado culpado antes da sentença do Juiz, e a sociedade só lhe pode retirar a proteção pública depois que seja decidido ter ele violado as condições com as quais tal proteção lhe foi concedida. Só o direito da força pode, pois, autorizar um Juiz a infligir uma pena a um cidadão, enquanto se duvida se ele é culpado ou inocente."

Decepciona saber que ainda há, neste nosso tempo, mentes que não compreendem o alcance dessas idéias, ignorando inclusive que integram, em vários dispositivos, a Constituição da República. São eles, dentre outros, o da liberdade como regra e a garantia do *habeas corpus*; o do devido processo legal e dentro dele a revogação da prisão cautelar por excesso de prazo para a conclusão da instrução criminal; o da presunção da inocência, que muitos ainda não entendem.

Estamos, no Brasil, no limiar do humanismo no Direito Penal. Antes tarde do que nunca. O nosso Código Penal, de 1940, não obstante reformado na parte geral em 1984, está inadequado para estes tempos em que a prioridade é a construção de uma forte cidadania, sem a qual o Estado Democrático de Direito, que todos queremos, será apenas uma miragem encadernada, verde e amarela.

É importante lembrar que esse Código emergiu em forma de Decreto-Lei, portanto numa ditadura, sob inspiração do Código Penal italiano, em plena era fascista.

Quando nos assombramos hoje com posturas reacionárias nas oficinas operacionais do Direito Penal, no Judiciário e no Ministério Público, nem nos lembramos da predominância ainda firme dos resíduos autoritários do Código Rocco, fascista, a partir do qual se montou no Brasil a chamada escola técnico-jurídica, aquela para a qual, sendo muito trabalhoso pensar, sustenta ser mais cômodo aplicar a norma penal tecnicamente, ou seja, friamente, linearmente, sem nenhum esforço na busca do valor maior, que é a justiça.

Contra essa corrente nadou Nélson Hungria:

> "A ciência que estuda e sistematiza o Direito Penal, dizia ele, não pode fazer-se cega à realidade, sob pena de degradar-se num formalismo vazio, numa platitude obsedante de mapa mural da geometria. Ao invés de livrar-se aos pináculos da dogmática, tem de vir para o chão átrio, onde ecoam o rumor das ruas, o vozerio da multidão, o fragor do mundo e o bramir da tragédia humana."

Precisamos de um Código Penal com menos penas de reclusão e mais penas de multa, de prestação de serviços à comunidade, de interdição de direitos. Menos cadeia e mais escolas. Precisamos pensar mais a sério na realidade penitenciária do país.

A maioria dos presídios retém a liberdade não só de pessoas condenadas, mas também dos que ainda esperam uma sentença judicial, condenatória ou não. Depois do famoso massacre do Carandiru, em São Paulo, há nove anos, em 2 de outubro de 1992, ficou-se sabendo que, dos 111 mortos, 84 eram presos provisórios, ou seja, ainda não haviam sido julgados. Apenas 27, os restantes, cumpriam penas que iam de dois a trinta anos.

A pena não deve ser vista como simples conseqüência da transgressão. Nunca esquecer que não há pena sem delito que não se pode afirmar um delito em processo apuratório e que não é possível condenar alguém ao cumprimento de uma pena sem que tenha havido um processo, respeitados o livre contraditório e a ampla defesa.

Melhor dizendo, não há pena quando não há crime e para que se declare, conclusivamente, que houve crime, e, quem foi o autor, há que haver um processo com instrução suficiente a uma sentença em que a convicção do Juiz resulte blindada, à prova de todas as contestações e recursos.

Ou será assim, tudo nos conformes das garantias constitucionais, ou o poder estatal, por seus agentes do Ministério Público e do Judiciário, estará sempre tentado a praticar abusos, abusos de poder. O processo, o direito processual, portanto, não passa de um meio. Jamais será um fim. É apenas um conjunto de regras destinadas tão-somente a assegurar o direito da igualdade. ("Todos são iguais perante a lei". *CF, Art. 5º*)

O Direito Penal tem como função servir, preventivamente, à paz social, por conseguinte à justiça social. A tipificação penal das condutas sinaliza como advertência – não faça isso, que é crime; não faça aquilo, que é crime. Quando esses limites são ultrapassados, a ação de fato em confronto com a norma, temos a transgressão, o delito, o crime. É quando o Direito Penal falha em sua função preventiva.

Mas não falha só o Direito Penal. O que falha, na prática, é o conjunto do Estado, que, descuidando da realização do bem comum, o que implica efetiva justiça social, deixou transbordar para a desordem as inquietações naturais de uma sociedade permeada de desigualdades econômicas e sociais, conseqüência do desequilíbrio político.

É na questão política que está a raiz de todo o nosso problema.

> "Quando as economias são estáveis, muitos sentimentos não afloram tão fortemente à superfície. Os problemas começam com a instabilidade econômica. Mas no alicerce de uma economia estável deve haver uma estabilidade política. O maior risco é a instabilidade política", disse há poucos dias Junichiro Koizumi, o novo primeiro-ministro do Japão.

É a instabilidade política que fragiliza o funcionamento das instituições, enfraquece o poder da autoridade, compromete a credibilidade dos três Poderes, deixando com a mídia a tarefa de realizar a justiça por amostragem. Enquanto um é massacrado durante meses, milhares são esquecidos e até somem em meio às trevas da impunidade. A impunidade provoca septicemia na confiança do povo, que, mal-informado, passa a não acreditar mais no Governo das Leis, ou seja, no Estado de Direito Democrático.

O Direito Penal efetivamente aplicado é a bússola da estabilidade política e social. É por ele que se opera a garantia de todos os demais direitos individuais. Se a sua operacionalização é falha, se o Ministério Público exacerba e abusa, ou então se omite, e se o juiz não o compreende para poder alcançar a medida exata do justo, e, ainda, se depois disso o Executivo não comparece com os meios adequados à execução penal, e se o Legislativo nem percebe que é da sua função corrigir a rota, revogando as leis injustas ou inócuas, então já passa da hora de reformarmos o Direito Eleitoral, porque ele, também, terá se tornado incompetente em sua função de recrutar os melhores e decentes para as funções de Estado.

Repetindo: justiça não é vingança. No entanto, as emoções coletivas ou segregadas têm reclamado, ostensivamente, cadeia para os acusados de quaisquer crimes. Em nome da Justiça, não pedem justiça: querem vingança, linchamento físico ou moral. Digo que é aí que mora o perigo. É nessa fronteira quase invisível, porquanto humana, entre barbárie e civilização, que as instituições democráticas têm que estar fortes o suficiente para arredar para bem longe os ignorantes que acham que assim, esfolando, de logo, um suspeito ou acusado para em seguida condená-lo sem nenhum processo, se estará atendendo às finalidades do Direito Penal num Estado Democrático de Direito.

A pena criminal é o antídoto da vingança. É soro antiofídico contra as envenenações coletivas ou segregadas que impregnam de raiva, muita raiva, a alma humana. Em resumo, enquanto a vingança é a determinação de impulsos, de emoções descontroladas, a pena resulta da reflexão. É a vitória da razão contra a emoção.

Notas

[1] Filósofo do Iluminismo, Beccaria (1738-1794) nasceu em Milão e foi educado em Paris por jesuítas. Estudou literatura, matemática, economia, política e filosofia. Fez parte da equipe de redação do jornal *Il Caffé*, influente veículo das novas correntes de pensamento do século XVIII. Com apenas 26 anos, publicou seu mais famoso tratado: *Dos Delitos e das Penas*, em defesa de um novo sistema de Direito Penal, com a abolição das torturas e outras penas criminais desumanas da época.

² Estadista, diplomata, escritor e cientista, nascido em Boston, Benjamin Franklin (1706-1790) foi um dos homens mais admirados da segunda metade do século XVIII. Em 1776, fez parte do comitê que redigiu a Declaração da Independência dos Estados Unidos. Delegado da Pensilvânia na convenção que elaborou a Constituição americana, defendeu, sem êxito, a abolição da escravatura. Inventou o pára-raios em 1752 e criou termos técnicos ainda usados hoje, como bateria e condensador.

Vária

Canto de paz*

Saibam todos que a Paz é boa.
Todo dia nos envolvemos tanto em tantos conflitos – pessoais, corporativos, políticos, religiosos, existenciais –, que nem nos damos conta da importância e da necessidade de se viver em Paz.

Pois saibam que o compromisso primeiro da Justiça num Estado de Direito Democrático é com a Paz.

Só em Paz estaremos melhor. O país em Paz, a cidade em Paz, o bairro em Paz, os vizinhos em Paz, a família em Paz, o amor em Paz. A Justiça é um instrumento realizador da Paz. Da Paz social.

Diante de qualquer conflito, é do nosso dever buscar antes a conciliação. Estimular e apoiar as soluções alternativas para a resolução dos conflitos. Essa sempre foi a função do juiz, desde o Velho Testamento à nossa atual Constituição da República. Abortar conflitos. Trabalhar para evitá-los.

Pois, como cantam os garotos do Rappa,[1] "paz sem voz não é paz, é medo".

A beligerância, a agressão, a contumélia, entre nós, advogados, Ministério Público, juízes e demais autoridades dos Três Poderes, não

---

* Ao tomar posse na presidência do Superior Tribunal de Justiça (STJ), em 5 de abril de 2004.

ajudam em nada. Só servem para tirar o sossego da República. Não estando em Paz, não fazemos o melhor do que podemos fazer para o bem da Nação.

Os Poderes da União, Executivo, Legislativo e Judiciário são independentes e harmônicos entre si, manda a Constituição da República. E estamos, cada um de nós, em sua jurisdição, sempre a bradar pela independência, não nos importando muito com a harmonia. Harmonia quer dizer proporção, ordem, simetria. Harmonia é acordo, é conformidade. Harmonia é equilíbrio, é sinônimo de Paz. Desde os gregos antigos aos Novos Baianos,[2] harmonia quer dizer sincronia, adaptação de um poema a uma melodia. ("Acabou chorare / faz zun-zum pra eu ver...")

Assim, nós da vida pública, nos Três Poderes, temos de nos comportar com a consciência de que somos indissociáveis parceiros e que só podemos fazer o melhor para todos neste país se nos unirmos, nos preservando juntos com o mesmo ideal democrático de Justiça Social, declarando e entregando, em cada demanda, a cada pessoa o que é do seu direito, segundo uma igualdade.

Dizer a Lei e declarar o direito, em tempo, para que a pessoa não morra sem usufruí-lo; acabar com a morosidade injustificável por conta da qual se mantém o ganha-mas-não-leva, em que o Estado procrastina para não pagar, de pronto, o que deve ao cidadão; descongestionar o tráfego em todo o Poder Judiciário, no qual se têm milhões de processos e apenas uns poucos milhares de causas; desburocratizar os Fóruns, os Juízos e os Tribunais para que os advogados, Ministério Público e Juízes trabalhem com mais agilidade e absoluta transparência; ampliar, no mínimo, para mais quatro mil as Varas Federais e assim tornar verdadeiramente efetivo o serviço da Justiça a todo o povo, com a presença do governo do Brasil nos mais distantes e desprotegidos rincões de todos os Estados; entregar à cidadania e aos advogados, ao Ministério Público e aos Juízes leis mais justas no lugar das leis arcaicas, que engessam muito e provocam o atraso e que ensejam decisões que, embora legais, são causadoras de injustiças (como disse Roscoe Pound, professor em Harvard, "as leis devem ser estáveis, mas não podem ficar paradas na rigidez do tempo"); atrair para a função de juiz os verdadeiramente vocacionados mediante seleção mais objetiva pela futura Escola

Nacional Superior da Magistratura, que trabalhará também reciclando todos nós, inclusive ministros, por que não? Instituir-se um título de dívida pública para quando o poder público for condenado em juízo, acabando, assim, com o sistema de precatórios, que tripudia sobre o direito das pessoas, sonegando-os em sua excessiva morosidade, afora o que tem gerado de corrupção; investir forte na cidadania, de modo a que as pessoas mais distantes, em seus subúrbios, grotões, favelas, sejam tocadas pelo evangelho redentor da democracia; isso tudo ainda é pouco perto do muito que precisa ser feito. Isso é apenas uma pequena parcela dos desafios que vamos ter de encarar, suportar e vencer.

Vamos precisar de mais horas de trabalho, de recrutar voluntários, de trazer mais forças talentosas — a começar pelos advogados de todo o Brasil. Queremos ouvi-los e com suas forças somar esforços. É com eles que tudo começa e é com eles, representando as partes da demanda, que tudo termina. É inestimável o serviço que os advogados prestam à realização da Justiça. É também com o Conselho Federal da OAB e demais seccionais, com os sindicatos de advogados e demais entidades representativas, que queremos trabalhar.

Igualmente, com atenções especiais, vamos nos voltar ouvindo e apoiando os nossos Juízes e Desembargadores da Justiça dos Estados. É uma Magistratura, em sua maioria, sofrida, mal compreendida, em muitos casos até esquecida no interior do mato, no Brasil mais anônimo, entregue ao sacerdócio difícil de realizar a Justiça. Queremos construir uma parceria, entre outras, com a Associação dos Magistrados do Brasil, com o Colégio de Presidentes de Tribunais de Justiça, com o Colégio de Corregedores Estaduais.

Vamos ampliar as forças da nossa união. Por meio do Conselho da Justiça Federal, que também vou presidir, vamos ouvir mais e apoiar mais o trabalho dos nossos Juízes nas bases, no 1º grau e também nos Tribunais Regionais Federais.

Nada de confrontações.

Temos de nos submeter à sensatez, ao bom senso. Quem serve ao Estado serve ao público em geral. Quem, no serviço público, se deixa levar por suas birras, suas idiossincrasias, seu descontrole emocional, compromete com seu mau humor toda a corrente de poder em derredor, em prejuízo do bom senso que deve nortear sempre as decisões de Estado. Entre nós todos há que imperar sempre a harmonia, a coesão.

Ninguém dentre nós, no serviço público, é inimigo de ninguém. Bastam os inimigos do povo, só por isso, também, nossos inimigos. Contra eles é que devemos estar fortes em nossa união. Estendo as mãos em apelo aos nossos funcionários, todos eles servidores públicos tanto quanto nós ministros, para que nessa união possamos fazer mais pelo Poder Judiciário, pela afirmação da democracia no Brasil.

O Padre Antonio Vieira[3] dizia que os sacerdotes são empregados de Deus. Assim, da mesma forma, o dinheiro que paga o salário do presidente da República e dos seus ministros, dos deputados e dos senadores, dos ministros dos Tribunais é o mesmo que paga o salário de todos os outros servidores, do porteiro ao assessor mais graduado, do cabo ao general. Esse dinheiro vem de um único patrão para o qual trabalhamos, do qual somos empregados. Esse patrão é o contribuinte que paga impostos. Somos empregados do povo brasileiro.

Confio no bom senso e no espírito público das nossas lideranças políticas, corporativas e sindicais. Juntos, vamos fazer muito. Separados, não nos entendendo, vamos chegar ao final do tempo sem ter conseguido fazer nada.

Se não formos capazes de nos manter unidos na busca de resultados maiores, em favor da democracia, por conseguinte, de todo o povo brasileiro; se nos dividirmos e, nos agredindo uns aos outros, deixarmos que a raiva gaste as nossas energias positivas, nos induzindo a reações emocionais, o tempo vai dizer que fomos tolos, patetas, arrogantes, burros.

Nada de na lei ou na marra. Na democracia, tem que ser na lei ou na lei.

A insensatez belicosa de tantos homens de Estado pelo mundo afora não condiz com os avanços da humanidade no estágio civilizatório a que chegamos. Essa febre de intolerância que acomete alguns países, em prejuízo da Paz no mundo, nunca vai nos contaminar. Já não somos mais o País de Macunaíma,[4] o herói sem nenhum caráter. Nem o Brasil do Jeca Tatu,[5] o coitado, sem ambições nem horizontes.

Devemos nos conformar com o atraso só porque os problemas que nos aperreiam parecem enormes, incontáveis, insolúveis?

Ora, se não queremos viver em atraso, se queremos viver num país em Paz Social, em prosperidade econômica, não devemos nos intimidar com a grandiloqüência com que falam dos nossos problemas.

Os desafios não existem para nos paralisar. Os desafios são importantes exatamente para que nos mostremos capazes de vencê-los. Progrediremos, se prosseguirmos. Na ordem e na Paz.

Somos hoje o Brasil que tem muito do que se orgulhar, em potencialidades e conquistas. Já enxotamos o arbítrio para bem longe e estamos construindo uma das maiores democracias do mundo. Somos uma República pacifista, comprometida com os direitos humanos, com a autodeterminação dos povos, com a construção de uma sociedade livre, justa e solidária, sem preconceitos de origem, raça, sexo, cor, idade e quaisquer outras formas de discriminação social, religiosa ou política.

Por isso, pessoas vindas das legiões dos excluídos, dos grotões da pobreza mais distante, já conseguem disputar as oportunidades que por muito tempo só se deferiam aos mais bem nascidos. Filhas e filhos do Brasil comum, do Brasil mais brasileiro, estão chegando aos altiplanos, nas universidades, nas empresas, na vida pública.

Quando nasci, há 59 anos, a expectativa de vida no Brasil era de menos de 50 anos. Portanto, eu já deveria estar morto. Mas agora a expectativa de vida é de mais de 70 anos. Ou seja, vou poder sair daqui a 11 anos, na "expulsória".

Quando cheguei ao Tribunal Federal de Recursos,[6] em 1987, aos 43 anos de idade, éramos 140 milhões. As mulheres já somavam 77 milhões e não havia nenhuma Ministra no Tribunal. Hoje, elas somam 88 milhões, portanto mais da metade da população. A grande maioria está nas faculdades de Direito. Neste Superior Tribunal de Justiça, dentre os 33 que somos, elas são apenas quatro. Melhorou pouco, mas melhorou. Vai melhorar mais.

Num dia desses, li no Talmude[7] que um cão vivo ainda é melhor que um leão morto. Então, nada de olhar para trás.

Corremos o risco de nos transformar em estátuas de sal. Seguir em frente, disposição sem medidas, fronte erguida, numa união nacional consciente, determinada. Vamos vencer a depressão, a incerteza, a insegurança, o desalento.

O Brasil, como diz o Presidente Sarney,[8] é muito maior que todos os seus problemas. E o povo brasileiro é grande, já provou nos mais difíceis momentos da nossa história o quanto é destemido. E vencedor. É verdade que ainda temos algumas debilidades estruturais para resolver, a começar pela definição de direitos e obrigações de poderes entre a União, os Estados e os Municípios. E também na maior nitidez do papel dos poderes, em nível federal. Precisamos cuidar disso, o quanto antes. Mais desatenção pode resultar em incertezas convincentes quanto aos rumos da nossa estabilidade institucional. Portanto, em prejuízo da paz social.

Deixar para amanhã o que se pode fazer hoje não é comigo. O Brasil tem pressa, o povo brasileiro quer os seus direitos para ontem. Fiquemos mais atentos ao lema do nosso símbolo maior da República – Ordem e Progresso.

A cultura do adiamento conspira contra os avanços do País. Vamos derrotá-la trabalhando juntos, com agilidade e transparência. É nossa função no Poder Judiciário, interpretando a Constituição da República e suas Leis, declarar os direitos das pessoas, impor limites ao arbítrio, conter as violências, reprimir a injustiça racial, a injustiça do preconceito.

Neste país todos são iguais perante a lei, e quem ainda imagina que não o é acorde. A democracia não tolera a impunidade. Com o Judiciário que o Brasil quer, e que vamos ter todos, vão estar, sim, iguais perante a lei.

Acredito que juntos podemos erguer uma ponte indestrutível sobre o abismo social e econômico, que nos faz sentir acuados. Uma ponte concretada na fé e na determinação de todos os brasileiros. Feita a travessia, chegaremos aos níveis de desenvolvimento do primeiro mundo e assim nossa sociedade e o Estado poderão contemplar o nosso povo com mais justiça e paz. E mais saúde e emprego, educação, segurança, justiça e paz.

Agora, peço desculpas e um pouco mais da atenção geral. É que cabe aqui lembrar o Eclesiastes, 26, 2/4.

> "Feliz o homem que tem uma boa mulher, pois se duplicará o número de seus anos. A mulher forte faz a alegria do seu marido, derramará Paz nos anos de sua vida. É um bom quinhão uma mulher bondosa; no quinhão daqueles que temem a Deus, ela será dada a um homem

por suas boas ações. Rico ou pobre, (o seu marido) tem o coração satisfeito. E o seu rosto reflete alegria o tempo inteiro."

Eurídice, minha mulher, minha companheira, minha amiga, isto aqui só tem a ver com você. Eu sei que você sabe que serão agora mais dois anos de novas lutas juntos. Um dia vamos sumir para estarmos a sós e mais juntos. Com muito amor e em grande Paz.

Oportuna também esta mensagem, pública e especial, aos demais familiares, filhos, irmãos, irmãs, tios, tias, sobrinhos, parentes em geral, aderentes e amigos íntimos.

Vocês vão sofrer todo tipo de assédio, dos mais charmosos aos mais grosseiros. Não esqueçam que os agrados, os gracejos, não serão nestes dois anos por causa de vocês.

Serão anzóis que, perversamente, se lançarão para que, sendo vocês reféns, de alguma maneira, possam os demônios da corrupção, do tráfico de influências, do fascismo ou apenas os invejosos a serviço do mal chegarem a mim, tentando me fragilizar, como já tentaram em outras vezes e não conseguiram e, garanto, jamais irão conseguir. Recomendo a vocês todos, meus familiares, parentes, aderentes, amigos íntimos, que leiam todo dia no Evangelho de Mateus (4, 1/11) a grande lição do Cristo sobre a firmeza de caráter em que ensina como reagir às tentações dos demônios, mesmo quando se tem fome e sede no deserto.

Como dizia o poeta, "pra mim basta um dia, não mais que um dia".[9] Ora, se o que vamos ter serão dois anos pela frente, por que então não desatar os sonhos e, sonhando acordados, realizá-los plenamente, espantando fantasmas e sem fantasias?

Se me deixarem solto, se não me faltar o apoio de todos, dos meus colegas ministras e ministros, dos nossos funcionários, dos líderes no Executivo e no Legislativo, dos advogados, dos Magistrados estaduais e federais, do Ministério Público; se não me faltarem esses apoios, vai dar, sim, para se fazer, aqui, vinte anos em dois.

"Mesmo miseráveis os poetas / os seus versos serão bons (...) Os poetas, como os cegos, sabem ver na escuridão".[10] Nunca vou me separar da poesia. Nem parar de sonhar acordado. Os que sonham insones, dizia T. E. Lawrence,[11] são os mais capazes porque, sonhando acordados, são os únicos que podem realizar o que sonham. Os avanços do Brasil, prova a história, se fizeram com sonhadores que sonharam de pé, despertados, insones.

"Para a conquista, a audácia, ainda a audácia, sempre a audácia", disse Danton, ao final do seu famoso discurso, na Convenção Revolucionária Francesa, em 2 de setembro de 1792. Para reformar, modernizar e tornar mais ágil e transparente a nossa Justiça, é preciso audácia. Ainda a audácia, muita audácia.

Isso tudo sem perder de vista a advertência de Shakespeare – "Se não queres ser vítima da calúnia, não digas nada, não faças nada, sejas absolutamente nada." É o risco que se corre na vida pública quando se quer fazer as coisas bem feitas, bem longe da mediocridade. Como no poema de Gullar,[12] um pouco acima do chão, em luta corporal contra a decadência do mundo.

Acredito é em "é para fazer", "podemos fazer", "vamos fazer".

Entendo que o presidente do Tribunal é a soma de sua composição. Ele pode ter suas idéias pessoais, mas estas jamais podem divergir ou contradizer o pensamento da Corte.

Sua tarefa principal é o dever e o zelo pelo cumprimento de nossos deveres para com a sociedade. Terei presente no exercício do meu mandato que eu sou a unidade do STJ, que me escolheu, unânime, para esta honrosa missão. Dever e responsabilidade – palavras e ações que estarão juntas na consciência do presidente, expressão da Corte.

Assim que fui eleito para enfrentar e vencer esse novo desafio, perguntaram-me como foi para chegar até aqui.

Respondi que quando eu era menino me disseram que Deus havia dito – "Faz por ti, que eu te ajudarei." E, assim, nunca deixei de fazer bem a minha parte para, então, sempre merecer a ajuda de Deus.

Comecei falando de Paz.

Agora, aproveitando o ensejo, peço encarecidamente aos frustrados, aos invejosos, aos mal-amados de todo o País, aos corvos de todos os matizes que – pelo amor de Deus – me deixem trabalhar em Paz. Eu quero trabalhar, fazer bem o meu serviço. Os sentimentos negativos, de frustrações desenfreadas, não constroem. Não há quem não precise de Paz para trabalhar.

Muito obrigado a todas e a todos por terem vindo. Minha origem é a estrada, meu destino é o futuro. Vamos continuar seguindo juntos. Temos promessas a cumprir.

Notas

[1] O Rappa – grupo de música *rap* do Rio de Janeiro que faz grande sucesso com suas composições de forte conteúdo social.

[2] Novos Baianos – grupo de música popular brasileira que se destacou nos anos 70, sob a influência de Caetano Veloso e Gilberto Gil, também naturais da Bahia.

[3] Padre Antônio Vieira (1608-1697) – sacerdote jesuíta e missionário português cujas obras são exemplo da prosa clássica portuguesa. Veio para o Brasil antes dos sete anos e aqui deixou um legado de sermões, escritos e cartas, publicados entre 1679 e 1748. Destemido e irreverente, dirigiu sua verve contra a Corte e os poderosos e defendeu uma nova identidade nacional brasileira.

[4] Macunaíma – personagem central do romance do mesmo nome do escritor paulista Mário de Andrade (1893-1945). O anti-herói Macunaíma seria a síntese do "modo de ser brasileiro". Esperto e matreiro, é também luxurioso, preguiçoso, indolente e sonhador. Publicado em 1928, o livro faz uma paródia do confronto do homem primitivo com a sociedade moderna e tecnicista. E opõe a cultura nacional às idéias colonizadas.

[5] Jeca Tatu – personagem criado pelo escritor paulista Monteiro Lobato (1882-1942) e imortalizado no cinema pelo ator Amancio Mazzaropi (1912-1981). A figura literária retrata o homem do campo, o caboclo, ingênuo, barrigudo e preguiçoso. Jeca é o caipira que vegeta no campo, adepto da lei do menor esforço, sem vocação e sem vontade própria.

[6] Tribunal Federal de Recursos – órgão de última instância para o julgamento de questões infraconstitucionais. Foi extinto pela Constituição de 1988. Em seu lugar foram criados cinco Tribunais Regionais Federais e o Superior Tribunal de Justiça, com competência fortalecida e ampliada.

[7] O Talmude – compilação de leis e tradições judaicas, que data de 499 D.C. Consiste em tratados de assuntos legais, éticos e históricos. É uma espécie de detalhamento das tradições judaicas a partir das compiladas por Moisés. O judaísmo ortodoxo baseia suas leis geralmente nas decisões encontradas no Talmude.

[8] José Sarney (1930) – político influente do Maranhão, foi deputado federal, governador, senador e o primeiro civil a ocupar a presidência da República (1985-

1990), depois de 21 anos de regime militar. É escritor e membro da Academia Brasileira de Letras.

⁹ Letra da música *Basta um dia*, do compositor carioca Chico Buarque de Holanda (1944), um dos maiores nomes da música popular brasileira.

¹⁰ Letra da música *Chora bandido*, do compositor carioca Chico Buarque de Holanda (1944).

¹¹ Thomas Edward Lawrence (1888-1935) – escritor e oficial britânico, é mais conhecido como Lawrence da Arábia. Ganhou fama mundial ao participar da revolta do mundo árabe contra o Império Turco, durante a Primeira Guerra Mundial. Seu relato sobre a rebelião é narrado nos livros *Os Sete Pilares da Sabedoria* e *Revolta no Deserto*.

¹² Ferreira Gullar (1930) – natural de São Luís do Maranhão, José Ribamar Ferreira é uma dos maiores poetas brasileiros. Aos 21 anos, já autor premiado, mudou-se para o Rio de Janeiro. Após liderar o movimento neoconcretista, voltou-se para a cultura popular. Sua poesia passou a refletir a necessidade moral de lutar contra a injustiça social e a opressão. Em 1975, no exílio em Buenos Aires, escreveu o *Poema Sujo*, considerado por Vinicius de Moraes "o mais importante poema escrito em qualquer língua nas últimas décadas".

Em defesa do erário*

Alcançamos, enfim, a liberdade na plenitude do que uma democracia, na nossa cultura latino-americana, pode conceber.

Já somos menos súditos do Estado e mais cidadãos.

Somos uma República com uma Constituição firme nas aspirações de um Estado de Direito Democrático, o qual buscamos afirmar todo dia, cada um de nós na trincheira de suas obrigações.

Precisamos de mais ênfase a alguns princípios constitucionais, como, por exemplo, o da igualdade de todos perante a lei. A República não admite castas nem privilégios em detrimento dos direitos dos outros. Não aceita a Justiça de um modo para uns, de outro modo para outros.

A República não aprova o Estado se superpondo à sociedade, nem o governo que arrecada bem mas que investe mal e se perde nos desperdícios. Os ralos da corrupção se cruzam em seus subterrâneos com os da remessa ilegal de bilhões de dólares para os esconderijos dos paraísos fiscais. E a vida pública ainda tem que acolher nas eleições pessoas que não são limpas.

A palavra candidato vem de cândido, limpo. Na Roma antiga os candidatos às eleições vestiam-se de branco total e desfilavam pelas ruas na

---

* Seminário sobre Sistemas de Controle, no Tribunal de Contas da União, em 9 de setembro de 2004.

caça aos votos. Beira o surrealismo imaginar uma exigência dessa nos nossos dias.

Há muito raciocínio jurídico, recheado de muita lógica, contribuindo para que se mantenham essas conspirações contra o Estado de Direito Democrático. A lógica no direito não pode nunca prescindir do bom senso.

Ora, deuses das leis, onde está o problema de se compatibilizar princípios constitucionais, aparentemente antagônicos, de modo a que prevaleça o valor maior – o de que o Estado não pode ter em suas fileiras, em qualquer dos Três Poderes, os incapazes para os bons exemplos?

Direito à presunção da inocência, segundo o qual ninguém é considerado culpado senão depois do trânsito em julgado da sentença penal condenatória, não tem nada a ver com elegibilidades de quem à falta de um louvável currículo de vida só tem prontuário policial. A inocência presumida dos que não têm moral para a vida pública não se destina ao processo eleitoral, não tem a ver com o recrutamento dos melhores na sociedade para as tarefas do serviço publico, que é o serviço do bem comum.

Quais são os princípios que regem a administração pública? "A administração pública direta e indireta de qualquer dos Poderes da União, dos Estados, do Distrito Federal e dos Municípios obedecerá aos princípios de legalidade, impessoalidade, moralidade, publicidade e eficiência (...)" (CF, Art. 37, *caput*).

E quanto ao recrutamento mediante eleições? Os valores tutelados pela Constituição da República são os da probidade administrativa, a moralidade para o exercício do mandato, considerada a vida pregressa do candidato. Tudo isso para garantir a normalidade e a legitimidade das eleições contra a influência do poder econômico ou o abuso do exercício de função, cargo ou emprego na administração direta ou indireta (CF, Art. 14).

A Lei Complementar das Inelegibilidades, é verdade, não cuida disso de forma clara, exemplar. A chamada *vacacio legis* na Lei das Inelegibilidades aí é apenas quanto a considerar a vida pregressa do candidato, o que seria até dispensável no texto constitucional, tendo em vista os outros princípios e valores preexistentes.

Eis aqui mais um sambinha...

Esta polêmica é para os senhores deuses das leis, os das academias de letras jurídicas e os do povo em geral no Congresso Nacional.

A propósito do tema deste encontro – Modernização de Sistemas de Controle –, preferi abordá-lo assim como forma de chamar a atenção para esta nossa realidade política.

Afinal, todo o trabalho das nossas Cortes de Contas, em especial o Tribunal de Contas da União, só tem a ver com a defesa do erário, com o melhor emprego do dinheiro público no serviço do bem comum. Mas penso que toda modernização dos sistemas de controle não resultará com a eficácia plena que a República impõe se não se der mais legitimidade ao sistema de controle maior, que é o da sociedade, sobre todos os seus agentes públicos, qualquer que seja a forma de recrutamento. Em especial, através do voto direto, obrigatório, secreto, de todos as cidadãs e cidadãos.

Afinal, leio aqui que o objetivo final dessa modernização que se busca é fortalecer o sistema de controle externo como instrumento de cidadania e de efetiva, transparente e regular gestão dos recursos públicos.

É alcançar a melhoria da percepção das instituições e grupos sociais relevantes, sobre a contribuição das Cortes de Contas, para a efetiva, transparente e regular gestão dos recursos públicos.

É motivar instituições e grupos sociais para o fortalecimento do controle social como meio para a consolidação da democracia.

Os juízes e a mídia*

Ocorrendo que na democracia todo poder emana do povo, então é direito do povo saber tudo que se passa em todas as instâncias do governo.

Sendo um dos três Poderes na governabilidade do estado, o Judiciário, portanto, se vincula às mesmas regras de transparência a que devem estar sujeitas todas as ações do poder público.

No caso do Judiciário, aliás, o que se impõe não é só a transparência das ações administrativas para manutenção e o funcionamento do sistema judicial. Também as decisões judiciais.

Daí que os julgamentos, em regra, têm que ser públicos, sob pena de nulidade. As exceções podem ocorrer, mas só por imposição do interesse público, na forma da lei. São nulas também as decisões judiciais sem fundamentação suficiente.

Essa necessidade de fundamentação tem a ver com a segurança jurídica, com o princípio da igualdade.

Quando se diz que, numa democracia, todos são iguais perante a lei, isso tem a ver é com a certeza de que as normas legais nunca serão aplicadas de forma diferente, conforme a cara de cada pessoa.

---

* Na 2ª Reunião Preparatória da VIII Cumbre Ibero-americana de Presidentes de Cortes Supremas e Tribunais Supremos de Justiça e do IV Encontro Ibero-americano de Conselho da Magistratura. Falando de improviso, em Santo Domingo, República Dominicana, em 23 de junho de 2003.

Significa dizer que a mesma lei vale para todos e que os ritos procedimentais, também conhecidos como direito processual, hão que ser sempre os mesmos para todos.

Não se trata, obviamente, de fundamentação igual para todos. Trata-se de assegurar que cada caso seja processado e julgado à luz das leis correspondentes.

E sendo cada caso um caso diferente, para cada decisão há que haver uma motivação diferente e, por via de conseqüência, uma fundamentação diferente, o que não quer dizer fora da lógica jurídica, ignorando-se a doutrina e a jurisprudência.

O princípio da publicidade impõe, assim, que nunca haverá julgamento secreto, nem decisão judicial desmotivada e sem suficiente fundamentação. O povo, que mantém com os impostos que paga a máquina estatal funcionando, tem o direito de ser informado de tudo.

Agora, o ponto em que, por diversas razões, começamos a nos perder. O Judiciário, até por tradição, tem atuado mais na penumbra, agindo com discrição, preso a dogmas superados como o de que o juiz não deve falar nada, não deve emitir opiniões e, pior, de que o que se passa entre as partes demandantes só a elas, unicamente a elas, deve interessar.

Esse tempo já passou. A demanda por Justiça tem aumentado em todos os países do continente ibero-americano, especialmente naqueles que sofreram longos períodos de regimes políticos autoritários.

No Brasil, por exemplo, recolhemos números surpreendentes.

De acordo com o Banco Nacional de Dados do Poder Judiciário, a Justiça comum de 1º grau recebeu em 1990, em todo o país, 3.617.064 processos.

Naquele ano, segundo o IBGE, a população brasileira era de 144.764.945 habitantes. Isso quer dizer que, na média, naquele ano de 1990, um em cada 40 brasileiros procurava a Justiça.

Oito anos depois, ou seja, em 1998, a população em todo o país havia aumentado para 161.171.902 habitantes. A demanda passou para 7.467.189 processos. Na média, portanto, um para 21 brasileiros batia às portas da Justiça.

A Justiça comum brasileira, que em 1990 conseguiu atingir a marca de 2.441.847 julgados, em 1998 julgou 4.938.803 processos.

Ou seja, enquanto a população brasileira, nesses oito anos de que eu falei, cresceu 11,33%, a esperança na Justiça aumentou 106,44%.

O fortalecimento da democracia nesse período trouxe, não só para a população brasileira, mas, também, para as demais nações do nosso continente, o sentimento de cidadania e, com ele, a consciência dos direitos individuais e coletivos.

De 1990 a 1998, a demanda pela Justiça, no Brasil, aumentou 9,4 vezes o percentual de crescimento da população, isso porque o povo, consciente de seus direitos, descobriu o caminho dos fóruns e dos tribunais e aos seus juízes acorrerá cada vez mais, tenham certeza.

Resguardadas as proporções, observadas as peculiaridades sociais e políticas de cada país da Ibero-América, as nossas realidades não se diferenciam tanto.

Nossos Judiciários trabalham morosamente, o volume de processos entregues aos juízes é assustador, a sociedade está cada vez mais esperta em cobranças, e, por isso, é imperativo que o Judiciário amplie os seus canais de interlocução, buscando alcançar com informações objetivas o povo, fonte natural e destinação final de todo exercício de poder.

Em se tratando de comunicação do Judiciário com o povo em geral, temos que reconhecer, antes de tudo, que os operadores do Direito, juízes e membros do Ministério Público têm dificuldade de falar numa linguagem que, sem perda da qualidade gramatical e jurídica, seja compreendida pelas pessoas comuns do povo.

Por sua vez, os operadores da mídia – repórteres, editores –, em grande parte, têm igualmente dificuldade de entender a linguagem dos operadores do Direito. Os jornalistas, de um modo geral, têm poucos conhecimentos de Direito, ou quase nenhum. Geralmente, quando são pautados para a cobertura de algum assunto no Judiciário, buscam apenas sensacional, o ângulo pelo qual seja possível produzir algo mais apelativo, escandaloso, chocante ou que possa gerar indignação. Ocorre, quase sempre, uma perda de conteúdo positivo na informação.

Os jornalistas, de um modo geral, ignoram que no Judiciário acontecem histórias densas de humanidade. Não sabem que o Judiciário é a principal trincheira da cidadania e que, se houver repercussão correta das demandas, mais a democracia se afirmará como conquista de todos que amam a liberdade e que querem assegurar o seu direito à igualdade.

O ideal seria que todo juiz soubesse um pouco sobre jornalismo, sobre o modo jornalístico de olhar as coisas. E que todo jornalista soubesse um pouco sobre a função do Direito, sobre teoria geral do Estado. Em alguns casos, raros aliás, isso tem acontecido. Mas, como regra geral, é aspiração distante.

Então, devemos nós do Judiciário trabalhar alternativas.

Primeiro, o juiz deve presumir que o jornalista é um profissional de boa-fé. Não deixe imaginá-lo como inimigo, como alguém que está sempre a fim de aprontar-lhe uma emboscada.

Devem, juiz e jornalista, estabelecer um pacto de convivência fraterna, um colaborando com o trabalho do outro. Jornalista vive de coletar e repassar notícias. Juiz é fonte de notícias. Há sempre um caso na sua jurisdição de grande interesse público. E estando suas decisões sujeitas ao princípio da publicidade, não há como sonegá-las. Exatidão e confiança são ingredientes imprescindíveis nessa relação entre juiz e jornalista.

Outra idéia é criar assessorias de imprensa nos fóruns ou tribunais que ainda não as tenham. Ou apoiar ainda mais o trabalho das assessorias já existentes. Essas assessorias devem ser dirigidas e integradas por jornalistas profissionais, recrutados, de preferência, no mercado de trabalho. Esse tipo de profissional trabalha com um olhar mais aberto e mais sensível ao que os meios de comunicação costumam identificar, de pronto, como notícia importante.

Importante, ainda, estimular encontros entre jornalistas e juízes, criando-se oportunidades para que, juntos, discutam as dificuldades existentes na relação entre Judiciário e mídia e descubram os meios mais eficazes de vencê-las.

Alguns tribunais, no Brasil por exemplo, editam livros e pequenos manuais contendo instruções básicas sobre como os juízes devem lidar com jornalistas e, também, sobre o que os jornalistas devem saber para que possam lidar com os juízes.

Dois exemplos disso são *Os Juízes e a Mídia*, editado pela Justiça Federal de primeiro grau no Estado do Maranhão, e *Noções de Direito para*

Jornalistas, editado pelo Tribunal Regional Federal da 3ª Região – São Paulo e Mato Grosso do Sul.

Os juízes devem sair de seus casulos e ir ao encontro dos editores de jornais, revistas, diretores de noticiosos de rádio e de televisão. Os juízes precisam disso para que o seu trabalho realizador da Justiça, fortalecedor da democracia, possa ser divulgado e, assim, conhecido do povo em geral.

O meio e a mensagem*

Há poucos dias, uma breve história me foi contada por um amigo cearense, a respeito da saga, inteligência, esperteza – no bom sentido – e capacidade de sobrevivência do cearense, considerado o judeu no Brasil; em qualquer lugar do mundo onde se encontre, ele consegue sobreviver, por maiores que sejam as dificuldades.

Estava um desses nossos conterrâneos nos Estados Unidos da América, sem falar inglês, mas entendendo, com pouco mais de duas semanas, o que os americanos diziam. Cansado de buscar trabalho e não encontrando, porque as autoridades da imigração são muito ativas, ele se deparou com um circo em Los Angeles. Obteve a informação de que havia emprego somente para leão, porque o leão havia morrido na véspera. Explicaram que esse seria uma leão temático, pois haviam providenciado um na Disney, e que o brasileiro deveria, apenas, dar vida e movimento ao animal. Claro que topou.

No dia seguinte – a arena, os espectadores, o o rufar dos tambores causadores do suspense –, ele entra em cena, com o diretor no controle remoto, fazendo o comando de todos os seus movimentos ameaçado-

---

* No IV Encontro do Grupo Brasileiro da Societé International de Droit Penal Militaire et Droit Humanitaire, falando de improviso, em 10 a 12 de maio de 2000, em Fortaleza, Ceará.

res. E o leão, maior do que o da Metro, estava convincente. Quando se encontrava no auge da sua performance, eis que avista um tigre de Bengala vindo em sua direção. Era um tigre formoso, enorme. O brasileiro pára e começa a tomar consciência da dura realidade daquele emprego. Quando, sem nenhuma possibilidade de enfrentar aquele enorme concorrente, ele se aproxima, pára e apela: "Valei-me, meu senhor Padre Cícero!" E o tigre de Bengala diz: "Tu és do Crato, não é? Pois eu sou de Sobral!"

Estou muito à vontade entre vocês, porque, embora não sendo do Crato nem de Sobral, sou meio cearense, pois aqui estão sepultados meus avós e meu pai. A minha mulher também é cearense. Em certo momento de minha vida, morei, estudei e trabalhei aqui, quando era adolescente – no tempo em que criança não era proibida de trabalhar. Aprendi muito com esse instinto de sobrevivência, invocando-o, nesta manhã, para conversarmos a respeito dos "Princípios Constitucionais da Comunicação Social".

Sabemos que a Constituição, sempre que anuncia ou determina, está refletindo um anseio ou uma vontade da maioria da sociedade. É em nome dessa maioria que se escreve o contrato básico que irá reger um Estado de Direito Democrático; é o bem-estar comum; no caso, podendo ser resumido como a paz social, a harmonia entre as pessoas, a Justiça, o progresso, a liberdade, que são valores intrínsecos à condição humana, sem os quais o ser humano não pode se realizar como criatura divina. É isso que a Constituição busca realizar e proteger.

O empenho para a realização do cotidiano desses enunciados e comandos é uma tarefa destinada aos que, dotados de espírito público, se integram ao serviço público: no Executivo, no Legislativo, no Judiciário, no Ministério Público ou naquelas áreas do setor privado que atuam por delegação, mediante permissão ou concessão do Poder Público. Esse é o caso dos meios de Comunicação Social.

Sem os meios que realiza e a tornam poderosa, a Comunicação Social resumir-se-ia a nada, ou seja, Comunicação Social e meio de comunicação são instrumentos indissociáveis, assim como corpo e alma: um não pode existir sem o outro.

Daí a constatação famosa de Marshall McLuhan, grande pensador e filósofo canadense que muito influenciou o pensamento ocidental a partir dos anos 60. Entrou na moda brasileira por volta de 1964, chegando ao auge em 1968, influenciando toda uma geração que teve como um dos desaguadouros principais, naquele momento, a equipe pioneira que forjou a revista *Veja*, na época capitaneada por Victor Civita e liderada por Mino Carta. Marshall McLuhan resumiu toda essa interação entre Comunicação Social e meios de Comunicação Social em uma frase que virou dogma: "O meio é a mensagem." E, se pararmos e repararmos, constataremos o quanto de verdade contém essa afirmação.

Hoje, vemos as pessoas pela maneira como se vestem em uma determinada situação: elas são meio, e a maneira como se apresentam reflete uma mensagem, ou seja, passam uma informação, falsa ou verdadeira, a respeito daquilo que projetam como sendo uma imagem, estando de acordo com um determinado local, seja em uma praça, em uma praia, etc. Pela forma como se apresentam, passam, portanto, uma mensagem a respeito de si mesmas. Esse tema está dentro da teoria de McLuhan de que o meio é a mensagem.

Quando nos reunimos, em um encontro como este, por exemplo, o meio é o encontro; a mensagem, que já se está passando antes mesmo de se conhecer o pensamento das pessoas, é a de que há uma quantidade de cidadãos interessados na discussão do Direito Penal, do Direito Penal Militar e do Direito Constitucional.

A Organização das Nações Unidas, por volta dos anos 50, preocupada com o atraso dos países do chamado – já naquele tempo – Terceiro Mundo, encomendou aos acadêmicos das universidades americanas estudos sobre meios que pudessem ser identificados de modo a que se possibilitasse o desenvolvimento nas regiões mais atrasadas do planeta. A conclusão foi reunida em um volume intitulado: *Mass Comunication and Development* (Comunicação de Massa e Desenvolvimento). Desenvolveu-se uma teoria, que continua até hoje indesmentível, comandada pelo professor Wilbur Schramm. Essa teoria partiu do seguinte princípio: ninguém pode desenvolver quem não está suficientemente motivado para ser desenvolvido. Passou a residir, então, toda a essência do sentido dos meios de Comunicação Social, ou seja, a indispensabilidade desses meios de comunicação como instrumento imprescindível para o desenvolvimento social.

A partir das primeiras conquistas tecnológicas – em matéria de Comunicação Social foi o rádio, deixando de lado a imprensa de Gutenberg, porque esta sempre esteve mais passível da censura política –, a História brasileira registra momentos terríveis em que o poder, perdendo a razão, levava os seus cidadãos à ignorância da razão. Isso se realizava por meio da censura direta nas redações dos jornais. Com o surgimento das estações de rádio, o governo brasileiro passou, então, ao controle absoluto da instalação e da viabilização dos projetos radiofônicos.

A primeira estação de rádio – registra a História – foi instalada, no Brasil, por Roquete Pinto, que era um acadêmico, um professor, um historiador, e não um radialista ou artista. A ditadura de Vargas encarregou-se de, com a criação do programa *Voz do Brasil*, arranjar um instrumento poderoso para a divulgação do governo, na vinculação das relações entre poder e sociedade. O resultado foi que a emissão de qualquer tipo de mensagem, por qualquer freqüência, das estações de rádio tanto de caráter cultural quanto comercial – para não se falar no radioamador –, passou a ser controlada pelo Estado brasileiro.

Aparece, depois, o fenômeno da televisão. Pesquisadores ingleses – não foram os americanos –, pela primeira vez, conseguiram projetar no ar uma imagem estática que foi capturada a uma distância maior. Surgiu, daí, o embrião da televisão, que foi trazida para o Brasil por Assis Chateaubriand há 50 anos. A televisão também entrou no alçapão do Poder Público, no comando estatal, passando, portanto, a ser um serviço executado por pessoas da empresa privada, mas mediante concessão ou permissão do Poder Público. Com o tempo, transformou-se em um grande instrumento de barganha política do poder, dentro de um desvirtuamento do sentido social dos meios de comunicação.

Chegando a 1988, a nossa Constituição – ocorreu pela primeira vez, no Direito Constitucional brasileiro – dedicou um capítulo inteiro à Comunicação Social, que encontraremos a partir do art. 220:

"Art. 220. A manifestação do pensamento, a criação, a expressão e a informação, sob qualquer forma, processo ou veículo..."

Esse artigo abrange o que havia e o que haverá. Todo o fenômeno que estamos vendo – dentro da confirmação das previsões de Marshall McLuhan de que o mundo chegaria, em um certo momento, a se tornar uma aldeia global – está se confirmando agora, por exemplo, com a internet.

Os Princípios Constitucionais da Comunicação Social, portanto, estão enquadrados no art. 220 da Constituição Federal. Esta é a grande sabedoria da ciência legislativa: quando o legislador se debruça sobre um determinado fenômeno ou fato social, a lei, não podendo conter palavras inúteis, não pode ser impessoal e temporal; tem que ter um texto abrangente, como vemos no art. 220:

"...sob qualquer forma, processo ou veículo, não sofrerão qualquer restrição..."

Restrições que, eventualmente, possam ser impostas a manifestações do pensamento, à criação, à expressão e à informação, utilizando os meios de Comunicação Social. Essas garantias estão sujeitas apenas a uma restrição: aquelas impostas pela própria Constituição.

Em seguida, temos o enunciado da liberdade de informação jornalística, que é uma outra grande conquista do nosso Direito Constitucional. Por esse dispositivo, nem o Congresso Nacional tem autoridade para impor qualquer restrição à liberdade de informação jornalística, a não ser que se mude, antes, a Constituição. É preciso que estejamos atentos a essa questão.

A restrição à liberdade de informação jornalística não se realiza apenas de maneira intimidatória ou policialesca. Acontece quando alguém recorre a um juiz para apreender a edição de um determinado veículo de comunicação, ou para impedir a veiculação de um programa de televisão ou de rádio, como temos visto, infelizmente, no Brasil, algumas decisões judiciais determinando que certos órgãos de comunicação não veiculem informações sobre determinados fatos, à guisa de que esses fatos resultariam em dano moral a certas pessoas. Isso se insere em um território cuja fronteira ainda está nebulosa, sendo preciso binóculos para que se possa distinguir até onde uma informação, realmente, causa um dano irreparável e até onde esse dano não se volta contra a própria sociedade, que tem o direito de obter aquela informação.

Estamos, portanto, diante do impedimento absoluto quando a Constituição diz que:

"Nenhuma lei conterá dispositivo que possa constituir embaraço à plena liberdade de informação jornalística em qualquer veículo de Comunicação Social...".

As restrições são, portanto, as constantes do Art. 5º, que é o artigo constitucional que trata dos Direitos e Garantias Individuais.

A censura realiza-se, também, por meio da intimidação do poder político via ameaça de sufoco econômico que pode fazer um governante se não tiver simpatia por um determinado meio de Comunicação Social – defino simpatia como, por exemplo, fechar os olhos para a informação que possa redundar, perante a opinião pública, em prejuízo de natureza temporal; ou falar bem demais, além da conta, de um determinado político, governante ou pessoa que detém aquele poder.

Vale lembrar uma frase de Josef Goebbels, gênio da propaganda nazista, que dizia: "A imprensa é um teclado para o governo dedilhar."

Vários brasileiros pensam que essa afirmação é verdadeira. Muitas vezes, a imprensa, eletrônica ou impressa, ou os meios de comunicação – digo imprensa significando todo o arcabouço da mídia – vêem-se na recusa do papel de teclado para o governo dedilhar e recebem um corte de verbas de publicidade, não podendo, assim, sobreviver. Essas atitudes ainda são exercidas no nosso país em detrimento do direito individual de cada cidadão em ter informação limpa, verdadeira, e não manipulada de acordo com os interesses de quem eventualmente esteja no poder municipal, estadual, federal, setorial ou regional. É direito do cidadão ter a informação, da mesma forma que é direito dos que dirigem, dos que possuem e dos que instalam meios de comunicação não sofrer nenhuma restrição nessa missão de transmitir a informação, porque, conforme ficou prevalecendo, a Comunicação Social está vinculada, indissociavelmente, à necessidade de realização do desenvolvimento.

É a partir da divulgação dos exemplos de cidadania, do conhecimento dos direitos do cidadão, que teremos como primeira reação possível a indignação cidadã, porque não se faz indignação; com conformação, faz-se súdito – as popularmente conhecidas "vacas de presépio". A indignação, portanto, é um ingrediente necessário à formação da cidadania e depende da informação verdadeira, porque ela trará o conhecimento que não se obteve na escola, que está, às vezes, escondido nos livros inalcançáveis, mas que, no dia-a-dia, no nosso contato com os meios de comunicação, na maior parte do tempo, chega a ser maior do que o contato que temos com os membros da nossa família. Estamos mais tempo diante do jornal, da televisão, dos *outdoors*, enfim, de todos os meios que emitem algum tipo de mensagem do que conversando com um filho ou namorando. Passamos mais tempo, portanto, recebendo, maciçamente, informações dos meios de comunicação do que refletindo sobre o bombardeio das mensagens que nos são impostas.

Pensando um pouco, podemos perguntar: quem sabe ler? Mas quem sabe ler sabe ler? Essa é uma outra questão. Quem sabe ler nem sempre sabe ler. Traduz signos escritos e profere expressões, falas, mas não entende, porque a comunicação também se realiza dentro de uma técnica em que há que se dizer aquilo que as pessoas sejam capazes de entender. E mais: quem sabe ler, e lê e entende, tem poder aquisitivo para ter acesso diário a, pelo menos, dois jornais? Pois, no caso da mídia impressa, não se deve confiar apenas em uma versão – e isso vale para qualquer tipo de mídia, porque toda ela, de uma maneira ou de outra, sofre algum tipo de manipulação, seja política, seja ideológica, que pode ser até involuntária ou controlável, porque não é produto da vontade de uma só pessoa, e, sim, de uma equipe. E vem a questão do poder aquisitivo, pois se as pessoas, de um modo geral, não podem comprar um litro de leite e um pão para a primeira refeição, não podem levar para casa, todo dia, uma revista que custa cinco reais ou um jornal que custa um real.

Encontraremos, portanto, uma desproporção entre a estatística oficial da população alfabetizada e o número daqueles que têm acesso verdadeiro à informação. Refiro-me à informação escrita, que é a que possibilita uma reflexão maior a respeito daquilo que você aprende do que lhe é oferecido. A informação eletrônica do rádio e da televisão, por ser breve e, portanto, de muito impacto, induz mais facilmente, sendo, assim, mais perigosa e poderosa. É perigosa no que induz a projeção da violência ao inconsciente, o que pode resultar na prática da violência; é danosa no que induz maus costumes ou fantasias.

Alguém me disse que, no caso das novelas – não as vejo, pois não tenho tempo e porque nunca gostei de ser obrigado a saber, no dia seguinte, o que irá acontecer; recuso-me a esse tipo de manipulação –, as pessoas não trabalham, todos vivem bem, são bonitos, e há um certo preconceito com os negros, que trabalham somente na cozinha dos ricos. Enfim, vende-se para as pessoas uma fantasia.

Os que não sabem ler, que constituem, ainda, a maioria dos brasileiros, começam a se projetar naquele tipo de fantasia que tem conseqüências políticas, porque, quando é época de eleição, se aparece algum candidato que possa ter uma imagem vinculada ao herói da novela que o eleitor admira, de que gostaria de ser íntimo, há uma tendência muito grande de a maioria do eleitorado votar nas pessoas nas quais encontre alguma identidade com o herói daquela novela.

Lembro-me de que, quando era advogado, estive em uma eleição municipal em Sete Lagoas, Minas Gerais, cujo candidato mais popular chamava-se Antônio Dias; por coincidência, naquele ano, esse era o nome de um personagem de novela vivido pelo ator Tarcísio Meira.

Mas não quero me desviar do tema que me foi proposto, qual seja: "Princípios Constitucionais dos Meios de Comunicação". Eu falava sobre o poder danoso ou não dos meios de Comunicação Social, e que os meios eletrônicos são mais poderosos pelo impacto que causam. Ora, melhor seria se esse impacto pudesse produzir resultados positivos, porque, nesse caso, seria um poderoso instrumento para a formação da cidadania, para a educação, para a politização e, portanto, para a formação de um país mais consciente e não dependente do clientelismo, acreditando que o governo tem que resolver todos os problemas. Somos um povo que não sabe quanto paga de imposto, porque o imposto que se paga não está somente naquilo que é recolhido, mas também no que falta, que é o imposto da dívida social.

Precisamos ter condições para fazer com que os meios de Comunicação Social realizem os pressupostos constitucionais que lhes são deferidos. Ontem, em uma entrevista à TV Bandeirantes, a certa altura, um profissional me perguntou sobre os partidos políticos, e eu disse que, no Brasil, feliz ou infelizmente, o grande canal de defesa, apesar dos exageros e danos que, eventualmente, possam ser perpetrados contra a honra das pessoas, é o da liberdade que temos nos meios de comunicação. No país em que vivemos, as mudanças realizam-se de uma forma meteórica, ou decorrentes de um grande escândalo ou de um grande cochilo. Da noite para o dia, surge uma nova lei à qual todos devemos obediência.

A verdade é que estamos completando 50 anos de televisão no Brasil e temos uma estatística do IBGE dizendo que, dos 170 milhões de brasileiros, 22 milhões não sabem o que é televisão, apenas ouviram falar. Às vezes, encontramos nos noticiários da mídia reportagens sobre uma comunidade onde não existia uma aparelho de televisão e, quando aparece esse instrumento da comunicação ligado em uma pracinha, é considerado um fenômeno. Esse fato já foi mostrado pelo cinema brasileiro, no filme de Cacá Diegues chamado *Bye, Bye, Brasil*, que mostra a virada do país rural para uma economia urbana, em que a cultura agrícola começa a sofrer a invasão urbana, na proporção do êxodo do campo para as cidades. Por outro lado, vai a agressão cultural da cidade para o meio rural. Estima-se que esses 22 milhões não conheçam televisão não tanto por falta de poder aquisitivo, mas pela inexistência de energia elétrica, pois o Poder Público não conseguiu chegar até eles com as redes de eletrificação. Na aspiração brasileira, essas pessoas sonham com dois bens: uma geladeira e um aparelho de televisão, sendo que temos quase a metade da população sonhando em possuir um computador.

Concluo, portanto, pedindo a todos que anotem, na Constituição da República, o artigo 220. Sempre que puderem, façam uma leitura e uma reflexão, como se estivessem diante do Livro de Davi, do qual temos o costume de, vez em quando, anotar um salmo, lê-lo e, durante o dia, refletir sobre ele.

A Constituição é a nossa segunda Bíblia. Precisamos andar sempre com esse livro, porque ele só se afirmará se formos capazes de dar alma ao corpo que tem a essência desse contrato escrito em nome da maioria de todos nós.

O império da lei*

Somos herdeiros de um mesmo Brasil, de nossos antepassados, que muito lutaram — guerras foram empreendidas em fronteiras, espaços geográficos foram conquistados —, e nós herdamos, sem termos feito força nenhuma, este país enorme, maravilhoso, rico, com todas as suas potencialidades, e ainda há uma grande maioria de gente muito pobre, mais de 1/3 da população está bem abaixo ou quase um pouco acima da linha de pobreza.

Estarmos juntos nesta tarde é uma bênção, porque estamos celebrando o conhecimento, o saber. Devemos, portanto, ser muito agradecidos uns aos outros por estarmos neste grande Estado de São Paulo, neste município tão próspero, com pouco menos de 200 mil habitantes, auto-sustentável, que, a rigor, não precisaria de benesses externas para sobreviver, porque há gente daqui que também trouxe experiências dos seus antepassados e de grandes momentos — o pessoal do Oriente Médio, árabes, ingleses, portugueses.

Nessa miscigenação, foi se formando a grande cidadania que, hoje, se aponta digna, se entrelaça, trabalha e se ama mutuamente neste território chamado São José do Rio Preto. Também sou brasileiro, sou lá de cima, sou filho do Nordeste.

---

* Primeiro Congresso Paulista de Direito, na Faculdade Integrada de Mirassol, em 7 de outubro de 2004.

Disse há pouco que me inspira muito um verso de um poeta da minha região para poder justificar que, sempre que posso, venho correndo atender aos pedidos, por maiores, menores e médios que sejam, ainda que tenha que falar para um só ou para dois do que para multidões, que diz assim: "Me poupa do vexame de morrer tão moço / Muita coisa ainda quero olhar."[1] Precisamos olhar mais o Brasil, conhecê-lo mais de perto, viajar mais por entre as nossas próprias fronteiras.

Pensei que viesse aqui só para posar para fotografia – o presidente do Tribunal esteve aqui, posou para fotografia etc. –, mas aí tive que subir correndo ao hotel, peguei duas folhas de papel naquela pasta reservada aos hóspedes e rasguei-as, pensando em vocês, que ainda nem conhecia, mas imaginava, e escrevi estas linhas.

Estar aqui diante de tantos pensadores, doutrinadores, operadores do Direito, não me coloca acima de ninguém nas expectativas que a notícia da minha vinda pudesse lhes causar. Afinal, apenas cumpro, há seis meses, os mandatos de presidente do Superior Tribunal de Justiça e do Conselho da Justiça Federal, responsabilidades enormes, das quais terei que me desincumbir ao longo de mais dezoito meses.

Então, não esperem que lhes diga algo mais brilhante e interessante do que já lhes foi dito nestes últimos dias por tantas pessoas talentosas quanto ilustres, a propósito do novo Código Civil e do projeto que tramita no Congresso sobre a nova Lei das Falências.

Posso, no entanto, lembrar-lhes que de nada adiantam as leis, por mais bem elaboradas que sejam, do ponto de vista da técnica ou da constitucionalidade, se o Estado Democrático de Direito não se viabiliza firme, forte, engrenado totalmente com a sociedade e suas aspirações. As leis nada mais são que referências para que o Estado, gerente geral do bem comum, não se exceda quanto aos cidadãos e para que os cidadãos convivam em paz entre si, cada um na legitimidade do seu espaço, na sacralidade dos seus direitos.

Quero dizer que as leis devem servir às realidades sociais, não devem conter apenas promessas que, na hora do teste, dos indeterminados desafios, não se realizam.

Daí que não podemos nunca perder de vista as mutações que se operam, as realidades que espocam, os fenômenos que despontam, aturdindo as estratégias políticas do Estado e a vida no dia-a-dia do povo em geral.

Desviamos um pouco a vista dos códigos, das leis, tantas, muitas das quais por longas horas até nos entontecem. Abrimos uma janela, apuramos o olhar, e logo, a pouca distância, somos levados a ver o que se passa no país: um bilhão de dólares em títulos no mercado de câmbio. Há pouco menos de um mês já havíamos lançado 914 milhões de dólares em títulos na Europa, vamos ter quinze anos para resgatar. Estão dizendo que isso é bom. Sei, o que nem todos sabem, que ainda este mês vence uma conta, e vamos ter que pagá-la, de 1,8 bilhão de dólares em juros e principal de títulos antigos. Estamos próximos aos 5 bilhões de dólares em emissões de títulos só este ano. No popular, empinamos os papagaios, mandamos os títulos; de pronto, vem o dinheiro. E, assim, teremos saldo em caixa para pagar em dia as dívidas que vão vencer no ano que vem, algo em torno de 5,5 bilhões de dólares.

Ainda assim, estamos bem melhores do que muitos neste mundo; ainda assim, bem melhores do que muitos neste mundo, continuamos precisando, e muito, de grandes investimentos externos, da produção em geral, para a geração de empregos, para o sadio crescimento da economia, para estabelecermos um ritmo compatível com as nossas metas de desenvolvimento.

Daí a importância da segurança jurídica; daí a importância de um Estado de Direito Democrático forte, efetivamente sintonizado com a sociedade, de modo a que, sob o império da Constituição da República e de suas leis, possam os poderes públicos realizar suas tarefas, respeitados por todos em sua autoridade.

Em muitos segmentos deste país a crise hoje é de autoridade; autoridade para se fazer valer a força da lei; autoridade para o respeito à lei; autoridade para o cumprimento das decisões judiciais. Não podemos conviver com meio Estado de Direito Democrático, em que uma grande parte da população se submete à ordem, ao império, aos mandamentos dos juízes por força da força da lei, enquanto outros grupamentos corporativos, em suas razões corporativistas, ignorando as realidades sociais do conjunto, pensando apenas nas ilhas que ocupam, em detrimento da grande maioria das pessoas na sociedade, enterram, inviabilizam serviços públicos ou serviços privados, que têm tudo a ver com a vida das pessoas em geral. E que os tribunais decretam, e os decretados não cumprem, e que as ilegalidades se afirmam, e os ilegais não se conformam.

É preciso que neste país nós ponhamos de um modo total, geral, a ordem para que o progresso possa vencer; a ordem sob o império das leis; a ordem decorrente do Estado Democrático de Direito, em que não se confunda a autoridade, o termo autoridade, com abuso do autoritarismo.

Daí a necessidade de um Judiciário modernizado, reformado, ágil e eficaz. No que toca a essa compreensão, estamos fazendo a nossa parte no Superior Tribunal de Justiça e no Conselho da Justiça Federal.

As leis não podem servir aos seus operadores ou intérpretes como ferramentas das injustiças, para o serviço de abusos, para homenagens à intolerância. É do nosso dever buscar, em suas leituras, o melhor do seu espírito para o melhor que nos cumpre empreender: a realização da justiça sob inspiração da concórdia para a conciliação, para a realização da paz.

Mesmo nas decisões requisitadas por interesses individuais, não podemos perder de vista as repercussões que poderão se espraiar nos espaços dos interesses coletivos. Tenho certeza de que as reflexões a que todos aqui foram levados nestes dias acrescentaram muito ao saber de todos. Esses acréscimos se disseminarão como sementes em ordenamentos novos, que ensejaram este encontro de todos nós aqui no encerramento desta tarde.

Notas

[1] Verso da música *Pavão Mysteriozo*, composta por Ednardo.

Trabalho sem lei*

É preciso, inicialmente, não confundir trabalho infantil com emprego infantil.

Trabalho apenas, tão-somente trabalho, é o que a necessidade impõe, e isso não se vincula à liberdade de mercado, à demanda entre o que o capital remunera e o que o trabalho, como mão-de-obra, acha que vale.

Trabalho sem lei é submissão à necessidade induzida até ao calabouço da escravidão. Emprego é diferente, é ocupação legal, tem a ver com o capital, remunerando, de forma justa, o trabalho.

Trabalho infantil é, sobretudo, esforço braçal torturante, que lesa não só o direito que as crianças têm a ter infância e escola e saúde e a sonhar com o futuro digno, mas que lesa também o direito dos adultos à remuneração legal e justa pelo trabalho compatível às suas idades, potencialidades, capacidades.

Emprego é o de que falam, denunciando, as estatísticas do mercado de trabalho. Emprego é mais que aquela promessa de milhões que nos fizeram os candidatos na última campanha eleitoral. Emprego é trabalho certo com salário certo em contrato assinado, de preferência, em carteira profissional.

---

* Falando de improviso na Audiência da Comissão de Constituição e Justiça do Senado com os Juízes italianos da Operação Mãos Limpas, em 3 de novembro de 1998, sob a Presidência do Senador Bernardo Cabral.

Volto-me para estes números. E revolto-me ao saber que 53% dos trabalhadores infanto-juvenis têm entre cinco e 14 anos de idade. E que, no Brasil, esse percentual é de cerca de 60% por cento, segundo a OIT (Organização Internacional do Trabalho).

É constrangedor saber que a maioria das crianças, cerca de 70%, trabalha de forma ilegal e injusta, numa indisfarçável forma de escravidão, e 9% estão nas manufaturas. Outros 9% estão no comércio varejista; 6,5%, nos serviços domésticos; 4%, no armazenamento e nas comunicações e 3%, nas minas e na construção civil.

Como encarar e propor e buscar resolver essa questão entre nós, no Brasil? Penso, a propósito, que o nosso calcanhar-de-aquiles está na nossa pretensa capacidade de gestão social e em seus pressupostos básicos – pessoas aptas a atuar como garantidoras de direitos e capazes de trabalhar em redes sociais, multidisciplinares e, portanto, eficazes de alimentar a implantação das ações com novos recursos humanos e financeiros.

E é aqui que entram os Conselhos de Direito da Infância e da Juventude, paritários, fazendo confluir governos e terceiro setor num espaço vital de articulação de forças sociais em favor de quem irá, afinal, definir a agenda do futuro deste país.

Os Conselhos aos quais cabe a gestão de fundos voltados para a implantação das políticas para a infância e a juventude, e que dispõem de um poderoso instrumento de captação de recursos junto ao empresariado via isenção fiscal, contam com poderoso instrumento para financiamento de projetos, numa sociedade, como a nossa, marcada por déficits orçamentários no setor público.

Agregue-se ainda o fato de que ser socialmente responsável é lucrativo. Existem indicadores sociais que provam que as empresas socialmente responsáveis têm mais lucro. Lembram-se do caso Nike, a fabricante de produtos esportivos, que perdeu 50% do mercado por causa da acusação de explorar ilegalmente a mão-de-obra infantil?

E a nossa juventude brasileira vem se deparando com três dificuldades básicas, que poderiam ser enfrentadas, apresentando bons resultados, via parcerias articuladas no âmbito dos Conselhos de Direitos. São elas: dificuldade de inserção no mundo do trabalho, ausência de alternativas de lazer e a desintegração familiar.

Ora, para um Estado muito eficaz, e seguramente não é o nosso caso, já seria um desafio de proporções gigantescas. Para o nosso, neste estágio de sua maturação, é absolutamente impossível. Como resolver?

Volto à indispensabilidade da construção de parcerias, via Conselhos. Dados de 2002, apresentados ao Conselho do Comunidade Solidária, indicam que, se todas as empresas tivessem direcionado para o Fundo da Criança e do Adolescente 1% do imposto de renda devido, ter-se-ia chegado a um montante de R$99 milhões para aplicar. E, na verdade, só foram aplicados R$6,5 milhões. Penso que não temos o direito de desperdiçar tanto. Temos que buscar forma rápida de encontrar saídas.

Tenho informações de que, em julho deste ano, o Gabinete de Segurança Institucional da Presidência da República, que coordena o Programa de Prevenção da Violência Urbana, uma das 124 ações do Plano Nacional de Segurança Pública, e que prioriza a infância e a juventude, firmou uma parceria com o Ministério da Justiça, com a Secretaria de Estado dos Direitos Humanos, Conanda e Ministério do Esporte para captar recursos na isenção e aplicá-los em projetos direcionados à área de periferias urbanas, onde vivem seres humanos à margem dos avanços sociais da contemporaneidade.

Essa parceria, que dá foco ao recurso, na medida em que prioriza o enfrentamento da violência urbana, problema número um apontado entre as angústias da sociedade brasileira, me parece uma excelente opção.

Claro que há saída, sim. Lembrando Benjamin Franklin, só não há solução para a morte ou para os impostos. Levem de mim o compromisso firme de que, no espaço de que disponho nesta instituição, não lhes faltarei em contribuição pessoal, tendo em vista a formação das redes indispensáveis à verdadeira garantia dos direitos da nossa infância e da nossa juventude.

O trabalho escravo*

A sentença bíblica "haverás de ganhar o pão com o suor do teu rosto", que completou aquela ordem de despejo, o primeiro homem e sua mulher sendo mandados embora do Paraíso, só porque desobedecendo ordens comeram uma maçã, não foi para condenar os filhos de Deus à vida na escravidão.

Ganhar o pão com o próprio suor significou que a cada um estaria reservado o direito ao trabalho digno, cada um fazendo a sua parte, para então receber o necessário à sua subsistência. Não seríamos uma horda de párias, de sanguessugas, de poucos submetendo e explorando e muitos sendo submetidos e explorados.

Aí está a diferença entre trabalhar como pessoa cidadã e trabalhar como se fosse uma pessoa escrava. A pessoa cidadã conhece direitos e os usufrui e os potencializa em dignidade. A pessoa que não é cidadã não tem informação alguma, não sabe nada sobre seus direitos. A sociedade egoísta a ignora e o Estado insensível a exclui.

Desde Jean-Jacques Rousseau, no Iluminismo, que ficou acertado que todas as criaturas humanas nascem livres e iguais em direitos. Isso quer dizer que não pode haver lugar para discriminações de quaisquer

---

* 1ª Jornada de Debates Sobre Trabalho Escravo, Superior Tribunal de Justiça – 25 de setembro de 2002.

espécies. Não pode haver opressão, nem repressão, nem submissão, nem escravidão branca ou negra, amarela ou silvícola, seja de que espécie for.

Conheci nos anos 60 a escravidão branca na Amazônia. Homens com saúde, força de trabalho vigorosa, atraídos com promessas de bons salários e vantagens mais, eram vendidos pelos "gateiros" a empreiteiros de mão-de-obra em grandes fazendas e nem desconfiavam que eram escravos, que já haviam sido vendidos.

Muito raramente um deles se desgrudava do bando, se embrenhava pelo mato, nadava noites num rio e conseguia escapar para trazer a denúncia. Escrevi sobre isso num jornal do Maranhão.

Mas essa vergonha não habita só o nosso país. O trabalho escravo está latente na América Central, na América do Sul, na Ásia e também, de forma muito disfarçada, como mão-de-obra clandestina em países desenvolvidos.

A Organização Internacional do Trabalho, braço das Nações Unidas na defesa dos direitos dos que trabalham, tem realizado ação extraordinária denunciando todas as formas de trabalho escravo.

Há duas semanas encontrei no interior da Guatemala um pesquisador da OIT desenvolvendo um relatório sobre as condições desumanas de trabalho num país como aquele, que saiu de uma guerra civil de décadas e se defronta agora com as ameaças de calote dos vencedores que vacilam no cumprimento dos acordos de paz.

Ao esforço extraordinário da OIT no Brasil vêm se juntar em ação integrada a nossa Justiça Federal, a Justiça do Trabalho, o Ministério Público da União, as Polícias da União Federal e, também, o Ministério do Trabalho e Emprego.

Estamos numa travessia terrível ainda decorrente da longa transição do autoritarismo para a democracia. A estação de agora é a dos milhões de desempregados e das promessas eleitorais de criação de milhões de emprego. Ganhar o pão com o próprio suor, conforme o mandamento divino, é realizar trabalho digno. Não é cumprir sentença condenatória. É viver uma bênção.

Operação Mãos Limpas*

Temos testemunhado, sucessivamente, situações extremamente deploráveis, do ponto de vista da moral vigente em nosso país. E essas situações, quase sempre, deságuam no Congresso Nacional, onde se instauram as Comissões Parlamentares de Inquérito, que, segundo julgam, não dão em nada. Inclusive, já se cunhou uma expressão para tornar pequeno o trabalho dessas comissões: "Tudo acaba em pizza."

Na verdade, os exemplos que temos observado nos outros países, em especial na Itália, em relação a essa tão bem-sucedida Operação Mãos Limpas, servem para nos manter animados. No Estado de Direito Democrático, com instituições democráticas fortes, é possível, sim, dar combate eficaz aos maus exemplos, às más condutas. Portanto, ações que possam produzir resultados em favor da sociedade.

No nosso caso, ainda estamos um tanto aquém desse estágio, em razão das nossas instituições. Estamos, ainda, na etapa que o dr. Tancredo Neves chamava de "a remoção dos destroços do monstro". E estamos nela há muito anos, visto que, há mais de uma década, o país saiu de um regime de exceção. Contudo, a construção da democracia não pode ser feita da noite para o dia.

---

* Audiência no Senado sobre a Operação Mãos Limpas, em 3 de novembro de 1998.

As reformas, que se transformaram em um estandarte dos mais diversos segmentos da sociedade – que se lança em cobrança ao Congresso Nacional, às nossas elites políticas –, também não podem ser resultado da vontade de quem imagina, no papel e no lápis, produzir leis que possam ser assimiladas pela sociedade da noite para o dia.

Registro isso para lhes dizer que o nosso sistema processual penal é mais antigo do que minha idade, tem mais de 50 anos – é, na prática, de uma época em que o país era menor, em que as instituições possuíam força. Fora as instituições políticas e as estatais, a sociedade possuía os seus próprios limites: eram a família, a escola, a Igreja. No que sobrava, o Estado intervinha, por meio do ordenamento jurídico.

Há algumas décadas, um ilustre brasileiro, Fernando Ferrari,[1] conterrâneo do senador Pedro Simon, deflagrou uma campanha chamada "campanha das mãos limpas" e, com esse *slogan*, sinalizava a necessidade, já naquele tempo, de moralidade na vida pública. Ele candidatou-se à Vice-Presidência da República e foi fragorosamente derrotado.

Lembro-me de que a cultura política vigente naquele tempo não era muito diferente da cultura política vigente, ainda, no nosso tempo: de que candidato com as mãos limpas mas com os bolsos vazios – por conseguinte, sem nada ter a oferecer aos seus eleitores, aos seus cabos eleitorais – não haveria de prosperar.

Então, um registro desse serve para que não nos esqueçamos de que tudo isso que se procura chamar de impunidade, em decorrência da omissão dos poderes públicos, dos agentes dos poderes públicos, é porque ainda estamos a viver a grande tarefa da reconstrução das nossas instituições.

Na Itália, tivemos o registro de mais de quatro mil processos e algo em torno de dois mil denunciados, depois culpados, condenados à cadeia, porque não há vagas nos presídios.

Em São Paulo, que é uma amostragem do Brasil, mais de 40 mil mandados de prisão não são cumpridos, não porque a Justiça não tenha sentenciado, são mandados de prisão em razão de sentenças condenatórias, mas que não se efetivam porque o nosso sistema previdenciário também está a carecer de reformulações. O nosso sistema processual penal, também. Enfim, não estamos aqui para registrar lamúrias, mas é importante que tenhamos a consciência das nossas deficiências, das nossas dificuldades.

Mas não é porque o sistema processual carece de reformas e enquanto não se reforma o Ministério Público e o Poder Judiciário não se terá resposta a oferecer. Imagino que essa nossa operação aqui tem de ser mesmo um mutirão de todos os Poderes, na forma proposta pelo Senador Pedro Simon, já há alguns anos, e ainda em andamento.

Temos as Comissões Parlamentares de Inquérito. Depois, temos o inquérito realizado pelo Ministério Público, o inquérito policial antes de se chegar à ação penal. Passamos por três inquéritos, e isso é muita perda de tempo. No Superior Tribunal de Justiça, ainda tramitam, autuados como inquérito, com quase 1,60m de altura, processos resultantes de CPIs do Congresso Nacional que tiveram a maior repercussão no país. No entanto, ora o Ministério Público não está suficientemente aparelhado para dar andamento a essas investigações, ora as questões, colocadas do ponto de vista processual, exigem diligências. E há necessidade da afirmação do princípio constitucional da ampla defesa.

Ora, impõem-se tantas procrastinações que vejo as coisas caminhando para algumas prescrições. Vejo caminhando, enfim, para a apuração final apenas de delitos de menor gravidade. Já se pode concluir, como em alguns casos na Itália, que a pena é o próprio processo a que o acusado responde, e não aquela resultante da sentença condenatória final.

Desejo apenas registrar que a Operação Mãos Limpas, no Brasil, há que ser concomitante a um mutirão de consciências limpas, como a de todos os brasileiros comprometidos com a afirmação do Estado de Direito Democrático e, portanto, com uma sociedade mais justa, uma sociedade em que as desigualdades sejam reduzidas, cada vez mais. E, aí sim, Judiciário e Legislativo têm – como têm agora e terão muito mais – responsabilidades imensas na afirmação desses direitos.

Notas

[1] Deputado Federal pelo PTB gaúcho abriu uma dissidência contra o então Vice-Presidente João Goulart, fundando novo partido – Movimento Trabalhista Renovador sob essa legenda candidatou-se a Vice-Presidente nas eleições de 1962, com o slogan "Campanha de Mãos Limpas".

Terrorismo e violência*

As ações classificadas como de terrorismo são mais antigas. Barrabás, líder nacionalista na antiga Judéia, foi acusado de terrorismo em diversas ações que liderou contra a ocupação romana.

Mas a palavra "terrorismo", como a entendemos ainda hoje, só apareceu pela primeira vez, em letras impressas, no suplemento do Dicionário da Academia Francesa, em 1798.

Foi usada para definir o período das atrocidades vividas pela França entre setembro de 1793 e julho de 1794. Daí a denominação "regime do terror", o terrorismo estatal, quando os donos do poder mandavam matar todos os que não lhes eram explicitamente favoráveis.

O movimento anarquista, em fins do século 19, também foi rotulado como terrorista. Aqui, então, eram os dissidentes do estado de coisas opondo-se seriamente aos formatos de Estado e de governos predominantes.

Mas terrorismo mesmo, para valer, foi quando os macedônios hostis à Turquia passaram a instalar bombas nos trens internacionais, explodindo-os com cargas e passageiros. Aí, sim, foi que se passou a conhecer o terror em suas ações cruéis e covardes.

---

* Seminário Internacional sobre Terrorismo e Violência, no STJ, em 28 de maio de 2002.

Desde o último século, não há um dia em que não se tenha uma notícia sobre um estrago terrorista no mundo. Na primeira década de 70, foram registradas 349 ações terroristas. Na década seguinte, esse número pulou para 500. Apenas em um ano, em 1996, foram 121 ações terroristas apenas no continente europeu.

Até então, quase tudo, quase sempre, na Europa e no Oriente Médio, até que em 11 de setembro do ano passado o inimaginável aconteceu — a destruição das torres gêmeas do World Trade Center, em Nova York. Entre as nuvens de fumaça e de poeira, milhares de mortos. Todos inocentes.

Até quando essa paz rodeada de bombas? A violência é a estupidez humana acionada pela intolerância. A intolerância é o resultado da incapacidade humana para dialogar e conviver com os contrários. Ambas, violência e intolerância, não são problemas só do Estado. São de todos nós, também.

O bicho-homem*

Num dado verão, em algum ponto da África, o leão teria perguntado ao elefante:

— Afinal, quem manda mesmo na floresta?

O elefante, grandiloqüente, pesadão, veloz, dono de formidável memória, capaz de recitar em inglês as mais incríveis estatísticas, balançou a tromba solenemente e depois de soltar aquele uivo ameaçador que o cinema agregaria, mais tarde, nos filmes de Tarzan, encarou firme o leão e novamente balançando a tromba, respondeu ameaçador:

— Pergunta boba. Quem manda aqui na floresta sou eu.

Talvez por excesso de visibilidade o elefante foi perdendo força popular. Virou alvo fácil, sendo acusado de tudo. Se o rinoceronte defecava na água, diziam que tinha sido o elefante. Por algum tempo o elefante se prestou, ainda, como tanque de guerra nas batalhas entre Roma e Cartago. Até o dia em que lhe arrancaram as presas e o puseram a chutar bolas e a brincar com macacos nos picadeiros de circo.

O leão, menor mas carismático, feroz e ligeiro, foi quem mais durou no mando da floresta, tanto que passou a ser adorado e temido como rei dos animais. E como o elefante, seu rival político, o leão acabou

---

* Seminário Internacional de Direito Ambiental, no STJ, em 7 de maio de 2002.

também indo para Hollywood, passando a ser conhecido mundialmente como o "leão da Metro".

Historinhas como esta já não se contam mais.

Os animais perderam o direito à liberdade na floresta, perseguidos até por armas químicas de um grande predador, o senhor das selvas, dos mares, dos rios, dos ares, das chaminés, das escavadeiras, das motoniveladoras, do mercúrio, do amianto, da motosserra, do arpão, do espinhel.

Os animais perderam a natureza, e a natureza começa a perder-se a si mesma, tudo por conta da voracidade predadora do bicho-homem.

Os satélites a serviço do Instituto Nacional de Pesquisas Espaciais (Inpe) e da Embrapa detectaram, apenas entre os dias 14 e 21 de setembro do último ano, 8.407 focos de incêndio no Brasil, ou seja, 34% a mais que no ano anterior e 46% a mais do que no mesmo período em 1999.

Ainda no ano passado, na última semana de setembro, os mesmos satélites registraram um crescimento espantoso: nada menos que 12.856 focos de incêndio, com especial concentração no Nordeste. Em outubro de 2001, o número de queimadas cresceu para 31.219, com aumento de 29% em relação aos anos anteriores.

Na primeira quinzena de novembro, a tendência à devastação prosseguiu ascendente – 9.476 focos de incêndio para 3.012 no mesmo período do ano 2000.

Ao final de contas, foi registrado, entre o início de junho e o fim de novembro de 2001, um total de 135.246 focos de incêndio no território nacional. Isso significa 40,7% a mais do que os 96.111 focos no ano 2000.

Vendo por outro ângulo os descuidos com o meio ambiente, deparamo-nos com outro número preocupante: o Brasil produziu, no ano passado, 58 toneladas de dióxido de urânio.

A contribuição do Brasil na defesa de um planeta sadio pode ser aferida não apenas pela extensão territorial, pois é um dos maiores do mundo. O Brasil está, também, entre os de maior população do mundo. Já somamos 169.590.693 habitantes. Os Estados mais populosos – São Paulo, Minas Gerais, Rio de Janeiro, Bahia, Rio Grande do Sul e Paraná – concentram, em seu conjunto, 60,14% de toda a população do país.

Felizmente, ainda é mínima, entre nós, a contribuição em gás carbônico que, produzido pela industrialização predadora, desenfreada, já elevou para 30% o aquecimento do planeta, desde a Revolução Industrial iniciada no século 18.

Do antigo Código Florestal, que cuidava, no máximo, de contravenções, à atual Lei dos Crimes Ambientais, que tipifica como crimes tantas nefastas condutas, demos saltos consideráveis, refreando ações predatórias contra a fauna, a flora, a natureza em geral.

É com a afirmação do Direito Ambiental que vamos poder acionar instrumentos de poder para a defesa do nosso direito de viver em clima sadio, ar puro, águas limpas, chãos possíveis e verdes visíveis.

De ave para ave*

No governo Costa e Silva, nomeou-se ministro do Trabalho o então coronel Jarbas Passarinho. O governador do Maranhão era o hoje presidente José Sarney, que tinha 35 anos de idade. O ministro Passarinho foi à capital para receber o título de cidadão de São Luís, até porque uma parte de sua família tem sementes, raízes plantadas no nosso território. O governador Sarney resolveu aprontar uma com o ministro Passarinho. Pediu ao líder da Câmara que designasse o vereador Papagaio para saudar o ministro Passarinho. Papagaio era apelido. Naquele tempo a legislação eleitoral permitia que se registrasse o apelido para concorrer a eleição. Por um bom tempo foi proibido. Agora voltou novamente. E o vereador Luís Alves ganhava a eleição: "Vote no Papagaio, ele fala melhor por vocês."

Então, começa a solenidade. O vereador Papagaio, a certa altura, dirige-se ao ministro Passarinho e lhe diz, depois de uns vinhos no bar do Hotel Central: "Ministro Passarinho, aproveitando as nossas afinidades ornitológicas, vamos falar agora de ave para ave."

Isso me ocorre porque, no Maranhão, também tínhamos o nosso Aurélio, aquela pessoa que ouvia as frases e as anotava para colocar no dicionário. Era o professor Domingos Vieira Filho, que inseriu, no

---

* Falando em improviso, em sessão solene na Confederação Nacional do Comércio, em Brasília, em 20 de maio de 2004.

dicionário *Linguagem Popular do Maranhão,* esta expressão – ave para ave – que significa de igual para igual.

Então, isso me ocorre no momento em que aqui sou recebido, com muita honra, como presidente do Superior Tribunal de Justiça e como presidente do Conselho da Justiça Federal, por todos os presidentes das entidades representativas do comércio. E daí me sinto à vontade, porque podemos falar agora de ave para ave. De presidente para presidente.

Nosso país anda muito triste. Nós andamos numa depressão. O setor público com suas greves.

Eu dizia há pouco, no Ministério Público Federal, numa assembléia, que não há uma greve no setor privado, todas as greves são no setor público. Por quê? O que está acontecendo?

Primeiro, o setor privado hoje, de tão premente, faz um esforço diuturno para garantir o emprego. A questão é de sobrevivência. O setor público, a máquina estatal, mal está dando conta de suas rotinas procedimentais, ainda mais tendo de se ater a uma agenda positiva de audaciosos investimentos.

Gosto muito dessa audácia.

Para sairmos dessa tristura generalizada, não bastam as lições da História, até a mais recente.

Afinal, exatamente por estarmos neste pedaço do território goiano, que se resolveu que aqui seria o Distrito Federal. Em quatro anos de administração, num palácio que hoje a gente passa, olha, e não imagina o que era este país governado do Catete. O palácio era a residência de um empresário, e a União desapropriou. O Brasil foi possível a partir dali, movido pela audácia.

Claro, se fosse hoje, o Ibama embargaria as obras do Lago Paranoá. Se fosse hoje, a estrada Belém–Brasília nunca sairia do projeto, porque iria cortar reservas, passar por terras de índios, viveiros de onças, dormitórios de jacarés. Se fosse hoje, Juscelino Kubitschek, Oscar Niemeyer, Bernardo Sayão, Lúcio Costa, aquela plêiade de idealistas brasileiros confiantes no futuro deste país, estariam cada um respondendo a uma ação civil pública, acusados de improbidade administrativa.

Isso para lhes dizer que cada coisa tem seu tempo, confirmando o que se diz nos Evangelhos.

É tempo, no Brasil, de despertarmos e sairmos dessa mesmice. Fazer a mesma coisa significa fazer nada, e somos acusados pelas mesmas coisas.

Imaginemos um país com 170 milhões de habitantes, oficialmente, neste momento com nascimentos significando mais bocas para reclamar com fome, mais consciências precisando de escola, daí a pouco mais mãos precisando de trabalho... e a geração do emprego, a geração do trabalho, só se faz com capital. O capital é o grande investimento, aliado à imaginação, para dar ocupação à mão-de-obra e gerar desenvolvimento.

Todos nós estamos cansados de saber disso. Todos nós estamos cansados de saber que a arrecadação tributária duplica a cada ano e segue numa progressão.

Todos nós ouvimos e nos aquietamos.

Este país detém uma das maiores cargas tributárias do mundo. E a democracia é nossa meta permanente. Não podemos imaginar Estado de Direito Democrático com coreografias constitucionais. Não podemos querer que nossas questões se resolvam por emendas constitucionais, por medidas provisórias, por letras de lei, e que as questões da moralidade o sejam pelas CPIs ou pelas ações civis públicas do Ministério Público.

Precisamos mesmo é pensar o país urgentemente, para sair dessa mesmice e afirmar esse projeto de Estado de Direito Democrático.

Posso pensar em democracia se, num país deste tamanho, todo o Judiciário não soma 16 mil juízes?

Alguém já imaginou que no Brasil somos menos de dois mil juízes federais? E que o Direito que se opera é o Direito Nacional Federal? Porque a competência legislativa é privativa da União Federal, sobre todos os ramos do Direito. Já há reserva de mercado para Direito Espacial – competência privativa da União Federal.

Esses Direitos estão consagrados a todos que são iguais perante a lei, em deveres e, por conseguinte, em direitos, como são administrados no país.

Temos duas correntes de Justiça: a Justiça dos Estados e a Justiça Federal.

São 27 Tribunais de Justiça, portanto, um em cada Estado, com instâncias de 1º grau, que não cobrem, em nenhum Estado, nem a metade do território, porque as comarcas abrangem múltiplos municípios.

O processo dá entrada no 1º grau, vai para o Tribunal de Justiça, de onde faz-se um recurso, que pode ser o especial, vem para o Superior Tribunal de Justiça. Se dá entrada na Justiça Federal, é o mesmo rito: juiz federal de 1º grau, Tribunal Regional Federal, Superior Tribunal de Justiça.

Não pára aí. Vai para o Supremo. A Corte Constitucional resolvendo até questões de condomínio.

Não brigas, mas as questões das demandas dos cidadãos em geral, dos empresários, dos que geram emprego, ou dos empregados que trabalham. Elas demoram, em média, dez anos. Quando, depois de dez anos, chega-se a uma decisão terminativa, não terminou. Aí começa o ganha mas não leva, porque se vai para um desvio chamado processo de execução. Entre o processo de execução e uma semana antes de dois anos do trânsito em julgado, providencia-se uma rescisória, e aí empaca tudo, e aquele direito, declarado, afirmado pela última instância judiciária, vai ser uma esperança para algum neto do demandante, vai entrar num espólio.

Todos nós estamos cansados de saber disso. O que fazer? Emendar a Constituição? Reforma do Judiciário? Não é por aí. Meia dúzia de medidas, no máximo.

Precisamos entender que, sem o Judiciário rápido, com respostas eficazes, eficientemente estruturado, não vamos ter democracia, não vamos ter crescimento econômico e não vamos ter estabilidade nenhuma nas relações capital e trabalho, porque tudo será incerto e continuará, como hoje, incerto. Tudo será insegurança jurídica. A inviabilidade de execução dos contratos, a convocação de uma jurisprudência que no dia seguinte já mudou, o cipoal legislativo que é este país, de leis que, se você começar a estudar, morre e não acaba de tomar conhecimento de todas elas.

Conhecemos todo esse panorama e estamos cansados disso.

Vamos imaginar agora que nós, diante do mapa do Brasil, escolhemos 4 mil localidades – são 5.561 municípios. Isso é possível. A cada uma dessas localidades eu levo uma Vara de Justiça Federal. Por que não da Justiça Estadual? Já há um bocado delas e não resolvem. As pessoas não acreditam em Polícia Estadual, não acreditam em Justiça Estadual, porque temos, no nosso imaginário, oriundo da monarquia, que a autoridade tem de ser federal. É rei ou rainha, imperador ou imperatriz.

Essa é a realidade da visão do povo brasileiro. A autoridade federal está melhor.

Carlos Drummond de Andrade falava até no poeta municipal e poeta federal. Ele era um belo poeta federal, apesar de cantar sempre sua província.

A Vara da Justiça Federal leva obrigatoriamente consigo o Ministério Público Federal, a Advocacia-Geral da União, a Defensoria Pública, a Polícia Federal. O fenômeno do crime, a gente começa a perceber, está se interiorizando, as centrais do crime organizado operam no interior, porque no interior não há controle, o Estado não está presente.

Qual é a presença afirmativa do Estado brasileiro no Brasil brasileiro?

A Receita Federal – para arrecadar. O INSS – para arrecadar. O Banco do Brasil, agora para executar o pessoal que não pôde pagar. E a Caixa Econômica, para pagar os aposentados e arrecadar com loterias. Não há mais nada.

Uma Vara de Justiça Federal leva isso tudo.

Assim, se nos conscientizarmos, cobrarmos, exigirmos, bancarmos com nossa audácia um projeto dessa envergadura, concomitantemente, portanto, vamos aquecer o comércio nessas pequenas localidades, vamos aquecer a indústria da construção civil, porque vamos gerar empregos e vamos fazer uma inversão desse fluxo para as regiões metropolitanas, o pessoal voltando para o interior. Vamos dar um alento para os pequenos e médios empreiteiros.

Fiz um levantamento, e estamos tentando uma experiência pioneira nesse sentido, no Maranhão.

Só na construção civil, inicialmente surgiu algo em torno de doze prédios ao mesmo tempo.

Vamos realizar concursos para 4 mil juízes federais, 4 mil procuradores da República, 4 mil advogados. Vamos dar um alento, portanto, a toda a nossa juventude que está saindo das universidades, sem saber o que fazer, com o diploma debaixo do braço, porque esta também virou outra febre: universidade. Descobriu-se, em alguns casos, com a prudência que sempre deve governar certas afirmações, que é mais negócio imprimir diploma do que falsificar dinheiro.

Vamos criar uma nova classe média no interior do Brasil, porque os salários dessas pessoas, muito acima da média em cada localidade, vão provocar no comércio local um impacto, com o patamar de exigências maior, que irá até a cultura, uma vez que eles vão querer cinema, escola melhor para seus filhos, e vão morar lá. Por conseguinte, serão novos paradigmas para essas comunidades brasileiras.

Isso é fantasia? É sonho? É ilusão? Eu diria que é um sonho com os pés no chão. É fácil.

Estamos levando para o Maranhão uma Vara da Justiça Federal. São seis juízes federais na ilha, na capital.

E falar em cobranças ao Poder Judiciário? São justas as cobranças. São todas procedentes, mas temos de ter, primeiro, Poder Judiciário. Quando digo ter, tê-lo da maneira mais afirmativa possível.

O Estado brasileiro precisa ocupar o Brasil. A ocupação do Brasil pelo Estado tem de se dar com a presença física, com a sua arquitetura em cada município. Seu conjunto de ações resumido na arquitetura e na presença dos agentes que vão habitar essa arquitetura.

Alguém fez uma conta para mim sobre tudo isso, em termos de quanto custaria tudo ao mesmo tempo, para dar uma alavancada, para animar esse auditório tão triste que está o nosso país hoje, tão acuado.

Falou-me o engenheiro que fez a conta: deve dar um pouco menos de um dia de juros da dívida interna.

Não há recursos. Se for pelo Orçamento, não vai haver, porque o senador sabe que se faz a previsão e o Executivo contingencia.

A Lei da Parceria Público-Privada ainda não saiu. Precisamos pressionar, para que esse instituto venha logo, porque acredito em parcerias públicas e privadas.

Claro que se vai acrescentar um custo a mais a quem já paga uma conta para ter o que não tem, que é a ação do Estado brasileiro.

No entanto, não podemos prescindir da presença do Estado, vamos ter de reformá-lo, vamos ter de enfrentar todos esses obstáculos, essas mentes atrasadas que insistem em acreditar no Estado poderoso, resolvedor de todas as questões, quando ele tem de ser visto apenas como uma invenção nossa, para gerir e administrar o bem comum. E aí resumindo-se, as prioridades hoje são segurança pública e prestação jurisdicional, porque ninguém vai vir para o Brasil fazer investimento ameaçado pela indecisão, pela insegurança jurídica, pela incerteza do cumprimento dos contratos pré-acordados e pré-acertados.

Nós, homens públicos, precisamos todos entender que essas questões são prioritárias, que temos de trabalhar correndo e que os governantes estão ali colocados por um sistema democrático, que permite a qualquer um, venha de onde vier, da camada mais humilde da sociedade, poder chegar lá.

Todos nós não passamos de simples empregados do povo brasileiro, de simples funcionários dos que pagam a conta. E contas temos de prestar todo dia pelo que fazemos. Temos de enfrentar o desperdício. Temos de modernizar a administração pública, alavancar a utilização das ferramentas que a tecnologia coloca a nosso serviço.

Alguns milhões de dólares cumpriram todo o trajeto da burocracia e foram disponibilizados pelo Banco Mundial ou pelo Banco Interamericano de Desenvolvimento (o BID) para o nosso país. Em muitos casos, alguns projetos já estavam obsoletos, já não prestavam para nada; em outros, o governo não sabe como oferecer a contrapartida, e estamos pagando taxa de permanência.

Há cerca de um mês, fui procurado pelo secretário de Transportes do Estado de São Paulo, juntamente com o presidente da empresa do Metrô. A questão era que as obras da última etapa do Metrô estavam, há quase um ano, paralisadas, por força de uma medida liminar. Ou seja, o país pagando taxa de permanência do dinheiro, para fazer uma obra imprescindível numa cidade como São Paulo, onde um dos maiores problemas é o transporte coletivo, mas a obra paralisada por força de uma decisão liminar que estava discutindo detalhes de um edital numa concorrência, numa licitação.

A audiência foi às 11 horas, à noite cassei a liminar e determinei a retomada do cumprimento do contrato que havia sido estabelecido para que as obras pudessem ter início.

Acredito na viabilidade de um Brasil democrático, com um Judiciário estruturado, ligado ao Executivo e ao Legislativo. Há necessidade de uma reforma política também, além do Judiciário, para que possamos ter condições de responder às demandas da sociedade e poder encarar esse futuro que está na nossa porta, no nosso batente, com desafios que crescem, pelo próprio crescimento das necessidades do país.

Cresce a população, crescem os problemas, ampliam-se as necessidades. Não podemos ficar acuados, intimidados pelos problemas, como se não soubéssemos resolvê-los.

É questão de querer, é questão de se unir. Por isso que vim correndo aqui, quando Bernardo Cabral me convidou, porque vi que era uma oportunidade para começarmos um duradouro diálogo em torno das questões que nos dizem respeito, nesse pilar do Estado brasileiro que é o Poder Judiciário, e aprendendo, ouvindo, buscando soluções que os setores jurídicos de cada uma dessas entidades devem ter para nos apresentar.

Há um mês peguei a roda. Estou tentando fazê-la rodar. Não preciso inventar a roda.

Dois turnos de trabalho. Se me queixo que tenho muito trabalho e continuo trabalhando, vou ter, cada dia, mais trabalho. O Tribunal, então, passou a funcionar das 7:30h às 19 horas, ininterruptamente.

Resolvemos alguns problemas. O Tribunal aqui é de recurso, e os advogados que vêm de São Paulo, do Rio de Janeiro e de toda parte do Brasil passavam o dia inteiro esperando as 18 horas para saberem quem ia ser o relator do processo. Essa distribuição, que era feita às 18 horas, passou a ser feita três vezes. Quem estivesse imaginando que ia invadir o sistema de distribuição, para manipular, teria de trabalhar também três vezes, porque são três distribuições, com senhas que mudam a cada distribuição, sistema que se renova a cada semana, para garantir a segurança.

Hoje recebi uma condecoração por conta dessa resolução, que editei sozinho, *ad referendum,* e ainda vai ser aprovada. Pela manhã, quando descia para um encontro no Ministério Público, na minha pasta estava uma intimação do Ministério Público Federal, em razão da instauração de um procedimento administrativo – e eu ia para o Ministério Público para ser homenageado. Tenho o prazo de 20 dias para juntar documentação, desde 1990 – só tenho um mês de mandato –, para fins de instauração possivelmente – claro que tudo é em tese –, de uma ação civil pública, por uma improbidade minha, de ter posto o Tribunal para funcionar em dois horários.

Tive – claro – de fazer uma negociação com os servidores. Nessa negociação, resolvi outro problema, porque, com mais dois concursos que eu fizer, não vou ter espaço para os servidores.

Com dois turnos, também pretendia economizar o dinheiro dos contribuintes, para não ter de construir mais prédio para a burocracia.

Com dois turnos, ninguém é mais dono da mesa, do computador, nem do telefone.

Reduzi porque, na verdade, sete horas rendiam apenas cinco, seis no máximo. Normalizamos para seis horas em cada turma, criando um banco de horas, para que o servidor, nas chamadas atividades extracurriculares da universidade, pudesse usar esse tempo que fica depositado.

A acusação contra o presidente do STJ de improbidade administrativa é porque não reduziu salário. Reduziu o horário, tinha que reduzir o salário.

No entanto, não está escrito em algum lugar que salário é irredutível, é alimento? E os salários já não estão reduzidos há muito tempo, senão não estariam fazendo greve?

Por isso digo que isso é uma condecoração.

Todo dia dou um passo atrás quando vejo um palanque à minha frente. E todo dia há alguém querendo dar-me um palanque. Esse é um. Por improbidade, por estar querendo colocar o pessoal para trabalhar, para servir à sociedade.

São – é claro – direitos que os servidores têm. É dever funcional zelar pelo estrito cumprimento das normas, e cabe a mim respeitar, escancarar as minhas portas, para que os receba a qualquer momento, a qualquer hora. O Tribunal não é meu, não é de ninguém. O Tribunal é da democracia. No dia em que não houver democracia, tem-se de fechar os Tribunais.

Então, tenho outra história, mas fica para outro encontro.

É que, quando fui entrando com Bernardo Cabral e o presidente Antonio Oliveira Santos, havia uma moça da televisão do nosso amigo Phellipe Daou, da Rede Amazônica. Ela veio para me entrevistar. Aí eu disse: vai me atrasar.

E me lembrei de uma historinha rápida.

Sabemos como são os casamentos. Todos nós ficamos na porta da igreja esperando pela noiva, que sempre demora. Nessa ansiedade, colocamos o microfone de televisão para o reverendo, com a seguinte pergunta:

— Reverendo, o que o senhor acha do sexo antes do casamento?

Ele olhou para um lado, olhou para o outro e disse:

— Minha filha, não tenho nada contra, não, mas que vai atrasar a cerimônia, vai.

Aqui, quando me viram com o Cabral e o Antonio em frente a Câmara falando para a moça da televisão houve a preocupação de que a cerimônia fosse atrasada, o que não aconteceu. Aqui, quem está atrasando sou eu, com a demora do meu pronunciamento.

In memoriam de Ferrante*

Sempre que nos voltamos em olhares ao derredor, conferindo os que ainda estão, e nos damos conta de que há um a menos, somos então levados a refletir sobre este grande e divino exercício que é o de se ir durando.

O poeta Fernando Pessoa dizia: "Não faço anos, duro."

Enquanto houver, quanto a alguém dentre nós, uma desculpa médica sinalizando para a misteriosa viagem para a qual não há passagem de volta; enquanto houver luz para os olhos e saúde mental irrigando o corpo inteiro; enquanto nos mantivermos lúcidos e, assim, unidos na mesma paz, iremos durando; enquanto não cumprirmos, conclusivamente, o nosso itinerário pela vida, iremos durando.

E enquanto duramos, aprendemos e, mais ainda, temos que aprender. O que tem sido a vida para cada um de nós, julgadores, senão um interminável aprendizado? Sabemos quase tudo sobre as derrotas alheias e pouco aprendemos, quase sempre, com as nossas derrotas. Para as molduras nas paredes dos outros, somos os fortes, os imbatíveis. Diante dos nossos espelhos, mal temos tempo para fazer a barba. Refletindo, como agora, nessa recontagem ao derredor e constatando

---

* Discurso em homenagem ao ministro Miguel Ferrante, no STJ, em 8 de agosto de 2001.

que há um a menos, percebemo-nos mais iguais, mais humanos, mais humildes.

Nada nos torna tão bonitos, tão iguais, tão humildes, tão generosos, tão tolerantes, quanto essa certeza de que essa conta de diminuir, dentre nós, nunca vai ter fim. E de que um dia, como Miguel Jeronymo Ferrante agora, teremos de partir. Isso tudo redunda na comum lição de que nossa importância no mundo apenas será aferida em razão das nossas ações. Será bom que se diga quanto a todos dentre nós o que, sem medo de erro, se diz agora, quanto a Ferrante: foi um bom juiz.

Nada se sabe, quanto a Ferrante, que tenha cedido às investidas do totalitarismo, nem o da ditadura política durante a qual judicou, nem àquele totalitarismo que, de alguma forma, se entranha e estufa de intolerância e arrogância o peito de quantos, como nós também, são investidos de algum poder de autoridade. Compreender a razão alheia não é fácil. Menos difícil é perdoar. Mas compreender é importante. É mais importante do que perdoar.

Miguel Jeronymo Ferrante foi juiz a vida inteira; poeta o tempo todo. Juiz ou poeta, humanista sempre. Naquela eloqüência verbal e física, tonitruante, moravam sentimentos harmônicos a anunciarem que ele estava sempre de bem com a vida. Estar de bem com a vida não é apenas estar de bem consigo próprio. É indissociável de estar de bem com os outros. Ferrante entre nós, os seus contemporâneos, era assim.

Recordo Ferrante, aposentado, pouco mais de um mês antes de morrer, aposentado, mas serelepe aqui no STJ. Costumava brincar comigo, queixando-se de que estava sem muito o que fazer e pedindo, só de brincadeira, que eu lhe mandasse alguns processos, de preferência dos mais complicados, para ele se distrair. E eu ameaçava, "não brinca, que eu mando..."

Vale registro sua marcante passagem pelo Tribunal Superior Eleitoral, onde fortaleceu correntes inovadoras, ajudando a mudar, para melhor, a jurisprudência eleitoral. Bem antes, em pleno regime militar, ele resolveu enfrentar a censura não só nas suas ações judicantes. Editou um livro com decisões judiciais contra atos da censura oficial. Era o democrata buscando tanger para bem longe a intolerância política, inimiga declarada da liberdade de manifestação do pensamento.

Não haverá um dentre os que, como eu, conviveram com o ministro Ferrante, no Tribunal Federal de Recursos e depois neste Superior Tribunal de Justiça, que não tenha um depoimento emocionado e de orgulho a prestar. No seu itinerário, soube espraiar respeito, amizades, compreensão, amor, tudo pela causa dos outros, que deve ser sempre a grande causa da vida.

Luz, mais luz*

Neste exato momento, em derredor de nós, parece que só temos a brisa suave e salgada, soprada dos mares, a nos encantar — estrelas salpicadas entre nuvens no céu lá fora, palmas verdes dos coqueirais em alegrias a nos confirmar que a vida por aqui, nestes exatos momentos, é muito boa, oh vida boa!

Por nenhum momento, neste exato momento, deixamos de ser pessoas de responsabilidade para com os demais que se somam, a cada instante neste país, aos sem-emprego, aos sem-teto, aos sem-terra, aos sem-escola, aos sem-hospitais, aos que, enfim, tendo direito ao que têm direito, batem às portas da Justiça e esperam, e batalham e até ganham e, quando ganham, nem levam.

Somos juízes e bem ajuizados na consciência dos nossos deveres.

Nós, juízes, também reclamamos da morosidade da Justiça, da ineficácia das nossas decisões.

Estamos de acordo com os reclamos da sociedade contra as procrastinações que empurram para um nunca mais o trânsito em julgado, impedindo-se, assim, que se faça a Justiça em favor de quem, seguro do seu direito e, em seu tempo, confiou e esperou, e esperou e nada de

---

* Congresso dos Juízes Federais, Mata de S. João, Bahia, em 13 de outubro de 2004.

fato, nada, aconteceu. Não é só frustrante para quem esperou. Frustra também a quem resolveu. Porque, tendo resolvido, viu, ao fim, que nada aconteceu.

Vencer a morosidade, consagrar a eficácia das decisões judiciais, eis os nossos primeiros desafios.

Não dá mais para conviver com esse Judiciário atrofiado, anacrônico em suas estruturas, regido a partituras de ritos procedimentais atrasados.

Há que haver luz, mais luz, sobre as ações para que, estando tudo mais às evidências mais claras, não possa restar quanto a nós, juízes, mínimas dúvidas, e o nosso trabalho, assim, sendo mais bem compreendido, possa merecer mais respeito do que o tem merecido, até aqui, de grandes parcelas da população.

O Brasil a cada dia se renova, e as certezas da cidadania mais se afirmam. É importante nunca perder de vista que somos, de há muito, um país republicano e que, na República, o Judiciário é, antes de tudo, o Poder incumbido de fazer valer sobre todos o princípio segundo o qual, perante a lei, todos são iguais. É inerência básica do Estado de Direito Democrático – "Todos são iguais perante a lei."

Nesse contexto se ampara a economia, por exemplo, que necessita de segurança jurídica, de garantias firmes ao direito de propriedade, de certezas nítidas quanto à validade dos contratos, de calendários inadiáveis quanto ao trânsito em julgado. Funcionamento do Judiciário e desempenho da economia têm tudo a ver. Não têm a ver é a inflação descontrolada, os juros desenfreados, o déficit público em ascensão, a tortura tributária. Quem diz a lei, repondo o justo contra os desacertos na República, é o Judiciário. Assim é na Democracia, assim tem que ser no Brasil republicano e democrático.

Os pesquisadores da opinião pública saíram a campo e voltaram com algumas conclusões, dentre outras estas – de que, no Brasil, existem certas pessoas que mesmo que façam coisas erradas nunca são punidas pela Justiça? Oitenta e seis por cento responderam sim. Ou seja, acreditam que a impunidade é realidade incontrastável. No Brasil, a grande maioria das pessoas que desobedecem a lei é punida? Cinqüenta e sete por cento discordam. A grande maioria acha que, no Brasil, quem desobedece a lei não é punido. No Brasil, as leis só existem para os pobres? Oitenta por cento acham que, no Brasil, as leis só existem para os pobres.

Mas há, no caderno dessas grandes indagações, uma que consola. De maneira geral, as sentenças dos juízes são justas? Cinqüenta e três por cento concordam em que, de maneira geral, as sentenças dos juízes são justas.

Isso tudo, no resumo que lhes fiz aqui, nos une na certeza de que não podemos ceder ao desalento, nem às resistências do século passado, nem ao pessimismo dos acomodados, nem ao medo dos que não sabem ousar.

Isso tudo nos diz que, se queremos democracia no Brasil, e queremos democracia sim, não devemos desistir no trabalho de todo dia em favor de um Judiciário independente, forte, capaz de fazer valer o que decidiu terminativamente, perante todos em qualquer lugar.

Bendita Boca Maldita*

O livre aqui não é só o pensar. Aqui, mais que em qualquer outro ponto no país, a liberdade se afirma altaneira, impoluta, a nos convocar às idéias transformadoras, às motivações maiores ao trabalho de todos pela causa de todos.

Neste templo da liberdade cabe muito bem o conselho que se lê em Mateus, 10-27/28: "O que escutais ao ouvido, pregai-o sobre os telhados. Não temais os que matam o corpo, e não podem matar a alma."

Nesses preceitos me parecem estar os fundamentos de duas grandes atitudes, o primeiro muito atual, no que, condenando o segredo, o bochicho, o disse-me-disse, exalta a transparência. O segundo afasta o medo, convoca a coragem, exalta a liberdade de manifestação do pensamento.

---

*Na cerimônia de posse como Cavalheiro da Confraria da Boca Maldita, em Curitiba, no dia 13 de dezembro de 2004.
Fundada por Anfrísio Siqueira em 13 de dezembro de 1956, a Confraria dos Cavalheiros da Boca Maldita, de Curitiba, é reconhecida como a primeira tribuna livre do país, no estilo de associações do gênero existentes em outras cidades do mundo. Nasceu do encontro de amigos e das rodas de conversa no calçadão da avenida Luiz Xavier. Guardiã irreverente e destemida da democracia e da cidadania, tornou-se ponto de referência em pesquisas de opinião. Afinal, se a Boca Maldita aprovar um candidato ou determinado produto, ninguém o desaprovará.

Em cada cidade no mundo, também no Brasil, há uma rua, uma praça, um parque, uma esquina, um canto na vila ou na grande metrópole onde se demarca um território livre, uma tribuna do povo.

Qual o córner do Hyde Park de Londres, esta Confraria dos Cavalheiros da Boca Maldita, aqui em Curitiba, Paraná, é hoje indiscutivelmente a legenda urbana mais famosa do Brasil. Tem sido há quase meio século um grande reduto da liberdade de expressão, orgulho dos paranaenses, glória da democracia no Brasil.

Treze de dezembro, hoje – e não tem nada a ver com aquele apagão de 1968, quando a pátria embriagada em sucessivas doses de autoritarismo ainda demorou bastante com o seu canto em coro para despertar a si mesma dos seus silêncios.

Importante lembrar que nem os gritos nem os arreganhos do autoritarismo, naquele tempo, fizeram calar as consciências na Boca Maldita, que continuou se reunindo e clamando pela volta do Estado de Direito Democrático no Brasil.

O 13 de dezembro, hoje, evoca o ano de 1956, quando a cidadania curitibana, fervilhando em corações e mentes de uns poucos, Anfrísio Siqueira à frente, instituiu a Boca Maldita. E, diga-se de passagem, que de Maldita não tem nada.

Bendita Boca Maldita, trincheira de consciências ativas mantendo acesos os ideais das liberdades democráticas que estão sempre a nos guiar! Benditos brasileiros que neste pedaço do Paraná, fiéis guardiões destes ideais, mantêm aberto e atuando este templo da democracia do Brasil.

Nenhum de nós estaria aqui, uns vindo de tão longe e outros de tão perto, se estas homenagens não traduzissem o compromisso desta entidade com valores com os quais somos comprometidos, porque são muito importantes para o Brasil.

Não só a liberdade de se dizer o que se pensa, mas também a liberdade de ir e vir, sem que ninguém nos possa impedir. Não só a liberdade de escolher uma profissão, mas também a liberdade para se trabalhar, recebendo a contraprestação de um salário digno e justo. Não só a liberdade de escolher representantes por meio das urnas, mas também a liberdade para impedir a elegibilidade de quem não tenha vida pregressa recomendável à vida pública.

Não só a liberdade para aplaudir quem faz bem o seu trabalho no serviço público, mas também a liberdade para censurar e até afastar o enganador, o leniente, o do peculato, o escroque – e ainda os há em diversos escalões da nossa vida pública.

Nossos compromissos, ilustres Cavalheiros da Boca Maldita, são portanto os mesmos. Vamos continuar juntos lutando por esses valores, trabalhando para que sejam sempre vitoriosos no Brasil esses nossos ideais.

Não recuaremos. Não esmoreceremos. Temos promessas a cumprir. Quem é brasileiro não desiste. O Brasil é sempre maior que os nossos problemas.

Átrio Cívico*

Senhoras,
Senhores:

Este é o espaço destinado às grandes celebrações cívicas, o Átrio Cívico da Corte. O que nos reúne aqui é o sentimento de amor ao Brasil. Não há amor sem compromisso, nem compromisso sem lealdade.

E assim reafirmamos nossa crença nesses valores porque amando o Brasil nos mantemos leais ao Povo Brasileiro, que trabalha e luta querendo um País melhor em Justiça, em mais Ordem e mais Progresso.

O nosso ofício aqui é realizar a Justiça. Realizando a Justiça, fazemos a nossa parte na realização da democracia. Nossa causa, única, é o Brasil. Nosso patrão, único, é o Povo Brasileiro.

Nosso símbolo maior e único, a Bandeira Nacional.

O verde e o amarelo já tinham a ver com a nacionalidade brasileira quando a República chegou.

Mas a República parecia tão distante, enquanto aspiração nacional, que ao ser proclamada, destronada a Monarquia, a bandeira que ficou hasteada durante três dias na Câmara Municipal, no Rio de Janeiro, foi a do Clube Recreativo Lopes Trovão, onde se reuniam os conspiradores republicanos.

---

* Discurso no Superior Tribunal de Justiça, 20 de setembro de 2004.

Os nacionalistas reclamaram porque a bandeira emprestada para ser o nosso novo símbolo era exatamente igual, à exceção das cores, à dos Estados Unidos da América.

Em três dias, Raimundo Teixeira Mendes, meu conterrâneo de Caxias, MA, e Miguel Lemos, que também é nome de rua no Rio de Janeiro, entregaram o desenho a D. Flora Simas de Carvalho, a costureira, que fez a primeira bandeira, em tecido de algodão, e a segunda, em seda. No dia 19 de novembro de 1889 o Brasil republicano tinha seu pavilhão, este que é o nosso símbolo maior até hoje.

O nosso lema – "Ordem e Progresso" – foi tirado da fórmula básica do positivismo, que em resumo afirmava "o amor por princípio, a ordem por base, o progresso por fim".

Não é vergonha reconhecer e proclamar nossas mazelas. Vergonha é não fazer nada para removê-las.

Hoje, mais que ontem, precisamos não perder de vista este roteiro. A desordem hoje é a insegurança jurídica, não só quando se ameaça a validade dos contratos, quando à falta de decisões judiciais firmes e de autoridade do Estado para fazer cumpri-las se põe em risco o direito à propriedade; quando se ocupa o tempo dos juízes com as mesmices que sobrecarregam os tribunais, resultando tudo, em média dez anos depois, no achincalhe do ganha-mas-não-leva.

Desordem hoje é um estado como São Paulo, o maior do Brasil, não contar com o seu Poder Judiciário porque a intolerância dos dois lados, pelo que dizem, espicha uma greve de servidores para quase três meses.

Fóruns e cartórios fechados em muitas cidades do interior. Ao todo, doze milhões de processos paralisados e mais de quatrocentas mil audiências marcadas e não realizadas. Um caos, no interior e na Capital.

A greve é ilegal mas não basta afirmá-la. A força dos fatos tem se mostrado maior que a força da lei.

Falta respeito ao povo de São Paulo. Está faltando respeito à ordem democrática. Ao final, encerrada a greve, quem vai pagar os incalculáveis prejuízos à economia do estado, às empresas, à população?

Vivemos momentos decisivos nessa nossa empreitada pela democracia. O estado de liberdades públicas, de direitos individuais e coletivos, é incompatível com os abusos às liberdades e aos direitos que a democracia assegura indistintamente a todos.

A República não pode tolerar a afronta à Constituição e às suas leis. Nosso modelo democrático coloca o Estado a serviço do povo com um governo para funcionar a partir dos três Poderes – Executivo, Legislativo e Judiciário.

Em São Paulo, há quase noventa dias, a democracia não se realiza, a República está ferida, o Estado está capenga, o governo está incompleto. É caso de intervenção federal para garantir-se o livre funcionamento de um dos Poderes.

(Constituição Federal, Art. 34. A União não intervirá nos Estados e no Distrito Federal, exceto para:

> ....
> III – por termo a grave comprometimento da ordem pública;
> IV – garantir o livre exercício de qualquer dos Poderes nas unidades da Federação;
> ....)

Ou sentam-me todos à mesma mesa para conversar e acabar logo com isso ou nós aqui de cima vamos ter que encontrar logo uma solução legal e prática para impedir que a desordem continue triunfando em São Paulo.

Diante deste símbolo maior da Pátria, em reverência respeitosa à nossa Bandeira Nacional, mais que uma advertência faço um apelo em favor do bom senso – que os dois lados, o do comando da grave e o do comando do Tribunal de Justiça de São Paulo busquem, o quanto antes, se entender.

Senhoras,
Senhores:

Lembrando Péricles, no seu discurso contra o desalento, não nos devemos mostrar menos bravos do que os nossos antepassados, que não herdaram este País mas o conquistaram pelo trabalho e conseguiram mantê-lo e nos entregá-lo assim, forte, respeitado, democrático, grandioso.

Não podemos renunciar à honra de ser brasileiros. Temos um grande destino para cumprir. E faremos mais do que temos feito. Pela Ordem no Brasil, pelo Progresso do Brasil.

Unidos, conscientes do que queremos e do que não queremos, venceremos com o Brasil. Afinal, como dizia o poeta maior Gonçalves Dias, "se o duro combate / os fracos abate / aos fortes, aos bravos / só pode exaltar".

Obrigado.

Sistema Financeiro, responsabilidade social*

O Brasil hoje no 39º lugar, no mundo, em qualidade de vida.
Isso nos comove e nos entristece mas é, também, motivo de ânimo. Suscita o nosso inconformismo e nos revigora para a luta. Mais, ainda, vamos ter que trabalhar para que melhore a qualidade de vida da nossa população.

Não podemos passar à nossa classe média a idéia de que ela está órfã de homens públicos, esquecida pelo Estado, desprezada em seus sonhos, sem líderes que possam conduzi-la com segurança à certeza de um governo que não lhe cobrará mais sacrifícios.

Temos que trabalhar para que a nossa classe média não perca mais renda do que já perdeu. Não tenha que pagar mais impostos do que os que já tem pago até aqui. Não tenha que sofrer mais com a excessiva burocracia do Estado.

O cidadão hoje para se manter em dia com o Estado tem tanta obrigação, está sujeito a tanta burocracia, que ele precisa viver em meio a tantos cuidados de organização como se fosse uma micro-empresa. É preciso menos regulamentação. E mais espaços para a iniciativa privada.

---

* Na Reunião-Almoço – com Membros do Conselho de Representantes da Confederação Nacional das Instituições Financeiras – CNF, Brasília – DF – 17 de novembro de 2004.

Na estratificação social do Brasil, mais pessoas não ascenderão à classe média se o País não crescer. E é aqui que os nossos olhos se animam, que as meninas dos nossos olhos miram expectativas mais felizes.

O crescimento da nossa economia neste ano ultrapassará os 3% dos pessimistas, podendo alcançar mais que os 4,5% dos realistas. A massa salarial cresceu, nos últimos 12 meses, 11,09%, e isso se traduz como efetiva distribuição de renda no Brasil. Fecharemos o ano com um crescimento de vendas, na indústria, de 15,63% em relação ao ano passado, o que é muito alentador.

Lembrar que, entre 1950 e 1980, o Brasil cresceu em média 8% ao ano já não diz muito porque a renda disso ficou concentrada em poucas regiões, em detrimento da maior parte do País. Agora, estamos mais espertos e buscamos crescer, com a iniciativa privada, com os investidores, buscando para o capital a verdadeira função social do lucro, que é a geração de mais empregos.

Assim, estaremos fazendo com que não só a nossa classe média mas, também, todos participem efetivamente dos direitos e das vantagens do regime do povo, pelo povo e para o povo. Assim, com democracia forte, o que significa dizer também judiciário independente e ligeiro, fará valer o respeito aos contratos, o que, aliás, no STJ já estamos fazendo.

Assim, com democracia, realizaremos, com a segurança jurídica, a segurança do Estado, para que, menos intervencionista e mais garantidor dos espaços da livre iniciativa, possa assegurar aos brasileiros – segurança pública, saúde pública, escola pública, saneamento básico, mais aeroportos, melhores portos, melhores estradas. Assim, sim, todos nós juntos, somando os esforços do trabalho com os do capital, vamos viver num País no qual se possa viver confiadamente o agora e com mais certezas quanto ao amanhã.

Obrigado.